二战风云人物

鸿儒文轩 编著
HONGRUWENXUAN

Guderian 铁甲悍将
古德里安
1888~1954

中国书籍出版社
China Book Press

图书在版编目(CIP)数据

铁甲悍将——古德里安/鸿儒文轩编著. —北京：中国书籍出版社,2014.8
ISBN 978-7-5068-4442-0

Ⅰ.①铁… Ⅱ.①鸿… Ⅲ.①古德里安,H.(1888～1954) – 传记
Ⅳ.①K835.165.2

中国版本图书馆 CIP 数据核字(2014)第 219055 号

铁甲悍将——古德里安
鸿儒文轩　编著

图书策划	武　斌　崔付建
责任编辑	毕　磊
责任印制	孙马飞　马　芝
出版发行	中国书籍出版社
地　　址	北京市丰台区三路居路 97 号(邮编:100073)
电　　话	(010)52257143(总编室)　(010)52257140(发行部)
电子邮箱	chinabp@ vip.sina.com
经　　销	全国新华书店
印　　刷	三河市华东印刷有限公司
开　　本	710 毫米 × 1000 毫米　1/16
字　　数	252 千字
印　　张	17
版　　次	2015 年 5 月第 1 版　2021 年 1 月第 5 次印刷
书　　号	ISBN 978-7-5068-4442-0
定　　价	29.80 元

版权所有　翻印必究

·前 言·

第二次世界大战是人类历史上规模最大、战斗最为惨烈、影响最为深远的一场战争。在这场正义与邪恶的较量中，参战双方都涌现出了数以万计的风云人物。他们或为法西斯卖命，成为遗臭万年的战争罪犯；或为国家和民族的自由而战，成为名传千古的英雄。

海因茨·威廉·古德里安无疑是第二次世界大战舞台上最富传奇性的风云人物之一。他是德国装甲兵之父，是闪击战的创始人。

在两次世界大战期间，尤其是第二次世界大战前期，这位铁甲悍将指挥庞大的装甲集团扫荡欧洲大陆，四处出击，不可一世，令世界震惊！

古德里安无疑拥有一流的军事才能，但遗憾的是，他没有将自己的军事才能用在维护世界和平上，而是助纣为虐，阻碍和延缓了人类历史的发展进程。也因此，他是战争恶魔希特勒的帮凶，是为法西斯德国推行侵略扩张政策而服务的。这位军事奇才不可避免地成为了千古罪人，并且无法逃脱最终失败的命运。

在第二次世界大战后期，法西斯德国败势已现，由于不愿眼睁睁地看着整个德国跟希特勒一起走向灭亡，古德里安在政治和战略上与希特勒产生了严重的分歧，两人之间的裂隙越来越大。最终，因主张限制希特勒的权力，并在西线与盟军达成停战协议而被希特勒解除了一切职务。

英国著名的军事历史学家里德尔·哈特曾这样评价古德里安："……一个曾经大规模创造历史的人……古德里安在我们这个时代中是一个具有极重大影响的人物。没有他，也许希特勒在发动战争的时候就已经失败了。"对这样一个历史人物，我们有必要充分地认识他，了解他。

为了让广大读者全面了解古德里安，我们组织编写了这本《铁甲悍将·古德里安》。本书以大量的历史资料为基础，较为全面地还原了古德里安所处的特殊家庭和社会环境，对古德里安的个性特征和人生轨迹作了较为详细的描述，对其沦为纳粹帮凶的个人和社会因素作了较为深刻的揭示。希望这些内容能给广大读者带来一些启发，引发大家去思考诸如个人才能与历史定位，个人选择与社会环境的关系等重大问题。

目录

第一章　在战争中成长

一　维斯瓦河畔的军人之家 ······················ 2
二　优秀的中央军校毕业生 ······················ 6
三　参加第一次世界大战 ························ 10
四　鏖战凡尔登和索姆河 ························ 14
五　成长为出色的参谋军官 ······················ 17

第二章　结缘装甲兵

一　调往运输兵总监部任职 ······················ 22
二　着手研究机械化运输问题 ···················· 26
三　小有名气的机械化专家 ······················ 30
四　大力主张创建装甲师 ························ 34
五　希特勒建立独裁统治 ························ 39

第三章　装甲兵小试牛刀

一　组建机械化部队司令部 ······················ 44
二　出任第二装甲师师长 ························ 47
三　强调集中使用装甲兵 ························ 50
四　接任第十六军军长之职 ······················ 54
五　占领奥地利 ································ 57
六　占领苏台德区 ······························ 61

第四章 闪击波兰

- 一 出任机动兵总监之职 ············ 66
- 二 纳粹密谋闪击波兰 ············ 70
- 三 指挥装甲部队闪击波兰 ············ 74
- 四 重返出生地库尔姆 ············ 78
- 五 坦克部队的高度威力 ············ 81
- 六 击溃波军,大获全胜 ············ 84

第五章 长驱直入,突入法国

- 一 与希特勒产生嫌隙 ············ 90
- 二 支持"曼施坦因计划" ············ 94
- 三 向莫兹河挺进 ············ 98
- 四 指挥部队强渡莫兹河 ············ 102

第六章 直抵英吉利海峡

- 一 不给法军任何喘息之机 ············ 106
- 二 希特勒突然发布命令 ············ 110
- 三 组建古德里安装甲兵团 ············ 114
- 四 法国投降,结束西线之战 ············ 117

第七章 东线作战,猛攻苏联

- 一 "巴巴罗萨"计划 ············ 122
- 二 就任第二装甲兵团司令 ············ 126
- 三 "该我们上场了" ············ 129
- 四 顺利完成第一阶段任务 ············ 133

第八章 强力猛攻，快速推进

一　与克卢格产生分歧 …………………………… 138
二　强渡第聂伯河 ………………………………… 142
三　重建古德里安装甲兵团 ……………………… 146
四　攻占罗斯拉夫尔 ……………………………… 149

第九章 回师大战乌克兰

一　主张直接进攻莫斯科 ………………………… 154
二　奉命回师，转战乌克兰 ……………………… 158
三　陷入苦战，要求增兵 ………………………… 162
四　发动奇袭，快速推进 ………………………… 165
五　结束基辅战役 ………………………………… 169

第十章 陷入苦战，图拉受挫

一　攻占奥廖尔，剑指莫斯科 …………………… 174
二　遭遇T-34坦克集群 …………………………… 178
三　在严寒中陷入苦战 …………………………… 182
四　建议取消攻击莫斯科的命令 ………………… 186
五　图拉苦战，险些要命 ………………………… 190

第十一章 违令撤退，被迫离职

一　违令撤退，惹恼希特勒 ……………………… 196
二　与希特勒产生战略分歧 ……………………… 200
三　被迫离职，转入预备役 ……………………… 204
四　盟军反攻，战局逆转 ………………………… 207

第十二章　艰难应付战局

一　接任装甲兵总监 …… 212
二　秘密会晤戈尔德勒 …… 216
三　反对发动1943年夏季攻势 …… 220
四　拒绝参加政变集团 …… 224
五　左支右绌，险象环生 …… 228

第十三章　大势已去，无力回天

一　企图改组最高统帅部 …… 232
二　盟军实施"霸王"计划 …… 236
三　"七·二〇"事件 …… 240
四　接任陆军总参谋长 …… 243
五　德军的最后一次反攻 …… 247

第十四章　第三帝国落下帷幕

一　主张在西线实现停战 …… 252
二　被希特勒解除所有职务 …… 256
三　德国法西斯的末日 …… 260

第一章
在战争中成长

一

维斯瓦河畔的军人之家

在漫长的中世纪，德国的广大地区一直处于神圣罗马帝国的统治之下。神圣罗马帝国始建于962年，史称德意志第一帝国。帝国的全称为"德意志民族神圣罗马帝国"或"日耳曼民族神圣罗马帝国"。

"神圣"意为这个国家享有教皇的保护，"罗马"意为它可以与强大的古罗马帝国媲美，并且是其后继者。但这个幅员辽阔的帝国根本无法同曾经的罗马帝国相提并论。它既没有完善的中央机构，也没有常备军、财政与税务机构，甚至连帝国的皇帝也由帝国境内势力最为强大的7个诸侯选举产生的。

到18世纪，神圣罗马帝国已经沦为了一个模糊的地理概念，其境内的诸侯国、自由城市多达300多个，直属帝国的骑士领地更是多达1700多个。各诸侯国、自由城市和骑士领地各自为政。在众多的诸侯之中，奥地利是最强大的王国，国王兼领神圣罗马帝国皇帝头衔。普鲁士王国次之。

1789年，法国爆发了资产阶级革命，推翻了统治法国多个世纪的波旁王朝。欧洲各国君主十分惶恐，很快组成了反法同盟，干涉法国大革命。法国历史上著名的军事统帅拿破仑趁势而起，统帅法军横扫了包括奥地利和普鲁士在内的整个欧洲大陆。1806年8月6日，在拿破仑的强迫之下，奥地利国王兼神圣罗马帝国皇帝弗朗茨二世宣布放弃神圣罗马帝国的皇冠，有着近千年历史的德意志神圣罗马帝国灭亡了。

不过，民族意识渐已觉醒的德意志人并没有放弃战斗！奥地利、普鲁士等国联合沙俄、英国等国，终于在1814年4月打败了拿破仑。拿破仑一手建立起来的法兰西第一帝国解体了。英、俄、普、奥等战胜国遂于当年10月在奥地利首都维也纳召开了外交会议。这次会议大体恢复了法国大革命爆发之前欧洲的旧秩序。

不过，神圣罗马帝国并没有恢复，而是被一个更为松散的德意志联邦所替代了。原先神圣罗马帝国境内的300多个诸侯国被合并成了35个邦国，自由城市也只保留了4个。由于奥地利的实力最强，德意志联邦的主席便由奥地利国王兼任。实力次之的普鲁士则取得了联邦副主席的席位。

这时，随着工业革命进程的加快，德意志的资本主义经济已得到迅猛发展。大部分邦国都从落后的农业国发展成为了工业国。国家的分裂状况已成为阻碍资本主义进一步发展的严重障碍。民族意识已经觉醒的德意志人开始要求建立一个统一、富强的德国。历史将这一伟大的使命放在了普鲁士人的肩上。

1861年1月2日，普鲁士国王腓特烈·威廉四世逝世，他的弟弟威廉亲王登基为普鲁士国王，称威廉一世。次年，威廉一世在军事改革问题上与众议院发生了严重的冲突。在政治上相对保守的威廉一世感到十分绝望，甚至做好了放弃王位、让儿子弗里德里希接任国王的打算。正当威廉一世走投无路之时，国防部长罗恩向他推荐了时任普鲁士驻法国大使俾斯麦。

俾斯麦出身贵族，曾长期担任普鲁士王国驻德意志联邦议会代表，对德意志联邦各邦国的情况十分熟悉。俾斯麦是一个野心勃勃之人，他身体强壮，个性粗野，为达目的不择手段，而且异常坚忍。他一直企图主宰普鲁士政局，但因其手段粗暴，先后被普鲁士国王拒绝了。

1862年秋季，俾斯麦的时代终于来临了。被自由派把持的议会否决了普鲁士政府的对军事改革的全部拨款之后，威廉一世召回了俾斯麦。俾斯麦表示，他将坚决支持威廉一世，不向议会屈服。

9月23日，威廉一世任命俾斯麦为普鲁士首相兼外交大臣，开始强行推行军事改革。在普鲁士议会的首次演说中，俾斯麦大声宣称："德意志所注意的不是普鲁士的自由主义，而是权力。普鲁士必须积聚自己的力量以待有利时机，这样的时机我们已经错过了好几次。当代的重大问题不是议论和多数人投票能够解决的，有时候不可避免的，要通过一场斗争来解决，一场铁与血的斗争。"

"铁血宰相"俾斯麦

这便是俾斯麦的"铁和血",是他统一德意志的纲领和信条,他的"铁血宰相"的称号也由此而来。俾斯麦正是凭靠这种暴力,大胆而又狡猾地利用国际纠纷和有利时机,决定性地使德意志通过"自上而下"的道路统一起来。

经过俾斯麦强有力的军事改革,普鲁士的军事实力大增,尚武精神也在臣民中广为传播。在19世纪60年代中,俾斯麦先后通过挑起普鲁士与丹麦和奥地利之间的战争,控制了德意志联邦的许多小邦国,并迫使德意志联邦中力量最为强大的奥地利退出了德意志联邦,扫清了普鲁士统一德国的最大障碍。

1867年4月16日,北德联邦宪法获得了通过,由普鲁士领导的21个邦国与3个自由城市组成的北德意志联邦正式成立了。普鲁士国王威廉一世为联邦主席,普鲁士首相俾斯麦兼任联邦首相。至此,德国北部已经统一,唯其南部的巴伐利亚、巴登、符登堡等邦国仍在法国的控制之下。

俾斯麦随即将矛头指向了法国。老奸巨猾的俾斯麦不愿让普鲁士承担主动挑起战争的恶名,他想让普鲁士在普法战争中扮演自卫反击的角色。1870年7月19日,俾斯麦利用普法两国之间在西班牙王位继承权问题上的矛盾,成功地让拿破仑三世向普鲁士宣战,挑起了普法战争。法国的宣战,再加上俾斯麦的鼓吹,全德意志掀起了一股保卫与统一祖国的狂热之潮。

南部的邦国也与北德意志联邦签订了秘密攻守同盟,将其军队交付普鲁士统一指挥。经过一番激战,德军迅速攻破法国边防线,并在法国色当击败法军主力,俘虏了拿破仑三世。9月4日,巴黎爆发了大规模的起义,推翻了拿破仑三世建立的帝国政府,成立了共和国,并呼吁开展全面的卫国战争。共和国并没有挽救法兰西被彻底击溃的命运。战败的法国被迫将东北部的阿尔萨斯和洛林两省割让给了普鲁士。

1871年1月18日,在法国的凡尔赛宫的镜厅,普鲁士国王与北德联邦主席威廉一世由德意志各邦君主推举为德意志皇帝,德意志帝国成立了,德意志的统一大业终于完成了。德意志的统一符合历史发展的潮流,也符合德意志民族的愿望,受到了绝大部分德意志人的热情支持和高度评价。德意志的统一对德意志民族的进一步现代化、对其国力与国际地位提供了良好的基础。在统一后的30年内,德国在经济、军事、科学方面一跃成为世界强国。

但是,德意志的统一是通过俾斯麦的铁血道路实现的,它巩固了普鲁士与其他邦国的封建专制统治,进一步奠定了未来德国军国主义的传统。对内,俾斯麦于1878年颁布了《镇压社会民主党企图危害社会治安的法令》,镇压工人运动;对外,俾斯麦组织了强大的军事集团,极力巩固德国在欧洲大陆的霸权地位，并同老牌帝国主义国家英国争夺海外殖民地。这些对德意志民族，乃至世界历史的发展产生了严重的负面影响。

德意志帝国崛起后，俾斯麦努力周旋于奥、意、俄、英等国之间，企图孤立法国。而各国之间又因争夺殖民地而矛盾重重。19世纪80年代，德、奥、意三国结成同盟，英、法、俄则形成了三国协约。两大军事集团互相对峙，开始了疯狂的军备竞赛。

就在这时，一个深深影响了德意志民族历史的英雄人物在维斯瓦河畔的库尔姆（今波兰海乌姆诺）降生了。维斯瓦河是中欧和波罗的海水系第一大河流，源出西里西亚的贝斯基德山脉北麓。从南向北，曲曲折折，蜿蜒穿过山川、田野，一路奔向波罗的海。库尔姆小城不大，从严格意义来讲，甚至算不上城市，只能称之为小镇。但这里环境优美，气候宜人，又很幽静，非常适合居住。

第二波美拉尼亚轻步兵营的中尉军官弗里德里希·古德里安和他的妻子就住在小镇上。弗里德里希是图霍拉（今属波兰）人，出身地主家庭，生活优越。他的祖上多依靠出租土地或律师为职业。他是家族中第一个投身军旅的年轻人。

妻子卡拉娜·克尔齐霍夫则是土生土长的库尔姆人。她的娘家就在库尔姆附近的尼姆克瑞克。他们结婚时，德国的国力蒸蒸日上，经济发展迅速，两口子的生活也相对安稳，可称得上是岁月静好。

1887年9月的一天，卡拉娜羞涩地对丈夫说："亲爱的，我们家很快将有一个新成员加入。"

一向不苟言笑的弗里德里希不解地看着妻子，问道："一个新成员？"

卡拉娜故意卖关子，笑着回答说："是的，一个新成员。可能会是一个和你一样严肃而英俊的小伙子。"

"小伙子？"弗里德里希皱了皱眉，更加摸不着头脑了。

卡拉娜见丈夫着急了，这才点破："我怀孕了。按照老人们流传的说法，可能是个男孩。"

"哦，真的吗？"弗里德里希有点不敢相信自己的耳朵，"亲爱的，太好了。我们应该好好庆祝庆祝。"

二
优秀的中央军校毕业生

时光荏苒,岁月如梭,转眼间就到了1888年的初夏。卡拉娜屈指算算日子,腹中的胎儿已经到了瓜熟蒂落之际。弗里德里希要忙部队上的事,不能整天陪在妻子身边,这让他感到非常内疚。好在有保姆帮忙,她忙里忙外,把卡拉娜照顾得很周到。

6月17日是一个阳光明媚的星期天。休假在家的弗里德里希早早就起床,和保姆一起给妻子准备早餐。卡拉娜还躺在卧室里,在看一本讲述骑士爱情的小说。突然,腹中传来一阵剧痛。卡拉娜不由自主地叫道:"亲爱的,快,快来!"

弗里德里希听到妻子的呼唤,马上放下手中的面包片,往卧室冲去。保姆也跟在后边,兴奋地说:"先生,太太要生了。"

"是的。马上去叫一辆马车。"弗里德里希头也不回地吩咐道。

几分钟后,弗里德里希把太太抱到门口,保姆也叫来了马车。小城不大,不一会就到了镇上唯一的一家医院。

几个护士熟练地把卡拉娜推进产房。弗里德里希跟在后面,想陪在妻子的身边。一名护士拦住他说:"先生,对不起。这里是产房,你不能进来,请在外面等。"

"天呐,这是怎么回事!"弗里德里希不满地嘀咕道。

他在产房外面的走廊里踱来踱去,不时望一望紧闭的门。时间一分一秒地过去了。大概三个小时后,一名护士推门而出,一本正经地对弗里德里希说:"你是古德里安先生?"

弗里德里希搓了搓手,回答说:"是的,我是古德里安。"

"恭喜你,古德里安先生,你当爸爸了。"护士脸上露出了微笑,"是个男孩。"

"谢谢!"弗里德里希一脸兴奋,"我现在可以去看看我太太和儿子吗?"

护士笑着说:"别着急,先生。我们马上就会把你太太和儿子送到病房休息的。请再多等一会吧。"

又过了半个小时,护士们才把卡拉娜和孩子推出产房。这半个小时对弗里德里希来说,简直比半个世纪还长。

保姆一直陪在卡拉娜的身边。她一走出产房,就对弗里德里希说:"先生,孩子和您长得很像。快给孩子取个名字吧!"

"海因茨·威廉·古德里安。"弗里德里希毫不犹豫地说,"我们早已商量好了。如果是个男孩子,就叫这个名字。"

"海因茨·威廉·古德里安,海因茨·威廉·古德里安。"保姆重复两遍,"真是个好名字!"

这个叫海因茨·威廉·古德里安的小家伙就是在第二次世界大战期间,横扫欧洲战场,显赫一时的闪电铁甲、纳粹德国最杰出的装甲部队指挥官古德里安。

在父母亲精心的照料下,古德里安健康地成长着。他的出生不但给整个家庭带来了许多欢乐和笑声,也给弗里德里希带来了美好的期盼。这位步兵中尉希望儿子长大后能像自己一样,成为一名为国效命的军官。

两年后,古德里安家族又增添了一名男丁。弗里德里希给二儿子取名为弗里茨。从此后,古德里安就有了一个亲密无间的玩伴。

弗里茨出生的这一年,执掌普鲁士和德国政局长达26年的俾斯麦首相下野了。他的上台对德国政局影响巨大,下野同样产生了极大的震动。德皇威廉一世去世之后,其子腓特烈·威廉继位,史称腓特烈三世。腓特烈三世是个短命的皇帝,在位仅99天便病故了。这样,德皇的宝座便落在了腓特烈三世的儿子,年仅29岁的威廉二世手中。这位年少气盛的皇帝不甘受制于手腕强硬的俾斯麦,与其在许多问题上产生了严重的分歧。

俾斯麦主张笼络沙俄,以便保持东部边境的安宁,同时能够集中精力对付西部的法国。而威廉二世认为在重重矛盾之下,再对沙俄采取友好政策已经不现实了。他甚至想过先发制人,对俄发动战争。登基不久,他就对德国驻土耳其大使说:"如果俾斯麦不愿和我们一起反对俄国人,我们就只好分道扬镳了。"

而在内政方面,两人的分歧也很大。俾斯麦主张继续执行大棒政策,镇压工人运动。威廉二世则认为,单纯的镇压非但不能制服社会主义运动,反而会使工人阶级的力量在斗争中不断壮大,进一步威胁帝国的统治。所以,他决意采取怀柔手段,宣称他不愿意"用工人的鲜血染红他执

· 7 ·

政的最初年月"，而愿意做一个"乞丐的国王"。

1890年3月18日，俾斯麦怀着兔死狗烹的凄凉心情正式向威廉二世递交了辞呈。两天后，皇帝在报上发表恩宠信，以"不安和沉重"的心情接受了首相的辞职。

为防止法国借俾斯麦下台、权力交接的真空时期伺机复仇，威廉二世火速向阿尔萨斯和洛林两州（法国称省）增派了大量部队。1891年，弗里德里希·古德里安中尉也奉命率领部队，调防阿尔萨斯州（法国称省）的科尔马尔地方。这一年，古德里安年仅3岁，他的弟弟弗里茨刚满周岁。

事实证明，威廉二世多虑了。尽管法国人一直对割地赔款之事耿耿于怀，但由于政局动荡不稳，根本无力向德国复仇。不久，边境上便恢复了往日的宁静。弗里德里希便把妻子和两个儿子接到了身边。

古德里安一家在科尔马尔一住就是9年。1894年秋，古德里安进入当地的一家小学，开始接受义务教育（普鲁士自1717年就开始实施义务教育）。德国人非常重视对未成年人的教育工作。不管是贵族，还是平民，在6~12岁的阶段必须在学校接受教育。否则的话，他们的父母将面临着极其严重的处罚，有时甚至是监禁。

由于留下的资料较少，现在已经无法知道古德里安在学校最初几年的表现如何了。可以想象的是，这位出身军人之家的男孩子很可能会像他的父亲一样，沉默寡言，性格稳重，勤于思考。偶尔也可能会和同伴们打打架，但这种事情应该不常发生。

1900年，业已升为中校营长的弗里德里希率部开赴洛林州的圣阿沃尔德小镇。卡拉娜和两个孩子也随之转到那里。12岁的古德里安已经到了读中学的年龄。然而，小镇实在太小，连中学都没有。弗里德里希·古德里安中校只好把儿子送到附近镇上的一所寄宿学校。

然而，这毕竟不是长久之计。为了孩子将来的发展，弗里德里希希望能早点将古德里安和弗里茨送到幼年军校读书。他这样做除了希望孩子将来能像自己一样，成为出色的军官之外，还有另一层考虑：他的收入微薄，不足以支付两个孩子高昂的大学教育经费。

1901年4月1日，古德里安和弟弟弗里茨在父亲的安排下进入了巴登（今施瓦本，属巴登-符登堡州）地方的卡尔斯鲁厄幼年军校。当时，卡尔斯鲁厄幼年军校是德国8所军官预备学校之一。进入军官预备学校只是日后成为军官的必要条件，而非充分条件。换句话说，不读军官预备学校，一定不能成为军官；而读了预备军官学校也未必会成为军官。一切都还要看日后个人的努力情况。

古德里安无疑是属于比较努力的那部分学生。在学校里，他是教官眼中的好学生；在家里，他是父母眼中的好孩子。他性格鲜明，成绩优异，而且善于思考。弗里德里希和卡拉娜经常把他作为榜样，教育年幼的弟弟。

两年后，成绩优异的古德里安得到校方的推荐，转学到柏林中央军校学习。中央军校的教学以严格的军事训练和纪律为主，同时兼顾德语、代数、几何和历史等文化课程。这一切都为学生日后的发展奠定了坚实的基础。

青年时代的古德里安

1907年2月，古德里安从中央军校毕业。多年后，他在回忆录《闪击英雄》中写道："当我今天回忆起当年教我的教官们，就不禁满怀感佩之情。……"

三
参加第一次世界大战

巧合的是，古德里安毕业后即被分配到了他父亲的部队充当见习军官。当时，弗里德里希·古德里安中校的第十汉诺威轻步兵营驻防在洛林州的比奇小镇。这个意外的好运，让古德里安在与家人分别6年之后，又暂时享受到了家庭生活的快乐。

1907年的4月到12月，古德里安奉命到洛林省会梅斯接受短期培训。1908年1月27日，古德里安见习期满，顺利晋升为步兵少尉。这时，他尚未满20岁。父亲高兴极了，破例和儿子喝了杯酒。

"好样的，海因茨！"弗里德里希夸赞儿子说。

古德里安向父亲兼营长敬了一个军礼，朗声道："爸爸，我会像你学习，为国效忠的！"

弗里德里希举了举手中的酒杯，笑道："我相信你会成功的，孩子。"

12月，弗里德里希·古德里安被擢升为上校团长，调离第十汉诺威轻步兵营。而此时，古德里安少尉已经在这支部队站稳了脚跟。他在回忆录中如是写道："从此一直到第一次世界大战爆发时为止，我都过着一个很愉快的低级军官的生活。"

1909年10月1日，第十汉诺威轻步兵营调防汉诺威省。在那里，古德里安认识了一位年轻漂亮的姑娘玛格丽特·哥尔尼。她是军医恩斯特·路德维希·格内的女儿。玛格丽特温柔贤淑，性格坚强，很像古德里安的母亲卡拉娜。

两个年轻人第一次见面，就被对方深深地吸引了。很快，两人禀明父母，在汉诺威订了婚。1912年，古德里安奉命前往第三通信兵营服役。他是一个步兵出身的军官，但德国人的严谨性格也使得他对技术工作兴趣浓厚。在第三通信兵营服役的一年中，他学会了不少有关无线电的知识，这对他日后的发展影响重大。

1913年10月1日，古德里安和玛格丽特结婚。他在回忆录中仅用一句话概括他们的夫妻关系："自此以后，她就一直是与我共甘苦的贤内助。"

此时，第一次世界大战的阴云已经笼罩了整个欧洲大陆上空。德、意、奥组成的三国同盟和英、法、俄组成的三国协约之间的矛盾已经公开化，一场席卷整个欧洲的大战随时有可能爆发。

古德里安即在这种背景下进入了军事学院，开始接受为期一年的深造。柏林军事学院始建于1810年，当时称高级军官学校。这是世界上第一所培养高级参谋人员的学校。德国著名军事家克劳塞维茨（1780~1831年）曾在该校任校长达12年，并写出了举世闻名的《战争论》一书。闪击战基础理论奠基者老毛奇（1800~1891年）、"施利芬计划"的制订者施利芬（1833~1913年）、总体战理论的创始人鲁登道夫（1865~1937年）等著名军事家都曾在该校就读。

进入军事学院一直是古德里安的梦想。所以，他在校期间学习非常刻苦，积极主动，时刻以业已升为将军的父亲为榜样。对年轻的步兵军官来说，即将来临的战争无疑会给他们带来加官晋爵和展示才华的大好时机。

1914年初夏，素有"欧洲火药桶"之称的巴尔干半岛骤然紧张起来。6月28日，奥匈帝国皇储裴迪南大公夫妇在塞尔维亚遇刺身亡，史称"萨拉热窝事件"。萨拉热窝事件是第一次世界大战的导火索。7月28日，奥匈帝国以此为借口，对塞尔维亚宣战。站在塞尔维亚背后的是强大的俄罗斯帝国和法国。英国虽然没有公开表示要支持塞尔维亚，但也在私下里鼓励俄国积极备战。

消息传到柏林，威廉二世立即实施总动员，令部队开赴边境地区，准备支援奥匈帝国作战。8月1日，德意志第二帝国正式向沙俄宣战。第二天，古德里安即接到命令："立即返回部队，准备参战。"

古德里安不敢怠慢，匆匆返回第三通信兵营，任无线电通信台长。稍晚些时候，部队接到命令，编入第五骑兵师，赶赴西线战场。此时，玛格丽特已有8个多月的身孕了，但战争的爆发硬生生地把这对聚少离多的夫妇再次分开了。

同日，德国出兵中立国卢森堡，企图占领该国的铁路网。8月3日，德意志第二帝国对法宣战。次日，德国又出兵中立国比利时，驱逐该国境内的法军。比利时被迫对德国宣战。英国考虑到比利时对自己国土安全的重要性，和早前为了确保比利时的中立而在1839年签署的《伦敦条约》，在同日向德国宣战。第一次世界大战西线战场的敌对阵营随后在德法边境、比利时、卢森堡一带展开了厮杀。

古德里安随着第三通信兵营快速机动到西部小城科布伦茨。和作战部队相比，通信部队的任务庞杂，但一般离战场较远，相对安全。作战部队的士兵也不大看得起通信兵。不过，古德里安并不认为通信兵在战场上发挥的作用比作战部队的士兵低。

通信部队是信息传达的中枢系统，也是各部队协同作战的有力纽带，一旦通信出现问题，战场上就可能出现混乱的局面。因此，交战双方都比较重视通信兵的建设。

一个月后，古德里安收到家书。妻子在信中告诉他，他们的长子已经于8月23日出生了，希望丈夫给孩子取个名字。古德里安低头沉思了一会，提笔给妻子复信。他告诉妻子，这个孩子是上帝赐给他们最好的礼物，就取名为海因茨·顾恩特尔·古德里安吧。他还说："没能和你在一起迎接孩子的第一声啼哭，这让我感到非常抱歉。"

紧随着这个好消息之后，又传来了一个坏消息。古德里安在军旅生涯上的楷模，弗里德里希·古德里安逝世了。此时，他已经是一名陆军中将了。多年后，不善表达情感的古德里安在回忆录中如是写道："他的逝世使我在军人典型和人格上失去了效法的楷模。"

10月的一天，第三通信兵营营长把古德里安叫到办公室。古德里安向营长敬了一个军礼，朗声道："报告长官，少尉海因茨·威廉·古德里安前来报到。"

营长欠了欠身，从办公桌上拿起一封电报，递给古德里安。古德里安双手接过，展开一看，原来是第五骑兵师司令部发来的。这是一封擢升中下级军官军衔的电报。上面列着一排名字，"海因茨·威廉·古德里安"赫然列在中尉军官的后面。

"恭喜你，古德里安中尉。"营长笑了笑，一边说，一边站起来，走到古德里安的面前，郑重其事地把他的少尉肩章摘下。然后，他又从抽屉里拿出一对中尉肩章，戴在古德里安的肩头。

古德里安再次向营长敬礼，朗声道："谢谢长官。"

"你应该感谢皇帝陛下，"营长挺直身体，双目凝视着东方，"效忠陛下。"

"是的，长官。"古德里安回答说。

古德里安没让他的营长失望。在随后的几个月里，他表现良好，出色地完成了一系列任务下达和战果汇报的工作。1915年2月，第三通信兵营收到一封第五骑兵师转来的第四军司令部的电报。军司令部点名要古德里安前去担任助理通信官之职。

　　这是古德里安第一次进入高级司令部任职，也是他日后步步高升的一个重要契机。仅10个月后，他即被擢升为陆军上尉。

四

鏖战凡尔登和索姆河

1916年初，德军统帅部决定把战略重点西移，主要打击目标是英法军队在西线的突出部凡尔登要塞。凡尔登就像一颗伸出的利齿，严重威胁着德军的两翼。战争爆发后，两军多次交手，但德军始终未能占领该地。

时任德军总参谋长的埃里希·冯·法金汉将军决定集中兵力，拔掉凡尔登要塞。如果能够成功的话，法军士气必受打击，而德军则能长驱直入，攻占巴黎。届时，法国就不攻自灭了，剩下的英、俄两军也就不足为惧了。

1月，德军总参谋长法金汉将军大举向香贝尼（法国东北部小镇）增兵。法军总司令霞飞将军误以为德军要从此地突破法军防线，攻占巴黎，也向这个名不见经传的小镇大举增兵。然而，德军向香贝尼增兵只不过是掩人耳目的伎俩罢了。包括第五军在内的5个军，20多万人正悄悄向凡尔登方向集结。

正是在这个时候，古德里安上尉接到调令，前往第五军担任助理通信官之职。第五军的任务是掩护主攻部队左翼。

随着集结迹象渐渐明朗，霞飞将军终于弄清楚了德军的真正意图。霞飞慌了神，火速下令向凡尔登方向增兵。可是，战役爆发时，只有两个师赶到前线。再加上原来的两个师，总共只有4个师，约10万人，270门火炮。而德军足有27个师，数十万人，拥有火炮1200余门。

2月21日，德军炮兵开始向法军阵地倾泻炮弹，凡尔登战役的序幕拉开了。德军的1200余门大炮如雷霆一般轰击着，一浪高过一浪。在10个小时内，德军发射的炮弹多达100多万枚。炮声刚停，第三、第七、第十八3个军就向正面阵地发起了冲锋。数十万德军像潮水一样，向对面涌去。

左翼的第五军也迅速展开，防备法军偷袭主攻部队的侧翼。古德里安的任务是联络各部队，使其进度保持一致。

法军凡尔登要塞司令贝当将军立即组织兵力，奋勇抵抗。可是，由于兵力悬殊，德军第一天就向前推进了6公里。不过，法军总算稳住了阵脚。

随后，英、法的援军源源不断地赶到，双方开始了拉锯战。激战到4月，双方的兵力已经大致相当。惨烈的战斗打了好几个月，双方均伤亡惨重。战场上，尸积如山，血流成河。凡尔登战役也因此被人们称为"凡尔登绞肉机"。

为了减轻凡尔登方向的压力，英、法两军决定在亚眠以东约50公里处的索姆河一线发动攻势，扭转战局。德军在该地区构筑了号称"最坚强的"防线，包括3道主阵地和一些中间阵地。主要阵地有坑道工事，阵地前面有多层铁丝网。守军为德军第二集团军，防御正面宽58公里，第一线部队为9个师，预备队4个师（随着战役的深入，后增加到67个师）。

英、法方面原计划以法军担任主攻，但因凡尔登战役动用了法军大量兵力，只好以英军为主。最初投入兵力为39个师（后增加到86个师），其中英军25个师，以第四集团军为主、第三集团军为辅，在索姆河北岸卡尔诺以北地区进攻，正面25公里；法军第六集团军14个师，跨索姆河在英军右侧进攻，正面15公里。

英、法方面拥有火炮2189门，迫击炮1160门，飞机约300架飞机（后增至500架）；德军第二集团军拥有火炮672门，迫击炮300门，飞机114架（后增至300架）。

从6月24日开始，英、法方面军进行了为期7天的炮火准备。数百万枚炮弹像雨点一样，落在德军的阵地上，炸得地动山摇，人仰马翻。7月1日上午7点30分，步兵在火炮和飞机的掩护下，向德军阵地发起了冲锋。战斗进行到黄昏时分，法军和主攻方向上的英军都突破了德军第一道阵地，但英军左翼则毫无进展。

德军抓住时机，迅速调集兵力，加强纵深防御，并在一些地段上实施反击。英、法军于7月中、下旬再度发起进攻，南岸法军占领了第三道阵地，但未能发展为战役突破。英军32个师、法军26个师第三次发起进攻，截至12日向德军纵深只推进了2～4公里。

英军还在战斗中出动了49辆坦克（实际参加战斗的只有18辆）。这是坦克第一次出现在战场。面对着这个会移动的庞然大物，德军士兵慌了神。不少士兵慌忙丢下手中的武器，转身就跑。不过，由于坦克的技术与装备尚不完善，加上战线太宽，坦克数量太少，英、法军队未能全面突破德军的第三道防线。

索姆河战役中的战壕

　　为了缓解索姆河一线的压力，德军不断增兵，甚至从凡尔登方向抽调了部分兵力。8月，古德里安被调到第四军，担任通信官之职。这是古德里安军旅生涯中独当一面的开始。

　　惨烈的战斗打了5个月之久。11月，疲惫不堪的英、法军队停止攻击，战役结束。索姆河战役是第一次世界大战中典型的、双方伤亡皆极为惨重的阵地战。英、法军队以伤亡79.4万人的代价，向前推进了5~12公里。德军损失了53.8万人和240平方公里的壕沟阵地，但成功拦截了协约国的战略目标。不过，由于英、法的这次行动牵制了德军在凡尔登一线的进攻态势，战局的主导权还是逐步从德国转向了协约国一方。

　　索姆河战役结束一个月后，凡尔登方向的战斗也停止了。在这个小小的要塞四周，战争双方投入的兵力多达200万人，伤亡近百万人，其中法军损失54.3万人，德军损失43.3万人。在惨烈的争夺战中，德军耗尽了元气，由盛转衰。从此，战略主导权完全倒向了英、法一方。

　　战役结束后，恼羞成怒的德皇威廉二世撤掉了法金汉总参谋长之职，改任兴登堡为总参谋长，鲁登道夫为其副手。

五
成长为出色的参谋军官

1917年4月6日，美国总统威尔逊宣布介入第一次世界大战，对德宣战。美国人早对德国的邪恶行径感到愤慨了。欧战爆发后，德国宣布所有通往大不列颠群岛的航道皆为战区，所有通往战区的船只，无论属于交战国还是中立国，都将被击沉。相比之下，英国的做法倒是比较仁慈，他们只要求停船检查，如果没有发现禁止运输的战争物资，多半会轻松地放行。

1915年5月1日，德国潜艇击沉了从美国开往英国利物浦的巨型邮轮"露茜塔尼亚"号，致使船上的1198名乘客，包括291名妇女和94名儿童，葬身大海，其中绝大部分是美国人。这一惨无人道的举动引起了美国舆论的强烈愤怒，敦促美国政府参战的呼声越来越高。

德国方面声称，这次攻击主要是因为该船携带了军火。实际上，这艘船只携带了很少几箱的轻武器子弹和一些榴霰弹。对西方国家的商船而言，携带轻武器或者弹药，在战争年代是非常正常的事情。德国的这一行动，引起了协约诸国的反德情绪，人们纷纷捣毁所在国中德侨的店铺橱窗，并把在重要岗位上的德国人驱逐出境。英国政府乘机把1.9万名德侨中年龄在27~45岁之间的男子拘禁起来。美国政府也向德国递交了一份措辞严厉的外交抗议照会。

然而，德国海军军官们被潜艇战暂时的胜利冲昏了头脑，并不理会德国外交官关于美国必将参战的警告，不断攻击美国商船，加深了美国对德国的敌视。德国的战争决策机关也认为，贪图金钱和享受的美国人只是在口头上愤怒，不会同德国打一场伤亡和耗费极大的战争。另外，侨居美国的数百万德国人也不会拿起武器反抗自己的祖国。

1917年1月31日，德国宣布开始无限制潜艇作战，即德国潜艇可以在不预先警告的情况下向战区内所有船只发射鱼雷。在头3个月，德军就把130万吨以上的协约国或者中立国的轮船击沉，其中有不少是美国商船。

由于运输不足，英国只剩下够吃6周的粮食。协约国迫切需要美国参战，英国海务大臣向美国人诉苦："如果像这样的损失继续下去，我们将无法继续战斗。"

威尔逊总统大发雷霆，不断向国会两院联席会议暗示，任何导致美国人生命财产损失的行动，都将遭到武力抵抗。

而德国人却偏偏在这个时候策动墨西哥加入反美同盟，策动墨西哥政府对美开战。德国人许诺，德国除了给墨西哥巨额的财政援助之外，还将在战争胜利之日，把美国的得克萨斯州、新墨西哥州和亚利桑那州割给墨西哥。

得知这一消息后，威尔逊总统再也坐不住了。他立即召开特别国会，商讨对德宣战的有关事宜。4月6日，美国参议院以82票对6票，众议院以373票对50票的绝对多数，通过了美国参战的建议。

美国对德宣战后，出兵欧洲，参加了对德作战。德军的压力陡增，战局对德国越来越不利了。也就是在这个时候，古德里安奉命离开了他服役长达4年之久的通信兵部队，转任第四步兵师高级参谋。这对他是一个极其鼓舞人心的信号。就德军的一般情况来说，军队要重点培养某位军官，会作出两项安排：其一，选派该军官进入军事学院进行短期培训；其二，在该军官正式担任指挥职务之前，先让其当一段时间的参谋军官。

这两项安排同时出现在古德里安的身上，说明德军高层注意他已经很久了。这次只不过是借着战争之机，让他的提拔看起来更顺理成章而已。然而，古德里安毕竟太年轻，而且毫无指挥经验。所以，他的职务虽然有所提升，但军衔依然是上尉。

在此后的10个月里，总参谋部开始频繁地调动古德里安的工作。同年5月，即古德里安刚刚担任第四步兵师高级参谋一个月之时，总参谋部即下令将其调往第五十二预备师，担任临时参谋长之职。7月，古德里安被调往第十预备兵团服役。8月，他又回到第四步兵师，担任参谋长。

9月，古德里安离开参谋军官的职位，担任第十四步兵团第二营营长。这是他第一次担任指挥职务。对一名上尉而言，能够担任营长，确实是不多见的事情。德国的另外一名悍将，被后世称为"沙漠之狐"的隆美尔，此时也只不过是一名小小的连长而已。

10月，古德里安又被调往德军C军区，担任高级参谋。这是他步入高级军官行列的开始。在这里，他结识了不少日后在德军中举足轻重的人物。古德里安前往C军区赴任一个月后，俄国爆发了十月（俄历十月，公历11月）革命，新成立的苏维埃政权宣布退出第一次世界大战。德国结束了艰苦的两线作战，将东线的兵力迅速抽调到西线，专心对付英、法、意等国。在西线战场上，德军虽然有许多像古德里安、隆美尔这样的青年军官，打了很多胜仗，但终究无法扭转整个战局。随后，德军在前线开始节节败退。

1818年1~2月，古德里安离开部队，前往色当参加高级参谋军官培训。2月28日，即他的培训刚刚结束之际，古德里安即接到总参谋部的调令，令其火速赶往参谋本部任职。3个月后，古德里安又被从总参谋部调往第三十八预备兵团，担任军需官。

9月17日，古德里安的第二个儿子库尔特出生了。但这一次，他又没能陪在妻子的身边。因为他十几天后即被派往意大利，担任德军意大利占领区军事管制局行政科长。这一系列职务的军衔都不算高，但个个大权在握。这说明，古德里安在德军中的地位已然不低。

但战争进行到此时，德军的败局已现。德国的盟国奥斯曼帝国、保加利亚和奥匈帝国因持续作战，致使经济崩溃，国内积累已久的民族矛盾接连爆发。各国政府自顾不暇，无力再战，相继向协约国求和，退出了战争。

德军独木难支，溃败的速度更快了。由此，德国国内的矛盾也开始加剧了。总参谋长兴登堡元帅建议在议会上提出"结束战争"的议案，并建议德皇威廉二世出逃德国。但德军最高统帅部却仍不死心，企图用剩余的海军舰只与英国海军进行最后决战。结果德国水兵因不愿送死，在基尔港发生起义，并迅速蔓延到整个海军及全国。

11月9日，德国首都柏林发生了"十一月革命"，德皇威廉二世被迫宣布退位，并逃至荷兰。德国社会民主党组成了临时政府，宣布成立共和国，史称魏玛共和国。随后，魏玛共和国与协约国议和，并于11月11日签订了《贡比涅森林停战协定》。历时4年零3个月的第一次世界大战以协约国的胜利告终。

第一次世界大战极大地改变了欧洲和世界的格局。俄罗斯帝国、奥斯曼帝国、奥匈帝国和德意志第二帝国在战争中或战争结束后的几年内全部解体了。奥斯曼帝国和奥匈帝国还分裂成了许多独立的民族国家。英、法等老牌帝国主义国家在战争中受到重创，远离欧洲战场的美国和日本却在战争中以倒卖军火和攫取殖民地而大发其财，迅速成长为新兴的帝国主义国家。

战争结束时，古德里安正在柏林普鲁士军政部东部边防总局服役，负责东部战线的防御工作。对整个世界乃至德国民众而言，战争的结束是莫大的喜讯。但对于像古德里安这样正在战争中步步高升的青年军官而言，这不能不说是一个打击。这一点，从他日后所写的回忆录《闪击英雄》的字里行间便可以看出。

停战后，德军遵循着停战协议的规定，有秩序地返回到了德国国内。为了稳定政局，共和国不得不向陆军军官们求助。于是，大量的陆军军官被派到了各地军营。隆美尔即在此时被调到了安全内务连，任连长之职。不过，古德里安倒是一个例外，这大抵是因为他在参谋军官的职位上表现突出所致。1919年1月，古德里安被调往布里斯劳南区边防指挥部，任高级参谋。两个月后，他又前往巴登司坦北区边防指挥部服役，同年5月，再被分派到"铁师"参谋处工作。

第二章
结缘装甲兵

一

调往运输兵总监部任职

1919年6月28日，第一次世界大战的各参加国在巴黎的凡尔赛宫签订了《凡尔赛条约》。这个条约的签订标志着第一次世界大战正式结束。法、英、美三国是巴黎和会的主导国，三国领导人从各国自身的利益出发对战败国提出了不同的惩罚措施。

法国总理克列孟梭主张，法国应收回德国通过普法战争从法国获得的阿尔萨斯和洛林两省；将德国的鲁尔工业区交由法国管理，用该项收益来支付德国应承担的战争赔款；当众处死德皇威廉二世，以惩罚德国军国主义；将德军军力削减至不再对法国构成威胁的程度；由战胜国瓜分德国的海外殖民地等。

英国首相劳合·乔治也同意惩罚德国，但在具体措施上较法国为轻。劳合·乔治认识到，一旦克列孟梭提出的条件全都得到满足的话，法国就会成为欧陆的超级强国，欧洲大陆的势力均衡势必会破坏。这和英国意图维持一个均衡的欧洲的传统政策相悖。因此，他主张瓜分德国的海外殖民地，以加强英国的海上霸权；削弱德国军力至较低水平；德国进行战争赔偿，但不可过分，以免激起德国的复仇心理；帮助德国重建经济。

美国总统伍德罗·威尔逊提出的惩罚措施比英、法两国都要轻。一方面，美国在战争中通过军火贸易而大发其财，且远离战场，没有受到战争的破坏，一跃成为第一经济强国。所以，美国政府倾向于安抚德国以保证平等的贸易机会并顺利收回战争债务。另一方面，为了避免再次发生世界大战，威尔逊反对过分苛刻的条款。

经过长达几个月的争吵，在英、法、美三大国主导下的巴黎和会终于通过了《凡尔赛条约》。该条约共分15部分，440条，对德国的领土、经济、军事等各方面进行了严厉的制裁。根据条约规定，德国失去了13%的领土、12.5%的人口、所有的海外殖民地、16%的煤产地及半数的钢铁工业。

根据条约规定，法国收回了阿尔萨斯和洛林两省，并取得了德国萨尔煤矿的开采权。萨尔区的行政权暂时交由国际联盟，15年后由公民投票决定其归属。莱茵河以西的地区由协约国军队分区占领15年，莱茵河以东50公里宽的地区划为非军事区，德军不得在此设防。

德国通过普丹战争取得的北石勒苏益格经公投归还给了丹麦。德国把18世纪侵吞的波兰领土，包括西普鲁士、波森省、部分东普鲁士及部分上西里西亚归还波兰，并给予波兰海岸线，承认其独立。德国将东上西里西亚割给从奥匈帝国分裂出来的新国家捷克斯洛伐克。但泽由国际联盟管理，称为但泽自由市。尤本及萨尔梅迪割让给比利时，克莱佩达地区则割让给立陶宛。德国必须承认奥地利独立，并且永远不得与它合并。此外，德国的所有海外殖民地都被英、法、日等国以"委任统治"的形式瓜分了。

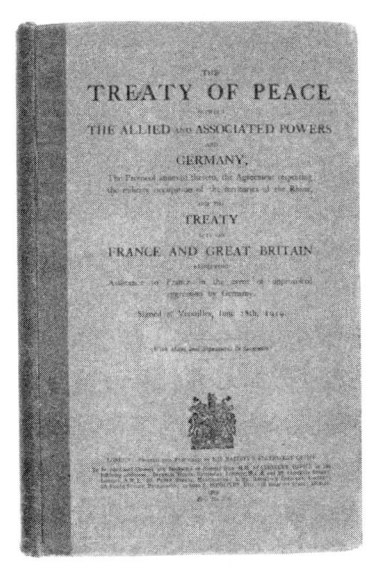

《凡尔赛条约》的首页

根据协约国赔偿委员会决定，德国共需支付战争赔款2260亿马克（后来减至1320亿帝国马克），并且必须以黄金支付。历史学家一般认为，英、法、美等国对德国的过分制裁，以及沉重的赔偿给德国经济戴上了一副沉重的枷锁，并间接导致了纳粹党在德国的崛起，为第二次世界大战的爆发埋下了隐患。

《凡尔赛条约》除了在政治和经济上对德国进行了严厉的制裁之外，还对其军事力量进行了严格的限制。按照规定，德军必须解散总参谋部；取消义务兵役制；将陆军的规模限制10万人以下，并且不得拥有坦克或重型火炮等进攻性武器；不得拥有海军，船舰方面只能有6艘排水量一万吨战列舰，不准拥有潜水艇；不得组织空军等。

7月9日，德国的国民议会通过了《凡尔赛条约》。此后，德国便被一股恐慌与复仇的情绪笼罩着。德国政府开始大规模地裁军，将绝大多数士兵和军官遣送回家了。对古德里安来说，离开军队简直是一件无法想象的事情。幸运的是，德军高级军官，乃至政界显要，都不愿失去这位年轻军官。1919年秋，古德里安终于被调离参谋军官的职位，从波罗的海地区回到柏林。在此期间，他曾在国防军第十汉诺威旅服役两个月。1920年1月，他即回到原先的第三通信兵营（此时已整编为第三轻步兵营）担任第十一连连长。

古德里安对这样的安排十分感激。他在回忆录中如是描述当时的心情："虽然我在1920年1月以前曾在总参谋部的重要岗位上工作，但是当时我实在不敢妄想再重回到那种职务。这主要有两个方面的原因。第一，我离开波罗的海地区的时候，国家的处境非常恶劣；第二，在一个军备受限且总额仅10万人的小型陆军中，要想迅速地升迁更是绝对的不可能。"

日子一天天地过去了，时间很快就到了1921年的秋季。一天，团长阿姆斯贝格上校派人把古德里安叫到团部。古德里安来到团部，向阿姆斯贝格上校敬了一个军礼，朗声道："报告团长，海因茨·威廉·古德里安前来报到。"

阿姆斯贝格上校还了一礼，温和地说："上尉，不用拘礼。"

古德里安问："团长找我有什么事情？"

阿姆斯贝格上校示意古德里安坐下，然后说："上尉是否愿意回到总参谋部（总参谋部已经撤销，时为国防部陆军参谋本部，但德国军人在习惯上仍如此称呼）去工作？"

古德里安受宠若惊地回答说："求之不得呢！"

阿姆斯贝格上校说："好，我马上把报告递上去。"

古德里安离开团部，心里高兴极了。但他左等右等，一直到年底也没有接到调令。心中刚刚燃起的希望又被失望取代了。

1922年1月，国防部陆军参谋本部的工作人员斯图普朗格中校打电话到第三轻步兵营，找古德里安。他的语气很不友善，劈头就问："古德里安上尉，你为何还没有到慕尼黑报到？"

古德里安丈二和尚摸不着头脑，喃喃地说："慕尼黑？"

斯图普朗格重复道："是的，你为何还没有到慕尼黑报到？"

古德里安解释说："中校，我并没有接到这方面的调令。"

"该死，"斯图普朗格中校狠狠地骂了一句，"肯定是通信环节出了问题。好吧，现在就由我再次向你下达命令吧！"

古德里安挺直了身子，朗声道："是，长官。"

斯图普朗格以命令的口吻说道："国防部陆军参谋本部令，调海因茨·威廉·古德里安上尉前往运输兵总监部任职。该命令自4月1日起生效。"

古德里安立即回答说："是，长官。"

斯图普朗格中校又说："为了让你熟悉运输兵总监部的业务和工作流程，请上尉立即赶往慕尼黑第七机械化运输营实习。"

两人说完了正事，又闲聊了一会。古德里安这才知道，运输部总监柴希维兹将军曾让阿姆斯贝格上校选派一名曾经在总参谋部工作的青年军官到运输兵总监部工作。阿姆斯贝格推荐了古德里安。然而，中间的沟通环节可能出了些问题，所以正式命令一直没有下达到第三轻步兵营。

二
着手研究机械化运输问题

古德里安对新工作很满意。放下电话后，他立即向阿姆斯贝格上校作了汇报，然后匆匆赶往慕尼黑，向第七机械化运输营营长鲁兹少校报到。鲁兹少校身材高大，性格温和，业务能力也非常突出。古德里安很快便和他成了无话不谈的好朋友。

鲁兹少校对古德里安说："你到国防部的工作大抵与机械化运输部队的组织和使用有关系。因此，我希望你先到第一连去服役。"

古德里安向鲁兹少校敬了一个军礼，满怀感激地说："我一定会好好学习的，请营长先生放心。"

鲁兹少校尴尬地说："不过，要先委屈你一下。你到第一连只能做一名普通的实习军官。你知道，这个连的连长维莫尔上尉工作非常出色，我找不到理由让你取而代之。"

古德里安不安地回答说："这是最好的安排！如果让我取代维莫尔，我倒不知道该如何展开工作了。"

鲁兹少校感激地说："如此，那便委屈你了。"

在慕尼黑工作的几个月里，古德里安和营长鲁兹少校、连长维莫尔上尉，关系都处理得非常融洽。两位长官总是竭尽所能，把他们所知道的一切都告诉古德里安。这对他日后顺利展开工作有很大的帮助。

古德里安如期到柏林的运输部向柴希维兹将军报到。将军热情地接待了古德里安。两人在总监办公室聊了很久。古德里安问："总监先生对我的新工作有什么指示？"

柴希维兹回答说："就我个人本意而言，我准备以机械化运输部队的使用作为你的工作范围。不过，现在情况有些变化。"

"变化？"古德里安追问道。

"是的。"柴希维兹将军缓缓道，"皮特少校，我的参谋长，认为你应该先去研究机械化运输部的各种问题，例如工厂、加油站、技术工作，甚至还包括公路的工程问题以及其他的运输工具等等。"

古德里安吃了一惊，回答说："可是，我对这些高深莫测的技术问题毫无见解，也没有任何准备。就我的能力而言，恐怕根本无法胜任。"

柴希维兹将军沉思了片响，又说："你知道，我本来的见解与鲁兹少校相同，都希望你来负责机械化运输部队的使用问题。但皮特少校是个固执己见的人。他以现成的条文为依据，坚持参谋人员的工作支配是他权限，总监也无权过问。"

"将军先生，既然如此，请您准许我重回步兵营服役，"古德里安请求道，"最好还是回到第三轻步兵营。"

柴希维兹将军劝道："年轻人，你要对自己有信心。在不久的将来，你一定会成为一名机械化专家的。"

古德里安马上反驳道："可是……"

将军不等他说完，便打断他道："没有什么可是了。就这样决定吧！"

古德里安向将军敬了一个军礼，悻悻地离开了总监办公室。从此之后，古德里安便踏上了一条与以往完全不同的技术型军官的道路。

对世界各国的陆军部队而言，机械化部队的使用此时均处于探索阶段。第一次世界大战期间，各交战国均动用了机械化车辆，用来运输部队和给养。然而，当时的机械化部队仅限于在某一固定战线的后方使用，从来没有出现在正面战场上。

现在，德国陆军要研究的就是如何在正面战场上，使用机械化部队，紧跟着敌人运转。运输兵总监部提出这样一个富有创见的课题，和德国所处的地理位置以及社会环境有关。德国地处欧洲中部，东邻波兰、捷克斯洛伐克，西界法国、荷兰、比利时、卢森堡，北连丹麦，南接瑞士和奥地利，水域和英国、挪威、瑞典三国隔海相望。这里既是东西欧往来的必经之路，也是南北欧交流的陆上捷径，素有"欧洲的心脏"之称。

由于特殊的地理位置，它不可能像沙俄或者英国一样，在相对安全的地理环境中谋求发展。欧洲的每一次重大政治、军事事件都会引起德国政局，乃至军界的震动。尽管，德国在强大时可以向周边的小国，如荷兰、卢森堡、比利时，乃至向西部宿敌法国出击，但也极容易遭到周边国家的夹击。

荷兰、比利时、卢森堡等小国尚不足为虑，但东西部的两个大国，法国和俄国就不能不防了。而且，自俾斯麦下台之后，德国和这两个大国的关系长期不睦。第一次世界大战又加重了这一矛盾。

所以，德国必须随时准备进行两线作战，东抗俄国，西阻法兰西。在一定时期内，一个国家可以动员的军事力量是有限的。这在战后的德国表现得尤为突出。根据《凡尔赛条约》的规定，德国必须将陆军保持在10万人以下的规模。很明显，如此弱小的军队根本不足以保证国防的安全，更不要说两线作战了。

要解决这个矛盾，唯有提高部队的机动性，使其能够在东西两线之间快速调动，弥补军事力量的不足。也就是说，机械化是德军的唯一出路。当然，这纯粹是从军事角度而言的。

由于如何建设机械化部队并无先例可循，这可谓是一条披荆斩棘之路。古德里安上任之后，除了几件没有办完的公事等着他去处理之外，没有任何经验可以借鉴。他在回忆录《闪击英雄》中如是描述当时的情况："我唯一的救星就是几个资深的同事。他们不仅精通业务而且对于档案也十分熟悉，并且他们都肯尽量地帮助我……"

考虑到古德里安彬彬有礼的个性，这句话很可能只是客气客气而已。从后来的发展情况来看，唯一对他有帮助的东西可能就是那些原始档案了。一连几个月，古德里安忘记了家人，也忘记了自己，一头扎进材料中，进行了深入的研究。他从这些材料中析出数据，然后进行仔细的对比，最后总结成经验。

柴希维兹将军主持的有关用机械化车辆运输军队的研究计划，对他的帮助也不小。柴希维兹是一个一丝不苟之人，他不允许部下，也不允许自己犯任何低级错误。他经常挂在嘴上的话就是"精确度"。

在柴希维兹将军的主持下，运输兵进行了几次小规模的机械化运兵演习。古德里安从头到尾参与了这项工作。演习的结果让他大吃一惊。因为他第一次意识到机械化部队在战争中能够发挥如此重要的作用。

不过，他同时也注意到了一个老生常谈的问题，即机械化部队的运输保护。由于机械化部队的机动性较强，不可能为之配备一支步兵或骑兵进行保护，唯一的解决办法就是把运输部队自身武装起来。古德里安的设想是"装甲车辆"，其中最重要的就是第一次世界大战期间出现的坦克。

在索姆河战役中，古德里安曾听说过英军坦克的威力。不过，由于他当时负责的是通信工作，所以并未有意搜集这方面的资料。德军陆军中尉福克汉是这方面的专家，古德里安很快找到他，向其求教。

福克汉毫无保留地把他搜集的德军装甲车资料以及英法两国在第一次

世界大战中如何使用装甲车的有关资料一并提供给了古德里安。这些资料很有价值，但尚不足以支撑一个理论系统，充其量只能算是入门级的资料汇编。

看完资料，古德里安打电话给福克汉中尉，含蓄而又不失礼貌地暗示说："感谢中尉的资料，这是一个很好的起点。"

福克汉中尉马上明白了古德里安的意思。他回答说："上尉先生，我所能提供的资料全都在这里了。不过，你可以多注意一下英法方面的文章，他们在这方面比我们有经验。英国人福勒、李德哈特、马尔特等人都是装甲车方面的专家，他们在报纸上发表的文章不少，而且都著有专著。"

古德里安大喜，就像是孤独的夜行人突然看到了远处的灯火一样，连声道："谢谢中尉，谢谢中尉。"

放下电话，古德里安即开始搜集英法方面公开发表的文章和出版的书籍，仔细加以研究。很快，他就发现福勒、李德哈特和马尔特等人在机械化部队建设的理论方面已经走到了世界前列。这些卓越的军事专家认为，机械化是未来部队的发展趋势。机械化部队在未来的战争中不会仅仅局限于支援步兵作战，还会发展成一个新的兵种，成为战场的主力。

李德哈特的主张对古德里安和机械化部队建设的影响尤为深远。李德哈特以康布雷之战为例，生动地说明了集中使用装甲兵的优势。他特别强调装甲兵在远程突袭、切断敌人交通线等方面的作用。

李德哈特还建议，将坦克和装甲步兵结合起来，成立装甲师。这些观念深深打动了古德里安。他企图将其改造、发展，以期适应德国陆军的实际情况。应该说，在机械化部队建设的问题上，英国人是德国人的先生，李德哈特是古德里安的老师。

三
小有名气的机械化专家

随着研究的深入，古德里安很快就成了德军中小有名气的机械化专家了。德国陆军的高级刊物《军事周刊》多次向他约稿。主编阿托克将军常常去看望他，和他有了深厚的个人交情。

将军还把奥地利的机械化专家黑格尔介绍给古德里安认识。黑格尔对装甲部队的研究并不比古德里安深入，但研究的时间较早，当时已经出版了《坦克手册》一书。两人互相借鉴，进步很大。古德里安曾说："我一直把他当作一个正直的日耳曼绅士看待。"

1923年冬，布劳希奇中校主持了一次兵种联合演习，其目的是实验机械化部队和空军协同作战的可能性。陆军训练处对这次演习非常重视，从运输兵总监部抽调了好几名经验丰富的参谋人员，参与演习计划的制定与实施工作。古德里安也被选中，在演习部队中担任战术及战史教官。

演习结果虽然和预期目标尚有一段距离，但也证明了这样一个事实：如果组织得当，机械化部队完全可以实现和空军的协同作战，以增强地面进攻的强度。所以，国防部决定在军中广泛推广演习经验。古德里安参加了国防部组织的考试，然后被派到各地方部队，担任教官。

1924年，柴希维兹将军调任第二师师长，纳兹美尔上校接任运输兵总监之职。对古德里安和他正在进行的机械化部队研究工作来说，这是一次沉重的打击。古德里安竭力证明，机械化部队可以在未来的战争中充当战斗部队，而纳兹美尔上校对此则持怀疑态度。

上校认为，限于火力，机械化部队在战争中只能承担后勤任务，例如配合骑兵部队进行搜索，支援步兵的正面进攻等。纳兹美尔上校的观点还停留在第一次世界大战期间的水准。

春夏之际，运输兵总监部进行了几次小规模的军事演习，以研究机械化部队和骑兵一起搜索敌情的默契度。在这次演习中，运输部队第一次装备了"装甲部队载运车"。这种车辆介于卡车和坦克之间，具有一定火力强度，机动性能优良。但它也有一个致命的缺点，即只能在道路上活动。

"装甲部队载运车"是一个失败的设计。用于后勤，其机动性能不如卡车；用于正面战场，其活力强度又太差。不过，这是《凡尔赛条约》所规定的，德军能够拥有的少数装甲车设计之一。

古德里安对演习的结果比较满意，因为他看到了装甲部队从后勤兵种转变为战斗兵种的可能性。他在上报总监的演习报告中透露了这一想法。

几天后，纳兹美尔上校把古德里安叫到总监办公室。古德里安刚走进去，上校就递给他一份材料，面无表情地责问道："上尉，你希望让机械化部队从后勤兵种转变为战斗兵种？"

古德里安低头一看，手上的材料正是自己交给总监的演习报告，其中涉及机械化部队的部分都被划上了红线。

"是的，长官。"古德里安脸上一阵红，一阵白，"演习结果表明，完全有这种可能性。"

"见鬼，什么战斗部队！"纳兹美尔粗鲁地吼道，"它们只配装运面粉！"

古德里安无趣地走开了。随后，他便接到调令，前往第二师师部担任战术和战史教官之职。10月1日，古德里安赶到第二师的驻地什切青。师长柴希维兹将军热情地接待了他。

古德里安的任务是给即将成为参谋军官的年轻人讲授战术和战史。这是一个极具挑战性的工作。那些立志成为参谋军官的年轻人大多对战术和战史了如指掌。他们学习起来，无不刨根问底，吹毛求疵。

古德里安只能提前把要讲授的内容准备好，每一个细节都不放过，连参考答案都经过慎重的考虑。在讲授的过程中，他又力求简明、扼要。他特别重视拿破仑指挥的1806年之战和德法两军1914年的骑兵大对抗。这两场战役都是在机动战中指挥部队的绝佳战例。

在教学过程中，古德里安逐步完善了有关机械化部队的建设理论，而且常常在战术练习、沙盘推演中发表一些新观点。第二师的霍林少校敏锐地注意到了古德里安在这方面的特殊才能。1926年末，少校在提交国防部的年度报告中特意提到了这一点，并推荐古德里安返回国防部陆军参谋本部的运输司服务。

由于霍林少校的大力推荐，古德里安于1927年2月1日被提升为少校。8个月后，他即得以返回陆军参谋本部工作。他的主要职责是研究卡车运兵的组织与实施。第一次世界大战期间，凡尔登守将贝当将军曾在整条战线吃紧的情况下动用卡车，将援兵及时运到了前线。不过，贝当的运兵工作是在固定战线的掩护之下进行的。也就是说，他只需要把士兵和步枪等轻武器运到前线即可。

但德国人面临的状况是，不仅要把士兵和轻武器在两线之间机动，也要提高火炮等重武器的机动能力。要实现这一目标，就得有足够数量的卡车和掩护兵力。然而，这对在《凡尔赛条约》限制之下的德国而言，几乎是不可能实现的事情。

古德里安对此也持怀疑态度。他认为，解决部队和装备的机动问题，不能单纯地从卡车运输方面着手。部队的机械化也是解决这一问题的选择之一，而且比使用卡车来运输兵力可行得多。

所谓"不在其职，不谋其政"，古德里安现在要研究的是卡车运兵问题，而不是整个部队的机械化。对一个以服从命令为天职的军人来说，他没有理由去反对国防部提出的研究课题。直到1928年秋天，状况才有所改变。

时任运输部队训练主管的斯托特迈斯特上校手上已经组建起来了一支坦克部队，但对如何使用它却一无所知。他听说古德里安在这方面颇有研究，遂向参谋本部递交申请，要求让古德里安前去兼任他们的坦克战术教官。

参谋本部批准了斯托特迈斯特上校的申请。古德里安十分高兴，因为他又可以继续研究部队的机械化问题了。这才是他真正感兴趣的课题。具有讽刺意味的是，古德里安虽然已经是一名机械化专家了，但他却从来没有见过真正的坦克。从理论上来讨论机械化部队的使用相对比较简单，因为有关英、法等国在第一次世界大战期间坦克使用问题的专著已经不少，世界各国在机械化部队使用方面的操作典范也比较容易得到。

然而，机械化专家没有见过真正的坦克，这实在是有些说不通。在以往的演习中，部队使用的均是坦克模型。最初的模型是帆布制作的，用人力来推动。现在，国防部为他们提供了以汽油机为动力的铁制模型。

在演习过程中，第九步兵团第三营给古德里安提供了不少便利。第三营的营副温克还经常和他一起进行系统而深入的研究。他们重点讨论了将机械化部队作为一个独立战斗单位的可能性。坦克排、坦克连和坦克营等名称第一次系统地出现在了他们的研究报告中。

就在这时，国防部决定派古德里安前往瑞典进行为期4周的访问。古德里安欣然领命，因为瑞典早在1918年就利用从德国进口的LK-Ⅱ型坦克建立了一支坦克部队。LK-Ⅱ型坦克是德国在第一次世界大战末期研制成功的。然而,它还没有来得及到战场上一显身手,战争就结束了。

现在,古德里安终于有机会亲眼看到这种威力无比的新式武器了。瑞典约塔防卫部队第二营热情接待了古德里安一行。营长布仑上校亲自来到营门迎接,还带他到基层部队考察。克林斯波尔上尉也邀请古德里安到他所指挥的连部去实地体验机械化部队的优越性。后来,古德里安曾说:"……凡是与我有所接触的瑞典军官对于他们的德国客人都一致采取坦白和真诚的态度,他们对我们的招待十分周到……这次访问瑞典的经过让我终身难忘,一想起来就感到愉快。"

四
大力主张创建装甲师

当时间老人的脚步跨入1929年之时,古德里安有关机械化部队的理论已初步形成了。他认识到,由于坦克的机动性较强,它无法与步兵协同作战。而单独使用坦克的话,不但无法发挥其战斗威力,而且也无法保证部队的安全。也就是说,将坦克编入步兵师的作战序列是错误的。

古德里安的想法是,建立一种内含一系列支援部队的装甲师。在这个装甲师里,坦克应居于主要地位,其他的兵器则应以装甲兵的需要为中心,展开行动。与此同时,支援兵器也必须提高速度和越野能力,将装甲部队的战斗力发挥到最大化。

夏季,古德里安组织了一次沙盘推演。演习中,他以构思中的装甲师部分兵力作基础,和有坦克协同的步兵部队展开了厮杀。结果,装甲师大获全胜,有坦克协同的步兵部队则因作战步调不一致而损失惨重。

这次演习结果让古德里安更加坚信,组建以师为单位的装甲部队是正确的。但他的想法却遭到了运输兵总监斯图普纳格将军的反对。斯图普纳格将军为人精明,整体把握能力很强,但他的怀疑精神却阻止了他对新生事物的探索。

当古德里安向他指出,组建装甲师在理论上完全行得通时,将军一脸愕然地回答说:"什么?装甲师?天呐,这简直是乌托邦式的美梦!"

"不,将军。"古德里安反驳道,"沙盘推演的结果已经证明,装甲师的战斗力优于传统的步兵部队。"

"也许你的观点是正确的,"斯图普纳格将军缓缓道,"但你应该明白,那只是理论。在现实中,我们的支援兵器不可能有这么快的速度,更不可能有这么强大的越野能力。"

古德里安点了点头,回答说:"是的,将军。不过,一切技术问题都会随着时间的推移而解决的。"

斯图普纳格将军摇了摇头,坚定地说:"好了,不要再说了。这都是以后的事情。就目前的情况来说，我们必须禁止使用超过一个团以上的装甲部队。"

由于斯图普纳格将军的限制，古德里安的装甲师理论未能得到进一步的发展。就在这时，曾经担任第七机械化运输营营长的鲁兹上校被调到运输兵总监部担任参谋长之职。他和古德里安的军事思想相近，非常支持建设装甲师。

秋季的一天，鲁兹上校把古德里安叫到办公室，开门见山地说："上尉，组建装甲师非一朝一夕之事。从目前的情况来看，恐怕一时之间难以实现。"

古德里安点点头，表示认同。

鲁兹又说："不过，你可以先从较小的单位来实践你的理论。"

古德里安大喜，忙问："参谋长的意思是让我去指挥一支机械化部队。"

鲁兹上校回答说："是的。我想让你去指挥一个机械化营。"

"太好了！"古德里安高兴地说。

在鲁兹上校的支持下，古德里安于1931年2月1日被擢升为中校，前往第三机械化运输营担任营长之职。第三营虽然名为运输营，实际上乃是一支检验机械化战争理论的战斗部队。

第三营下辖4个连，驻守在3个军事基地内。第一连、第四连和营部驻在柏林的兰克维兹，第二连驻在多贝利兹–艾尔斯葛伦特的军事训练地区内，第三连则驻在尼斯。

古德里安上任后的第一件事情就是向总监部和师部争取装备。总监部参谋长鲁兹上校和第三师师长斯图普纳格将军都给了他很大的支持。第一连装备的是第一次世界大战期间生产的老式坦克，第四连装备的是汽油动力的各式汽车，且配有机关枪。这两个连是第三营的主力。第二连装备的是木制坦克模型，第三连则被改编为反坦克炮连，所配备的武器也是木制的假炮。

尽管现状和理想的差距很大，但古德里安依然非常高兴。他毕竟有了指挥部队进行野外演习的自主权。第三营的官兵对新任务也都热心。在一个只有10万人的小型陆军中，没有人愿意总是在后勤部队中服役。整个春天，古德里安都带着他的第三营在野外进行军事演习。

斯图普纳格将军对这个七拼八凑的新单位极度缺乏信心。他觉得古德里安和鲁兹上校完全是在瞎折腾。所以，他曾明确向古德里安下令，禁止

第三营和其他部队举行联合演习，以防古德里安给总监部丢脸。

参加第三师举行的演习时，第三营也受到严格的限制，使用的兵力不得超过一个排。第三师师长斯图普纳格将军对古德里安的遭遇深表同情。他在权力许可的范围之内，给了古德里安很大的帮助。

演习结束后，他在报告中对第三营的表现给予了高度评价，并希望总监部给机械化部队应有的重视。遗憾的是，他的报告并没有引起斯图普纳格的注意。不久之后，他就因为和国防部的意见不合，被迫退出了现役。

斯图普纳格将军也在这个春天被调离了总监部，鲁兹上校被擢升为少将，继任总监之职。鲁兹将军和古德里安为斯图普纳格送行的时候，原总监郑重地说："要走了，有句话不得不向你们说。"

鲁兹将军和古德里安向斯图普纳格敬了一个军礼，朗声道："将军请讲。"

斯图普纳格沉思了片刻，缓缓道："不要再幻想着组建装甲师了，这是在浪费时间。"

鲁兹将军耸了耸肩，回答说："我想时间会证明一切的。"

斯图普纳格摇了摇头，转向古德里安，苦笑道："你太性急了。请相信我的话，在我们有生之年是看不到装甲部队的正式行动的。"

古德里安冷冷地回答说："也许你的观点是正确的，但我希望它是错误的。"

斯图普纳格走了，运输兵总监部成了鲁兹将军的天下。古德里安终于有机会全面实践他的装甲师理论了。1931年10月1日，鲁兹将军把古德里安调回总监部，任参谋长之职。在此后的几年中，他和鲁兹将军一起，加快了创建装甲部队的步伐。

这是一条漫长的道路。他们首先要说服其他兵种和陆军总司令，使人们相信发展装甲部队乃是大势所趋。但是，步兵和骑兵等老兵种并不看好古德里安等人大吹大擂的装甲部队。由于《凡尔赛条约》的限制，德国陆军并不允许保有真正的坦克，大多数军官都没有见过这种新兵器。当古德里安利用铁皮制成的模型指挥部队演习时，那些参加过第一次世界大战的老兵甚至将其当成笑柄。就算是那些观念较为先进的人，也不过把坦克看作步兵的支援武器罢了。

骑兵总监部总监黑尔希堡将军的反对意见尤为强烈。他认为，骑兵作为一个成熟的兵种，完全可以在战场上实现战术上的机动性，根本不需要那种看起来奇怪至极的铁盒子。不过，他还是向鲁兹和古德里安作出了相应的让步，因为他希望把德军中仅有的3个骑兵师全部改编为重装骑兵，以便在将来的战争中实现单独作战的目的。

如此一来，就必须有一个新兵种为包括重装骑兵在内的部队承担搜索和侦察任务。机动性能优越的装甲部队自然而然地接替了骑兵的这一职责。鲁兹将军和古德里安大喜，立即决定在装甲师中配备一个装甲搜索营来担任这一工作。

然而，装甲搜索营的组建工作尚未完成，步兵出身的克罗亨豪尔将军就接替黑尔希堡，成了新任骑兵总监。他试图把3个骑兵师组建成一个骑兵军，同时把装甲部队纳入骑兵军的建制，使其成为骑兵作战的附属部队。

多年后，古德里安回忆当时的情形说："为了达到这个目的，就有很多的骑兵军官渗入了我们这个年轻的单位，这种争斗时常变得很激烈。但是最后，新观念的建立者还是战胜了反对派；内燃机还是战胜了马匹；大炮还是战胜了长矛。"

鲁兹将军和古德里安中校考虑的另一个重要问题是如何装备这支新型部队。实际上，陆军已经在挪威设立了试验站，用于检验德制坦克的性能。1926年前后，德国兵工署已秘密研制成功两种中型坦克和3种轻型坦克。每一种型号都试制了两辆原型车，一共10辆。

和第一次世界大战期间的坦克相比，这些坦克的性能和内部构造都有了很大进步。例如，新型坦克的最高时速可达到35公里；中型坦克配备75毫米口径的主炮一门，轻型坦克配备37毫米口径的主炮一门，且可实现全方位射击；底盘距地高度也提高了不少，增强了越野能力。

不过，古德里安和鲁兹将军对这些坦克还不是很满意，没有下令批量化生产。因为车长的位置在驾驶员的后方，视野不够宽阔，后方和两侧均有死角，前方的视角也容易受到履带前段的阻隔。另外，坦克内部没有配备无线电，无法精确地保持协同。

古德里安和鲁兹将军讨论之后，决定设计两种新型号的坦克。一种轻型坦克：配备一门可以洞穿装甲的火炮（古德里安要求口径为50毫米，后因兵工署的坚持，改为37毫米），两挺机关枪，一挺装在炮塔里面，一挺装在车身里；一种中型坦克：装备与轻型坦克大致相当，但火炮的口径更大（75毫米口径）。

每辆坦克总重量不超过24吨，最高时速定为40公里。每辆坦克乘员5名，分别为车长、驾驶员、炮手、弹药手和无线电员。炮手、弹药手和车长的座位均位于炮塔里,其中车长的位置最高,且拥有一个全方位视线的特制小型指挥塔。驾驶员和无线电员的座位在车身里面。由于坦克运行过程中轰鸣声较大,内部人员交流一律使用喉头麦克风,而坦克与坦克之间联络则使用无线电。

　　古德里安初步计划,每个坦克营下辖3个轻型坦克连和一个中型坦克连。中型坦克连的主要任务是支持轻型坦克作战,同时射击那些小口径火炮无法洞穿或超出其射程的目标。

　　经过和兵工署的讨价还价以及相互妥协,鲁兹将军和古德里安中校设想的两种新型坦克进入了设计阶段。不过,受到技术的限制,这两种坦克可能需要很长一段时间才能面世。对此,古德里安和鲁兹将军都有充分的心理准备。为了训练部队,他们从英国购买了卡登-路易式20毫米口径高射炮载运车,并将其改造成了"Panzer-Ⅰ"和"Panzer-Ⅱ"小型坦克。前者无火炮,炮塔上只装备了一挺机枪;后者装备有一门20毫米口径火炮和一挺机枪。

五

希特勒建立独裁统治

当古德里安和鲁兹将军大力发展装甲部队之时，德国国内和世界的局势都发生了翻天覆地的变化。早在1929年，一场史无前例的经济危机从美国开始，并迅速席卷全球。各国的政治、经济矛盾变得越来越尖锐。德国在经济危机的打击之下，政局也再次动荡起来。希特勒趁机鼓动中下层人士，利用德国人的复仇情绪扩充纳粹党，走上了反对魏玛共和政府的道路。

阿道夫·希特勒于1889年4月20日出生在奥地利和德国巴伐利亚边境的布劳瑙小镇。他的父亲是一名政府职员，脾气暴躁，经济拮据，这对希特勒的童年影响深远。少年时期，他曾梦想着成为一名画家，但始终没有成功。

成年后，希特勒将目光转向了政治领域，并希望通过政治活动实现晋身上层社会的目的。此后，他阅读了大肆鼓吹极端国家主义和极端民族主义、反犹主义的小册子，还注意观察奥地利各政党，尤其是奥地利社会民主党的活动。渐渐地，他对大德意志民族主义产生了狂热的情绪。

第一次世界大战爆发后，希特勒上书巴伐利亚国王路德维希三世，恳求国王能批准他参加巴伐利亚军队。1914年8月4日，希特勒获准作为志愿兵加入了巴伐利亚步兵第十六团，成为陆军下士，在团部任传令兵。希特勒干得相当不错，甚至还获得了一枚一级铁十字勋章。

战争末期，希特勒因受到芥子气的攻

阿道夫·希特勒

击而导致眼睛严重受伤，不得不住进了医院。战争结束之时，他仍然在医院接受治疗。当他得知战争结束的消息时，竟痛哭失声。他本把战争视为自己的晋身之阶，战争的突然结束也让他的梦想瞬间破灭了。

别无出路的希特勒下定决心，投身政治，当一个政治家。1918年11月底，伤愈出院的希特勒毫不犹豫走上了政治投机之路。当时，受到俄国十月革命的影响，德国慕尼黑等地的无产阶级也成立了苏维埃政权。在调查苏维埃政权的行动中，希特勒特别卖力，从而受到了魏玛共和国政府的赏识，被调到陆军军区司令部政治部新闻局工作。

《凡尔赛条约》签订之后，魏玛政府为了保证军队的可靠性，专门设立了一些特别委员会，负责报告部队中可能出现的政治颠覆活动，同时监视工人组织的活动。善于投机的希特勒被选为第一批特别委员会成员。在慕尼黑大学的一个特种训练班受训期间，老师发现他认真专注，而且口才过人，遂提请希特勒的上级对他予以注意。

不久之后，希特勒便被派到慕尼黑的一个团队去演讲，鼓动德国民众与和平主义、社会主义、民主主义等思想作斗争。从此，希特勒迎来了他人生的转折点。他不但受到了当局的青睐，还第一次发现自己有超乎寻常的演说能力。

1919年9月，希特勒奉命调查德国工人党的情况时被意外地接受为该党第五十五名成员、第七名委员。从此，野心勃勃的希特勒便一边充当陆军部的秘密"侦查员"，一边按照自己的观点和目标来改造德国工人党。他四处发表演说，竭力向大学生、小业主和军官们煽动对《凡尔赛条约》、"十一月罪人"及犹太人的仇恨。他的演说通俗易懂，使得听众，特别是经历过第一次世界大战的士兵容易接受。不久，希特勒便成为颇有影响力的工人党领导人。

为吸引民众，狡黠的希特勒巧妙地将当时盛行的民族主义和社会主义两股潮流糅合在一起，将德国工人党正式改名为"民族社会主义德国工人党"。这便是臭名昭著的纳粹党！希特勒筹划了党旗和党的标志，党旗以黑、白、红三种颜色为底色，标志是一个"卐"字。希特勒组织的这种民族主义的符号和标志以及军事化的风格，立即对小市民阶层产生一种强烈的吸引力，纳粹党的队伍迅速膨胀起来。

1921年7月，希特勒成功取消了党的委员会，废除了选举制，确立了"领袖原则"，实行独裁统治。希特勒成了"民族社会主义德国工人党"的元首。一时间，希特勒名声大噪。

在德国政局动荡的20年代，希特勒曾经效法意大利的墨索里尼，企图以政变的方式夺取政权。他的政变失败了，但只获得了5年监禁的轻微处罚。这是因为他的民族主义思想引起了法官的同情。结果，希特勒只服了8个月的徒刑就被赦免了，而且未被驱逐出境。

在狱中，希特勒受到了前所未有的优待。狡猾的希特勒在此期间口授完成了他的自传《我的奋斗》上篇，还成功地将狱中的大多数工作人员都变成了狂热的纳粹分子。希特勒在《我的奋斗》一书中，大力宣扬反犹主义。他认为犹太人和斯拉夫人都是劣等民族，雅利安人是优等人种，因此它有权征服和统治其他民族。他甚至主张通过暴力手段向东扩张，以使德意志民族获得更为广阔的生存空间。希特勒还极力宣扬复仇主义，声言必须撕毁《凡尔赛条约》，必须同德国人民的不共戴天的死敌——法国算账。除此之外，希特勒还在书中攻击议会民主制度，宣传专制独裁统治，宣扬法西斯的理论。

出狱之后，希特勒一边挖空心思写作《我的奋斗》的后半部分，一边改组纳粹党，建立了一套错综复杂的党内机构。到1928年，纳粹党已经演变成了一个"拥有一批具有接管政府事务能力的干部的政党"。此外，希特勒还建立了一个拥有几十万队员的武装团体，保护纳粹党举行的集会，捣乱其他政党的集会和恫吓那些反对他的人。后来，他干脆建立了党卫队，并要求他们宣誓效忠于他。

1929年，一场史无前例的经济危机席卷了整个资本主义世界。德国受害颇深，企业纷纷倒闭，失业人数直线上升，最高时达600余万人。1930年3月，魏玛共和国的最后一届政府因入阁各党在如何平衡国库亏空问题上产生分歧而垮台了，魏玛共和国不得不由所谓的"总统内阁"来治理。

希特勒趁机大肆活动，一方面宣称经济危机是"政府无能"，是政府接受《凡尔赛条约》和战争赔款的结果；另一方面对各阶层人民不断做出符合其愿望的慷慨许诺，宣称纳粹党不是一个阶级政党，而是"大众党"，并重点向中下层民众发动讨好攻势，以争取他们的支持。

纳粹党迅速膨胀起来。经济危机爆发之前，纳粹党只有10.8万人，到1932年时已经超过了100万。在1932年7月31日举行的国会选举中，纳粹党获得了37.3%的选票，一跃成为国会中最大的党派。希特勒趁机施展手段，于1933年1月30日登上了德国总理的宝座。魏玛共和国宣告垮台了，德国正式进入了希特勒法西斯独裁统治时期，史称德意志第三帝国。

作为一名职业军人，古德里安对政治并不十分敏感。不过，他对希特勒掌控德国军政大权却怀有一种复杂的感激之情。玛格丽特的态度也比较复杂。一方面，她崇拜希特勒，希望他能拯救整个德意志；另一方面，她又希望社会上少一些所谓的典礼和庆祝仪式，以便让人们将有限的精力投入到实实在在的工作之中。

1933年2月初，希特勒亲临柏林汽车展览会的开幕典礼，并发表了演说。作为运输兵总监部的参谋长，古德里安也参加了汽车展览会的开幕式。这是他第一次远距离地看到希特勒。

第三章
装甲兵小试牛刀

一
组建机械化部队司令部

不可否认的是，希特勒的上台是德国装甲部队快速发展的一次重要契机。在他的内阁中，所有重要的军职均由具有近代化观念的将军出任。国防部长勃洛姆堡将军和常务次长赖兴瑙将军都相信，在不久的将来，装甲部队必然会成为战场上的主力。希特勒为了实现他对外扩张的目标，也极力主张建设一支可以横扫欧洲的新型军队。

在这种背景下，兵工署于1933年春季在库默斯多夫举办了一次兵器展示会。由于观众全部是军政界要员，大部分新型兵器都在这次展示会上亮相了，其中包括Panzer-I型轻型坦克。

希特勒对装甲部队很感兴趣，马上要求运输兵总监部组织一次小型演习给他看。这个任务自然而然地落在了参谋长古德里安中校肩上。古德里安用半个小时的时间，出动了一个营的兵力，向希特勒演示了装甲部队优越的机动性。

希特勒一边观看，一边频频点头。显然，他对这支新型部队十分满意。

1933年4月1日，古德里安被擢升为上校，仍然担任运输兵总监部的参谋长。这说明装甲兵的建设问题已经引起了陆军高层足够的重视。

夏季的一天，党卫军机械化兵团领袖胡恩莱突然出现在古德里安的办公室，当面邀请他参加纳粹党的宴会。

"谢谢，谢谢！"古德里安受宠若惊，连声道谢。不过，他脸上的表情又表明他对政治集会不甚感兴趣。

"这是一个千载难逢的机会，"胡恩莱补充说，"元首会亲临现场。"

"太好了。"古德里安兴奋地说，"我一定准时到场，向元首致敬！"

古德里安在回忆录中简单地记述了这次宴会的经过，但并没有提及他是否当面向希特勒陈述了组建机械化部队的建议。据后来的发展来看，他们很可能进行了较为深入的私人会谈。因为不久之后，陆军就开始按照古德里安的设想，大举组建装甲部队了。

到了秋天，一直支持古德里安组建装甲部队的参谋本部第一厅厅长弗里奇将军升任陆军总司令。此时，装甲部队的组织和指挥问题都已经解决了，唯有坦克的生产技术还不过关。受到《凡尔赛条约》的限制，外加缺乏熟练的技术工人，兵工署无法生产出高强度的钢板和高精度的无线电以及光学设备。

弗里奇将军虽然不太懂技术上的问题，但却很关心装甲兵的发展进程。他经常把古德里安叫到总司令部，询问相关问题。有一次，古德里安正向他汇报一些限制坦克发展的技术瓶颈，弗里奇将军突然打断他说："中校，你应该知道所有的技术专家都是骗子。"

"我也承认他们是会说谎的。"古德里安耸耸肩，回答说，"但是只要经过一两年之后，当他们的技术理想不能变成具体事实的时候，他们的西洋镜就会被拆穿。"

弗里奇将军点点头说："是的。技术本身是不会说谎的。"

古德里安又补充道："有时候，战术专家也会说谎，他们的西洋镜一定要等到下一次战争被打败之后才会完全被拆穿。但是，到了那个时候，一切都已经晚了，再后悔也没有用了！"

很明显，古德里安是在向总司令暗示，那些组建装甲部队的军官在说谎，不应听取他们的意见。弗里奇将军低着头，用手指头转动他的单眼眼镜，慢吞吞地回答道："你可能是对的。"

陆军总司令平易近人，纳谏如流，但新任总参谋长贝克将军就不太容易接近了。他性格呆板，思想保守，对一切近代化的新生事物都不感兴趣。他的行事风格是能拖就拖，实在拖不了就被迫接受。所谓的"迟滞防御"战术最能代表他的军事思想。这种兴起于第一次世界大战前夕的战术实际上就是层层抵抗的翻版。在贝克将军的主导下，德国陆军疯狂地演练这种混乱不堪的防御战术，但从来没有取得过令人满意的结果。

利用贝克将军的性格特点，古德里安和他展开了长期的"拉锯战"。起初，他不同意组建装甲部队，说装甲部队只是步兵的支援武器，最大的作战单位应仅限于装甲旅。古德里安竭尽所能在他面前夸耀装甲师的优越性。

贝克将军固执地说："不，不，我不想和你们发生任何关系。对我而言，你们实在是走得太快了。"

古德里安没有放弃，继续发动"攻势"。贝克将军无奈，只得同意了他的要求，准备设立装甲师，但只给两个师的建制。

古德里安据理力争："不，我们至少需要3个装甲师。"

"天呐，"贝克将军感叹说，"上校，你实在太固执了。你知道，装甲师的步伐太快了，指挥官根本无法与其保持指挥上的联系。"

"这是一个技术问题。近来，无线电技术已经获得了长足的发展，尽管用极高的速度前进，也照样可以保持指挥上的联系。"古德里安解释说。

贝克将军摇摇头，完全不相信古德里安的话。

尽管贝克将军强烈反对，但有希特勒、弗里奇等人的支持，古德里安还是获得了胜利。1934年春，陆军组建了机械化部队司令部，正式着手组建装甲部队。运输兵总监部总监鲁兹将军兼任机械化部队司令，古德里安上校则继续担任他的参谋长。

二
出任第二装甲师师长

在鲁兹将军和古德里安上校着手组建装甲部队之时，希特勒也在全国范围内掀起了一场自上而下的夺权运动。他大力排挤其他政党，施展手段迫使总统兴登堡解散了国会，并指使已经发展到数百万人的冲锋队、党卫队和钢盔团成员组成"辅助警察"，接管了各地的警察部门。

随后，他又在冲锋队和党卫队的参与下，对德国各邦特别是那些不在纳粹党掌握之中的邦进行了自上而下的夺权。从此，各邦的主权被纳入"一体化"，纳粹党一党独裁的统治基础基本确立。

1934年春夏之交，希特勒在威尼斯和墨索里尼进行了第一次独裁者与独裁者之间的会晤。会谈结果并没有达到希特勒的既定目标。回国后，他立即召集在柏林的高级将领（多为将官）、纳粹要员和冲锋队头目训话。

作为装甲兵参谋长，古德里安上校也被召到了总理办公室。希特勒把他那娴熟的演说技巧发挥到了极致，时而慷慨激昂，时而平静如水，听得古德里安等人思潮起伏。然而，冲锋队参谋长罗姆等人的表现却非常冷淡。

训话结束后，众人依次退出。古德里安回想着希特勒的话，慢慢走着，忽然他听到有一个声音小声嘀咕道："希特勒还得学习学习！"

古德里安回头一看，声音来自一群冲锋队头目中间。他心里一惊，默默地想："想不到党内的分歧也这么大。"

结果，仅仅几天之后，希特勒就策划了"长刀之夜"事件，以冲锋队政变为借口，除掉了冲锋队参谋长罗姆及前总理施莱彻、前军情局局长布利多等大批要员。在这次事件中，希特勒大肆打压党内反对派，并获得了国防军及总统兴登堡的支持，巩固了自己的独裁势力。

当时，大多数军官都十分崇拜希特勒，对他的一切行动都持宽容态度，甚至对希特勒在全国范围内进行的血腥大屠杀，都持十分宽容的态度。在他们看来，这正是拯救德国和德意志民族必须经历的阵痛。

古德里安对希特勒的态度比较暧昧。他在回忆录中说："当时，人们都希望纳粹党以后再也不要有这一类的事情发生了。在今天回想起来，当时陆军中的领袖人物未能坚持查明事实真相，实在是一件令人遗憾的事情。假使他们当时能坚持这样的做法，则不仅是对于德国的陆军，而且对于德国的人民，也都是一个极大的贡献。"

8月2日，德国总统和陆军元帅兴登堡逝世。从某种意义上说，兴登堡是德意志的民族之魂。他的逝世对德国社会历史的进程以及德国在欧洲大陆所处的地位影响深远。根据国会之前通过的授权法案，兴登堡逝世之后，希特勒将正式就任总统、总理和三军总司令之职，成为第三帝国名副其实的元首。

当天深夜，古德里安在灯下给妻子玛格丽特写了一封信，透露了自己的真实想法。他说："那位老年绅士已经离开我们了。对这个永远无法弥补的损失，我们每一个人都感到极其悲痛。对整个民族，尤其是陆军而言，他就像是一个慈祥的父亲一样。他的逝世在我们民族的生命中留下了一个极大的空隙，这必须经过一段长久艰苦的时间，才能够把它填满。他的存在对于外国人而言，比任何条约和外交辞令都更有价值。全世界对于他都有信心。我们一向爱戴他，他的死让我们感到万分的伤心。"

接下来，古德里安谈到了希特勒即将就任总统和三军总司令之事。他说："明天，我们就要宣誓效忠于希特勒了。这个誓词将具有严重的后果！祷祝上帝，希望双方为了德国的福利都能信守不渝。陆军是惯于遵守誓约的，希望这一次陆军也能够光荣地遵守……"

大权在握的希特勒终于可以肆无忌惮地实施他的法西斯独裁政策了。整个冬天，他都在秘密地制定扩军备战计划。航空交通部长戈林奉命以航空体育协会的名义，悄悄地研发军用飞机。国防工作委员会主席凯特尔将军则一再告诫部下："不要失落任何文件，因为敌人会利用它们来进行政治宣传。而口头上传达的事情是无法证实的，都可以赖掉！"

1935年3月，扩军备战计划浮出水面，立刻震惊了整个军界。古德里安很兴奋，在他和大部分职业军人看来，这等于摆脱了《凡尔赛条约》强加在德国人身上最屈辱的一部分。

3月16日，希特勒正式向全世界宣布，德国将再次实行普遍兵役制，建立一支规模为12个军、36个师约50万人的强大军队。这一惊人的计划宣告德国已经完全废弃了《凡尔赛条约》对其所施加的军事限制，德国的扩军备战从偷偷摸摸的地下状态进入了堂而皇之的公开阶段。

得到这一消息后，各国驻德外交人员惶恐不已，立即使出浑身解数，挖掘真相。英国驻德武官和古德里安颇为熟悉，便邀请他到家中吃晚饭。黄昏时分，古德里安换好衣服，准备动身。走到收音机旁的时候，他抬腕看了看表，时间还早，便打开了收音机。

收音机里正在播放德国政府关于恢复征兵制的公告。古德里安笑了。他马上明白了他的英国朋友为什么会在这个节骨眼上邀请他去吃晚饭。

餐桌上的气氛十分热烈，而且充满了火药味。英国驻德武官和作陪的瑞典驻德武官不停地向古德里安提问。他只是生硬地回答说："非常抱歉，我只是一名军人，从来不懂政治。"

英国驻德武官马上说："那么，请上校说一说你对这件事情的看法。"

"从理论上说，这没有什么大惊小怪的。"古德里安缓缓道，"我们加速扩军的目的仅仅是为了使我们的军事实力和那些武力充足的邻国保持平衡。"

瑞典驻德武官说："可是，《凡尔赛条约》规定……"

古德里安不等他说完，就打断他说："这是政治。"

作为一名职业军人，古德里安竭力为德国扩军备战寻找看上去比较合理的借口。而深陷经济危机不能自拔的英、法等国也只是对希特勒破坏《凡尔赛条约》的行径在口头上给予不痛不痒的谴责，并未采取什么实质行动。

到了夏天，古德里安和鲁兹将军筹备的装甲训练师计划也开始付诸实施了。在魏克斯将军的指挥下，现有的装甲部队被整编成一个装甲师，在明斯特-拉格尔地区集结，举行了一次规模浩大的演习。国防部长勃洛姆堡和陆军总司令弗里奇两位将军都亲临现场，观看了演习。

演习非常成功，国防部长和陆军总司令面露微笑，频频点头。当表示演习结束的黄色气球升空之时，弗里奇将军转向古德里安，半开玩笑地说："演习非常成功，就只是漏了一件事。这个气球上面似乎应该印上'古德里安的坦克，顶好！'的字样。"

在国防部长和陆军总司令等人的大力支持下，第一批3个装甲师终于在10月15日正式成立了。第一装甲师由魏克斯将军任师长，驻在魏玛；第二装甲师由古德里安上校任师长，驻在维尔茨堡；第三装甲师由费斯曼将军任师长，驻在柏林。

在3名师长之中，古德里安的军衔最低。一般情况下，上校是没有可能担任师长之职的。但在古德里安这里，一切都有可能。因为他是整个陆军中名副其实的机械化专家。

三
强调集中使用装甲兵

1935年秋，古德里安离开柏林，来到位于维尔茨堡的第二装甲师师部。部队刚刚组建，建制不全，而且缺乏训练。古德里安的首要任务就是将其整编为一支战斗力超群的新型部队。他的工作开展得很顺利，与部下相处得也比较融洽。再加上维尔茨堡风景优美，气候宜人，古德里安甚至打算在这里买一栋小房子，把家人接过来，长期定居于此。

漫长的冬季很平静，古德里安的工作和生活也很平淡。直到1936年春，这种平静才被希特勒的一道命令所打破。3月1日，希特勒向世界发起了新的挑衅。他完全不顾德军高级将领们的反对，悍然下令出兵莱茵非军事区。

古德里安闻讯大惊，这种赤裸裸的挑衅很可能会引起英、法的军事行动。由于这次占领只是一种军事上的姿态，并不需要真正的动武，希特勒没打算出动装甲部队。不过，为了防范英、法，他还是命令古德里安将第二装甲师主力集结在明辛根地区，处于警戒状态。

3月7日，一支小规模的德军部队象征性地跨过莱茵河上的桥梁，开进了莱茵非军事区。令人不解的是，英、法等国对此只是吵吵嚷嚷了一阵子，便默认了德军出兵莱茵非军事区的事实。从此之后，希特勒的行动更加肆无忌惮了！

莱茵非军事区事件平息之后，古德里安又把精力转向了装甲兵的整体建设方面。虽然他已经调离了装甲兵司令部，但他不希望自己和鲁兹将军一手创建的装甲兵走样。他和鲁兹都希望，能够把有限的兵力和装备集中起来使用，最好是能在已有的3个装甲师基础上组建1个装甲军，以便发挥装甲部队的战略优势。

由于鲁兹仍然担任装甲兵司令，所以古德里安对装甲兵司令部颇为放心。但由于总参谋长贝克将军持有不同意见，他不知道新任装甲兵参谋长保卢斯上校能否顶住压力，更不知道陆军最高司令部的装甲兵总监部是否会改变他和鲁兹将军早已拟定好的发展计划。

不久，古德里安的担忧就变成了现实。贝克将军为了达到密切支援步兵作战的目的，又成立了所谓"装甲旅"。第四装甲旅就是在这种背景下创立的。另外，骑兵方面也希望更多地控制机械化部队。结果，古德里安和鲁兹将军预定要成立的新装甲师计划搁浅了，另外成立了3个轻型师和4个机械化的步兵师。

轻型师的编制包括2个机械化的步兵团、1个搜索团、1个炮兵团、1个坦克营和其他支援单位。3个轻型师和4个机械化步兵师占用了大量机械化运输工具、坦克和火炮等重型装备。这在一定程度上影响了德国装甲部队的发展。

夏季，陆军最高司令部对3支机械化部队进行了整编。4个机械化步兵师被编成了陆军第十四军，3个轻型师被编成了陆军第十五军，装甲兵司令部则被改编为陆军第十六军（直辖3个装甲师）。3个机械化军统一归属第四军区管辖，军区司令部设在莱比锡，总司令为布劳希奇将军。

这次整编引发了一系列连锁反应，进一步浪费了德国有限的机械化资源。陆军总监弗洛姆将军受到机械化步兵师的启发，下令将所有步兵团的反坦克炮连加以机械化。古德里安闻讯大惊，他认为这完全是在浪费汽车。所以，他立即向弗洛姆将军说："这些连是要和步兵在一起作战的，最好还是保留用马牵引反坦克炮。"

弗洛姆将军颇为生气，没好气地回答说："步兵也希望有几辆汽车啊！"

古德里安讨了个没趣，沉默了半晌才说："那就不要把第十四连加以机械化，而改以将重炮营加以机械化。重炮营比战防连更需要汽车。"

弗洛姆摇了摇头，回答说："我们没有那么多汽车。"

古德里安的建议没有受到应有的重视，结果，重炮营始终停留在使用畜力拖拉的阶段，这在此后的战争中，尤其在苏德战场上，造成了极其不利的影响。

这一系列事件造成的最直接的后果就是3个业已组建起来的装甲师始终得不到足够的装备，装甲师的战斗力和战略优势也没能体现出来。

8月1日，古德里安被擢升为少将，任第二装甲师少将师长。随后，他奉命配合鲁兹将军组织兵力，参加当年秋季的兵种大演习。古德里安本想借这次机会，向世人展示装甲部队的战略优势。但陆军最高司令部只允许他们派出1个坦克团，编入步兵师的战斗序列，支援步兵作战。

为了保证与步兵师的动作协同，坦克团在行动的时候就不得不放慢速度。如此一来，装甲部队的机动性就受到了极大的限制，未能表现出原有的战斗力。为了唤起军界高层对装甲部队的重视，古德里安于1936年冬季写了一本名为《坦克前进》的专著。

此外，古德里安还经常在军事刊物上发表论文，驳斥那些否定装甲兵优越性的意见。在这些文章中，古德里安从火力使用、机动性能、装甲防护等方面阐述了坦克在战场上独一无二的特质。

他认为，在未来的战争中，坦克将决定战争的走向。坦克应该在高速运动中杀伤敌方兵力，摧毁敌方的武器，尽量深入敌后，以便控制整个防线，为步兵占领阵地开创必不可少的条件。在一场战役中，装甲部队的攻击如果失败了，敌人的火力势必会把全部攻势压下去，导致整个战役的失败；如果装甲部队攻击成功，胜利也就成了定局。

古德里安还用一个假想战例，说明了集中使用装甲部队的战略优势。假设，红蓝两军各有100个步兵师和100个坦克营。红军方面把所有的坦克都配备给步兵师，而蓝军则将坦克营集中起来，整编成装甲师。

战线的长度为480公里，其中160公里是坦克无法通过的，160公里是坦克很难运用的，另外160公里则适合坦克活动的地形。由于红军把坦克营分配给各师使用，必定会有一部分坦克被配置在无法活动的地区，一部分被配置在活动受限之地。如此一来，不但部队的整体兵力受到了削弱，装甲部队的战斗力也无法充分显现出来。

与此相反，蓝军可以把全部的装甲兵力集中在一处，用在那最适合坦克活动的160公里战线内，以求产生决定性的作用。如果红军的兵力平均布置在480公里的战线上，蓝军在该处的坦克数量应为红军的两倍。保守一些估计，这个优势最少也有一倍以上。一旦击溃了敌人的装甲部队，步兵师也就不足为患了。

在另外320公里的战线上，蓝军的步兵师数量又优于红军。假设蓝军在这320公里的战线上采取守势，红军采取攻势，蓝军也只会受到敌方小规模的坦克攻击。如果一个步兵师拥有50门反坦克炮，那么用它们来对付50辆坦克的攻击，就要比对付200辆坦克容易得多。

这个假想战例生动地说明了集中使用装甲部队的战略优势。最后，古德里安呼吁："假使我们的攻击一定要成功，那么所有其他的兵器在空间和时间上就一定要完全和我们相配合。因此为了使我们的武器能够充分地发挥效果，我们要求一切必要的支援部队都一定要具有和我们同样的机动性，甚至在平时，这些兵种都应该由我们直接指挥。为了得到最大的决战机会，所需要的不是集中的步兵，而是集中的坦克。"

古德里安的努力终于在1937年的秋季大演习中收到了成效。陆军最高司令部批准了第三装甲师和第一装甲旅整建制地参与演习。希特勒、墨索里尼和意大利元帅巴多格里奥等人都在演习快要结束的时候来到现场参观。

第三装甲师师长费斯曼将军奉命指挥所有的装甲部队，而古德里安则在统监部担任装甲演习的裁判工作。演习比较顺利，足以证明装甲师是可以被当作一个单位使用的。但这次演习也暴露出了一些问题，如装甲师的后勤补给和设备修理还跟不上作战要求。

四

接任第十六军军长之职

　　1938年初，德国的军事实力已超过了英、法等国。希特勒见对外扩张的时机业已成熟，便决定以陆海空总司令的名义把阻碍他发动侵略战争的高级将领踢出现役，同时提拔一批年轻军官。

　　2月2日夜间，正在维尔茨堡第二装甲师师部阅读文件的古德里安收到一封来自柏林的紧急电报。展开电报一看，古德里安大喜过望。希特勒亲自下达命令，提拔他为中将，任命自2月4日生效。同时，电报还命令他前往柏林，参加2月4日召开的特别军事会议。

　　4日的清早，古德里安出现在柏林街头。在乘坐电车前往总理府的时候，一个熟人走过来，招呼道："将军，恭喜你！"

　　古德里安笑了笑，连声道："谢谢，谢谢！这次升任中将，我感到非常意外！"

　　"不，将军，不止升任中将那么简单。现在你已经是第十六军的军长了。"那人解释说。

　　"第十六军军长？"古德里安简直不敢相信自己的耳朵。

　　"是的，"那人缓缓道，"我想今天的早报上会公布这道任命的。"

　　古德里安做出一副若无其事的样子，但心里却暗暗吃惊："不好，可能出事了。这次任命太突然了。"

　　下了电车，古德里安马上去买了一份当天的早报。一切不出他所料，果真出事了。大批高级将领在一夜之间被免了职，其中包括国防部长勃洛姆堡将军、陆军总司令弗里奇将军和第十六军军长鲁兹将军。国防部长职位暂时空缺，由常务次长凯特尔将军代理；陆军总司令由第四军区司令布劳希奇将军接任；第四军区司令由赖兴瑙将军接任；第十六军军长由古德里安中将接任。

　　抵达总理府之后，工作人员把古德里安引到一间大厅。三军的高级将领大多都到了，正呈半圆形坐在那里，静静地等待希特勒的出现。古德里安找到自己的位置,默默地坐了下去。

人到齐之后,希特勒大步流星地走了进来,站在半圆的中央,简单地说他已经把国防部长勃洛姆堡和陆军总司令弗里奇予以免职。至于原因,他给出的解释完全不能服众。

在场的每一个人都保持着死一般的沉寂,但心里都充满了疑惑。古德里安猜想,希特勒的做法不过是在排除异己,打击政敌罢了。这和1934年6月30日的"长刀之夜"事件并无本质区别。如果这种事情一再发生的话,必然会影响陆军的稳定和发展。所以,陆军必须采取行动,为勃洛姆堡、弗里奇等德高望重的高级将领恢复名誉。

不久之后,军事法庭经过缜密的审判,宣布弗里奇上将没有任何过错。古德里安等将领一致要求给他复职。然而,继任的陆军总司令布劳希奇只是让弗里奇恢复现役,给了他一个第十二炮兵团荣誉团长的职务。

古德里安马上赶到设在柏林的第十六军司令部,就任军长之职。参谋长保卢斯上校是他多年的老朋友了,两人讨论了陆军总司令部对装甲部队的人事调整。第十六军的3个装甲师都换了新师长:第一师师长为施密特将军,第二师师长为法伊尔将军,第三师师长是希魏本堡将军。

3月10日下午4点,陆军总参谋长贝克将军把古德里安召到了总参谋部。寒暄过后,贝克将军神秘兮兮地说:"元首有一个重要的任务需要你来完成。"

古德里安惊诧地问:"元首交给我的任务?"

"是的,"贝克将军缓缓道,"元首计划今晚占领奥地利。"

"什么!"古德里安大惊道,"占领奥地利?可是,《凡尔赛条约》……"

"让条约见鬼去吧!"贝克将军愤恨地说。

根据《凡尔赛条约》的规定,德国和奥地利这两个日耳曼民族国家永远不得合并。占领奥地利,这无疑是希特勒继出兵莱茵非军事区之后,对国际条约和英、法等国的进一步挑衅。

古德里安沉默了半响,问道:"我的任务是什么?"

贝克将军郑重地说:"你的任务是亲自指挥你的老部队,第二师。"

"不,将军,"古德里安解释说,"这种办法会使法伊尔师长很难堪。你知道,法伊尔将军也是一个十分优秀的将官。"

"那都没有什么关系,"贝克将军冷冷地说,"这是上级的命令。何况,这是你以第十六军军长的名义指挥装甲部队执行任务。"

古德里安想了想，建议说："既然如此，可以动员第十六军军部，并且在第二师的基础上，临时编入一些其他部队。"

贝克将军同意了这一建议，并决定将一支承担占领任务的党卫军装甲师（即近卫装甲师）也交给古德里安指挥。在向古德里安详细交代了占领计划之后，贝克将军喃喃地说："如果要吞并奥地利的话，这也许是最好的时机。"

古德里安不愿过多地讨论政治问题，他回到军部后，立即向司令部、第二师等相关单位下达了战斗命令。

晚上8点，贝克将军再次召见古德里安。直到此时，古德里安才得知，参与这次行动的部队将由博克上将统一指挥，处于德奥南部边境的步兵师将直接渡过莱茵河，而包括装甲师在内的其他部队则直取蒂罗尔。第二装甲师和近卫装甲师应在夜里9点到10点之间向帕绍附近集中待命。

深夜，古德里安接通了第二装甲师师长法伊尔的电话，向他通报了相关情况。此时，法伊尔和师部的部分人员正在演习旅行之中，不在维尔茨堡。他们必须首先赶回师部，然后才能率领部队前往帕绍。

近卫装甲师的情况比第二装甲师好得多，他们已经做好了一切准备。师长迪特里希于凌晨时分抵达第十六军军部，向古德里安报告说："长官，我师各部已经按计划向帕绍移动。"

"很好，"古德里安高兴地说，"我猜想，这次兼并行动无须任何战斗就能够完成。"

迪特里希回答说："我也这么认为。过一会，我会去向元首请示具体的做法。"

在此之前，希特勒通过操纵奥地利的纳粹党等手段，推翻了奥地利的共和政府。而英国、法国、意大利等国家均已表示，奥地利遭受入侵时，不能指望其他大国的援助。只有苏联，对德国吞并奥地利的图谋耿耿于怀。也就是说，除了苏联之外，西方大国均已默认了德国吞并奥地利的图谋。

五

占领奥地利

3月11日晚上8点，古德里安率领第十六军军部抵达帕绍。随后，迪特里希的近卫装甲师也从柏林出发，火速赶往集结地点。但法伊尔将军和他的第二装甲师的速度较慢，可能无法按时赶到。

稍晚些时候，总参谋长贝克将军打来电话，通知古德里安于次日上午8点越过边境，进入奥地利境内。古德里安焦急地看了看手表，他只剩下不到10个小时的时间了，而第二装甲师还没有赶到集结地点。更为困难的是，由于作战命令下达得过于突然，燃料供应及其运输问题也没有得到有效的解决。

古德里安想了想，命令一名参谋说："去弄一份奥地利的旅行地图。"

"是，长官。"那名参谋答应着，匆匆走了出去。

然后，古德里安转向另外一名参谋，命令道："把帕绍的市长找来，我们需要他为我们征调一些卡车。"

古德里安一边调遣司令部人员去处理后勤，一边焦急地等待着法伊尔的消息。直到深夜，法伊尔将军才赶到。

古德里安松了口气，把一份旅行地图交给他，微笑着说："我想你也许会需要。"

"是的，长官。"法伊尔看了一眼旅行地图，"不过，这是给普通旅客用的。如果能弄到一份真正的军事地图，那就更好了。"

古德里安打趣道："区别不大。这只是给你应急用的，希望你们不要在快速前进的时候迷路。"

"好吧。"法伊尔耸了耸肩，"但我们现在急需燃料。如果弄不到燃料，我想我的士兵要推着坦克前进了。"

古德里安用力点了点头，缓缓道："这正是我担心的事情。"

就在这时，帕绍市长走了进来。古德里安迎上去，微笑着说："市长先生，你好。"

市长唯唯诺诺地回应道："将军阁下好！有什么能为阁下效劳的呢？"

古德里安以命令的口吻说道："我需要你协助我的部队征调一部分卡车，组成燃料运输队。"

市长看了看身材挺拔、一脸霸气的古德里安，不敢拒绝，只得用力点了点头。古德里安转身对一名助手说："你去帮助市长先生。"

那名助手和市长匆匆走出了办公室。古德里安转过身，又对法伊尔说："走吧，法伊尔，我们去弄燃料。"

陆军在帕绍设有一个燃料仓库，但那是指定给防守齐格菲防线的部队使用的。齐格菲防线是为对付法国的马其诺防线而设立的。全长630公里，由障碍地带、主防御地带和后方阵地3部分组成，纵深35~75公里。防线既可以防护德国的西部边境，又可以作为向法国用兵的屯兵场和重炮支援阵地。

总司令部曾明确下令，除非下了动员令，否则绝对不能动用仓库里的燃料。由于这次行动比较隐秘，仓库方面并不知道第二装甲师会在帕绍集结，更没有接到为部队提供燃料的命令。

古德里安带着法伊尔等人来到仓库管理处，要求管理员交出仓库的钥匙。管理员盯着古德里安和他肩上的将军星，惊恐地说："将军，没有动员令，我们无权动用燃料。"

古德里安大声道："部队到了这里，本身就意味着动员。"

"不，将军！"管理员坚持说，"我没有这个权利，除非有动员令。"

古德里安向一名卫兵使了个眼色，转身走了出去。卫兵会意，拔出手枪，子弹上膛，打开保险，顶着管理员的头，厉声道："把钥匙交出来，否则打死你！"

管理员无奈，只好交出了仓库的钥匙。这时，帕绍市长征调的卡车也陆续开进了仓库。古德里安总算解决了部分燃料的供应问题。随后，他又命令法伊尔："如果燃料运输队跟不上部队的推进速度，就要求沿途的奥地利加油站开放供我们使用。"

第二天上午，希特勒向全世界谎称：奥地利已经被共产党暴乱分子所包围，奥地利政府邀请德国出兵援助。

随后，第二装甲师先头部队开向德奥边境线。尽管法伊尔尽了最大的努力，但直到9点，第一支部队才越过边境的障碍物，驶进奥地利境内。奥地利的纳粹党早已组织了大量民众，在边境地带高举纳粹党旗，欢迎入侵者了。

古德里安和法伊尔等高级将领则随着主力部队，跟在先头部队后面不远处。迪特里希的近卫装甲师也追了上来，成了整个部队的后卫。

临近中午之时，古德里安和第二装甲师抵达林茨，而先头部队已经抵达圣珀尔滕。奥地利陆军驻军司令及政府要员接见了古德里安，并与其共进午餐。

下午，古德里安正准备率领部队开向圣珀尔滕，党卫军司令希姆莱和两名奥地利内阁成员赶到了林茨。希姆莱向古德里安透露："元首将在下午3点左右抵达林茨，将军最好留在这里担任警戒任务。"

一名奥地利的内阁成员附和道："我想，将军一定不会孤单，奥地利驻军如果知道元首到了，也一定会自告奋勇地参与警戒工作的。"

"真是太好了！"古德里安兴奋地说。

随后，他电令先头部队暂留圣珀尔滕待命，并亲自部署警戒工作。奥地利陆军的驻防部队果然自告奋勇地要求参与警戒任务。鉴于一路上奥地利人的表现，古德里安毫不犹豫地答应了他们的请求。

直到黄昏时分，希特勒才进入林茨。古德里安和希姆莱等人早已等候在路口了。希特勒看上去很兴奋，以一副凯旋者的姿态走向希姆莱，握住他的手，高声道："这是一个历史性的时刻。"

希特勒又转向古德里安，握住他的手，微笑着说："祝贺你，将军！"

十几分钟后，希特勒和古德里安等人乘车抵达林茨市政厅。车队停下后，希特勒率先登上市政厅二楼会堂的阳台，希姆莱、古德里安等人紧随其后。

希特勒发表了简短的演说。广场上的人群不停地高呼"万岁"。

古德里安警觉地盯着人群，唯恐有人趁机暗杀希特勒。良久，他没有发

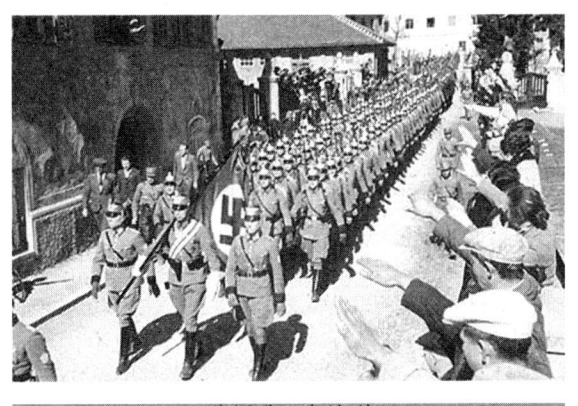

德军进入奥地利

现异动，又转向正在侃侃而谈的希特勒。他发现希特勒红光满面，不停地向人群挥手示意。

演讲结束后，古德里安又陪着希特勒去医院，慰问了不久前在政变中负伤的纳粹分子。然后，他们才回到希特勒下榻的旅店。

坐定后，古德里安向希特勒汇报说："报告元首，我们已经做好了向维也纳前进的准备。"

"很好，将军。"希特勒微笑着望着古德里安。

刹那间，一股得意感在古德里安的心中产生。他觉得，自己已经成了希特勒最青睐的将领之一。

从下午开始，天气就变得阴郁起来。黄昏时分，天空下起了下雨。等到晚上，小雨又变成了大雪。古德里安指挥着第二装甲师的主力部队，于夜半时分抵达圣珀尔滕。随后，他赶往先头部队，钻进指挥车，带领他们冒雪驶向维也纳。

从圣珀尔滕伸向维也纳的唯一一条公路正在进行改造，到处都坑坑洼洼的，很难走。但兴奋的士兵们似乎根本没有注意到这一点，他们在茫茫雪夜中，跟在古德里安的指挥车之后，马不停蹄地狂奔着。

3月13日凌晨1点，古德里安率先头部队抵达维也纳。狂热的纳粹分子为庆祝德奥合并而举行的火炬大游行刚刚结束，街上挤满了余兴未尽之人。当他们发现德国装甲部队已经开进了市区，立即迎了上去，围在坦克四周，高呼"万岁"！

3月15日，希特勒抵达维也纳，和奥地利政府正式签订了德奥合并协议。

到3月末，德奥合并的相关工作已大致完成。德奥合并后，德国经济、军事实力大增，为希特勒日后发动更大规模侵略战争增加了筹码。

4月，近卫装甲师和第十六军军部撤离维也纳，开回柏林。第二装甲师则留在了维也纳，执行占领任务。不久，这支德军的王牌部队就开始接收奥地利籍的补充兵了。由于第二装甲师的调离，维尔茨堡地区就空出来了。德国陆军趁机组建了第四装甲师，由赖因哈特将军担任师长。另外，第五装甲师和第四轻型师也先后成立了。

六

占领苏台德区

占领莱茵非军事区和吞并奥地利之后，希特勒的胃口越来越大，他的下一个征服目标直指捷克斯洛伐克。捷克斯洛伐克是在第一次世界大战后根据《凡尔赛和约》取得独立地位的新国家。这个国家有1400万人口，其中有350万人属于德意志民族。捷克斯洛伐克的德意志人主要居住在西部与德国接壤的边界山区——苏台德区。德国吞并奥地利时，希特勒一再扬言希望改善德、捷关系，但在暗地里却为侵略该国做着准备。

开始的时候，希特勒并不直接出面，而是唆使他在这个国家的代理人、苏台德区日耳曼人党头目康拉德·汉莱因出面闹事。日耳曼人党实际上是德国纳粹党在捷克斯洛伐克境内的"第五纵队"。汉莱因是希特勒的忠实走狗，完全按柏林的指示行事。希特勒企图制造一种德意志人在捷克斯洛伐克遭遇迫害的假象，掩饰他侵占捷克斯洛伐克的真实意图。

不幸的是，法国总理达拉第与英国首相张伯伦都没有看出希特勒的真实意图，竟然默认了希特勒提出的"捷克斯洛伐克的德意志人自治"要求。

在此期间，古德里安奔波于第十六军各部队的驻地之间，忙着视察部队，为下一步军事行动做准备。直到1938年8月，他才返回柏林，陪同接待匈牙利的摄政霍尔蒂海军上将。

希特勒企图借这次机会迫使霍尔蒂将军同德国签订军事互助协议，然而，霍尔蒂始终不愿就范，让希特勒大为光火。

在一次宴会结束后，希特勒走近古德里安，在他身旁坐下。古德里安慌忙起身，向他致敬。希特勒不紧不慢地说："将军请坐，我想和你谈谈坦克的问题。"

古德里安依言坐下，希特勒和他讨论了装甲部队的后勤补给、坦克维修等问题，这些正是第二装甲师和近卫装甲师进军维也纳时暴露出的问题。

古德里安回答说:"这些问题急需解决,但对部队的战斗力影响并不是致命的。据统计,进军维也纳时,坦克抛锚率不超过30%。这在突然行军的情况下,已经非常难得了。"

"很好,"希特勒缓缓道,"这样我就放心了。"

9月10日到13日,纳粹党在纽伦堡举行了全国代表大会。古德里安和他的妻子玛格丽特均参加了这次会议。会议的气氛非常凝重,因为德国和捷克斯洛伐克的紧张关系已经达到了顶点,希特勒正打算动用武力,占领苏台德区。

英、法两国军方的中上层将领都已经清醒地意识到,对德国的让步和投降不可能避免战争。因为野心勃勃的希特勒宣称无论如何他都要在10月1日拿下苏台德区,并于9月27日下午向军队发出了向捷克斯洛伐克边境进击的"绝密"命令。

承担占领任务的正是古德里安的第十六军。第一装甲师和近卫装甲师正在格雷芬基地受训。古德里安在月底抵达那里,视察了部队,并向士兵发表了热情洋溢的演说。为了应对英、法方面的干涉,希特勒把机械化第十三和第二十步兵师也编入了第十六军的作战序列。

按照既定方针,占领工作将分成3个阶段。第一阶段,第十三师将于10月3日占领埃格尔、阿希、法朗曾斯巴德等地;第二阶段,第一装甲师于10月4日占领卡尔斯巴德;第三阶段,第十三师、第一装甲师和第二十师于10月5日抵达苏台德区的分界线。

身为纳粹高级将领的古德里安并不希望对苏台德区动武。10月1日是他和玛格丽特的银婚纪念日。但他不能陪在妻子身边,两个儿子也都长大成人,在陆军中服役,无法请假回家。所以,从私人角度讲,他希望能够尽快地占领苏台德区,然后赶回柏林和妻子团聚。

9月29日召开的慕尼黑会议使得和平占领苏台德区成为了可能,

参与签订《慕尼黑协定》的四国代表

但并没有保住整个欧洲的和平。与希特勒沆瀣一气的墨索里尼极力支持德国纳粹的主张。9月30日凌晨2点，欧洲"四巨头"（希特勒、墨索里尼、英国首相张伯伦和法国总理达拉第）在出卖捷克斯洛伐克的文件上签了字。文件规定，苏台德区捷克人从10月1日起分5批撤退，在10天内完成。最后的边界由一个国际委员会来决定。

在敌人和"盟友"的共同压力下，捷克斯洛伐克政府向慕尼黑协议屈服了。捷克斯洛伐克总统贝奈斯辞职了，因为"他可能已成为新国家必须去适应的发展的一个障碍"。他悄然离开了捷克斯洛伐克，寄居英国。

慕尼黑会议刚结束，古德里安就接到了进军苏台德区的命令。30日上午，第十三师、第一装甲师和第二十师齐头并进，迅速向边境地区移动。古德里安随第十三师一起行动。占领任务进行得很顺利。到10月3日，第十六军各部均已进入了苏台德区。第十三师和古德里安则成功占领了阿希。

恰在此时，希特勒也赶到了。古德里安向元首汇报了各师的进展情况，并和他共进晚餐。古德里安命令助手找到一个野战炊事班，为他和希特勒准备晚餐。

不一会，晚餐就被送到了指挥所。饭菜很简单，只有两份普通士兵所吃的干粮和几个苹果。希特勒吃了一口干粮，马上吐了出来，喃喃地说："天呐，这里面有猪肉。"

"请元首原谅，"古德里安惶恐地解释说，"野战炊事班的人大概不知道您从不吃肉。"

希特勒把盘子往前一推，顺手拿起一个苹果，缓缓道："没关系，我吃几个苹果就好了。士兵不吃肉可不行，打胜仗需要力气。"

希特勒是一个严格的素食主义者，从不吃肉。据说，这和他凄惨的爱情有很大的关系。但传闻的版本很多，大多不可信。古德里安也没有胆量向元首本人求证。

吃完晚饭，希特勒微笑着吩咐古德里安："将军，明天请为我准备一份没有肉的伙食。"

"是，元首！"古德里安朗声回答道。

当天下午，古德里安便和希特勒驱车抵达了埃格尔。第十三师的先头部队已经兵不血刃地占领了那里。埃格尔的居民身穿民族服装，纷纷涌向街头，欢迎希特勒的到来。这一切和德军进驻维也纳时的情景惊人地相似。

10月4日，古德里安离开第十三师，随第一装甲师一同行动。希特勒也驱车跟着第一装甲师的队伍，驶向卡尔斯巴德。中午时分，两人又在一起吃了顿饭。吸取上次的教训，古德里安特意吩咐炊事员为元首准备了一份全素的伙食。

两人一边吃，一边就时局漫无边际地闲聊着。他们对德军能够兵不血刃地占领苏台德区都感到非常满意。

随后，古德里安送走希特勒，在参谋人员的陪同下驱车前往卡尔斯巴德。那里有一个仪仗队，正在等候元首和古德里安的大驾。仪仗队由第一坦克团、第一步兵团和党卫军各一个连组成。仪仗队将在欢迎希特勒和古德里安的同时，保障他们的安全。

古德里安的长子顾恩特尔正在第一坦克团第一营担任营副。他也参加了仪仗队，就站在指挥官的身旁，表情严肃地注视着古德里安。作为一名父亲，古德里安踏进戏院的第一眼就看见了顾恩特尔。这时，他想起了自己的父亲，想起了自己年轻时在父亲手下当兵的经历。

现在，历史又重演了。又一对古德里安家族的父子在军中相遇了。遗憾的是，由于军务繁忙，古德里安并没有时间和儿子叙离情，道相思。他刚把警戒工作布置好，希特勒就赶到了。

元首检阅了仪仗队，然后步入戏院。天空中突然下起了大雨，但却挡不住纳粹分子的狂热之心。他们早已组织了许多日耳曼妇女，身着盛装，在戏院里等待希特勒的接见。有人默默地注视着希特勒，有人"呜呜咽咽"地抽泣着，有人干脆跪在地上祈祷。出于深厚的民族感情，这些人和奥地利人一样，并不把德军视为侵略者。相反，他们认为希特勒是英雄，是来解救他们的。他们谁也没有料到，这个前来解救他们的"英雄"正一步步地把他们带进更深的死亡之渊。

第四章

闪击波兰

一

出任机动兵总监之职

到1938年10月10日,古德里安的第十六军已经占领整个苏台德区。捷克方面则解散了全部日耳曼血统的士兵。他们身着摘除了肩章的捷克陆军制服,三两成群,陆续返回苏台德区。古德里安将其形容为"一个不战而败的陆军的缩影"。

希特勒又在此时向德国的盟国波兰和匈牙利号召说:"凡是要一起吃饭的人,就得下厨帮忙。"

结果,波兰和匈牙利也各自分割了捷克斯洛伐克的一块土地。就这样,捷克斯洛伐克这个曾经的工业强国被肢解了。希特勒得到了他所要求的一切。德国强迫捷克斯洛伐克割让了2.8万多平方公里的苏台德区,上面住着360多万日耳曼人和捷克人。在这个地区内,有着当时欧洲最为牢固的防御工事之一,只有法国的马其诺防线可以与之媲美。

更加令人不安的是,希特勒从捷克斯洛伐克获得了大量的作战物资。据统计,捷克斯洛伐克被肢解以后,丧失了60%的煤,80%的褐煤,86%的化学工业,80%的水泥工业和纺织工业,70%的钢铁工业和电力工业,40%的木材工业。

此外,捷克原先部署在坚固的山地工事中的35个装备精良的步兵师也撤离了。35个捷克师牵制了大批德国军队。如今,这一支重要的军事力量几乎无法发挥任何作用了。更为重要的是,慕尼黑会议让英、法两国的信誉在东欧各国中遭到了沉重的打击,谁还会相信英、法政府信誓旦旦的保证呢?波兰、罗马尼亚等国都争先恐后地想在为时尚不算太晚的时候,同希特勒搭上桥,谋求保全自己,免遭大害。

德国的经济、军事实力进一步增强,希特勒的侵略野心也进一步膨胀。反对对外扩张的陆军总参谋长贝克将军被撤了下来,哈尔德成了新任总参谋长。贝克将军认为,希特勒奉行的外交政策太过危险,很可能会把整个国家和民族拖入万劫不复的战争深渊。所以,他曾提议全体陆军将官签署一个拥护和平的宣言。遗憾的是,这个提议被陆军总司令布劳希奇压了下来。

古德里安也满心以为,占领苏台德区之后,德国会迎来一个长期的和平。因为,新占领区的民众需要很长一段时间才能完全融入德国社会。而且,他坚信德国已经足够强大,今后完全可以依靠军事以外的其他手段实现国策上的目标。

正是基于这些考虑,古德里安认为,战争的风险已经远去。所以,他在苏台德区的局势稳定之后,甚至一度放下公务,领着参谋人员进入大森林,狩猎驯鹿去了。然而,他很快就发现,这一切只不过他自己的一厢情愿罢了!

10月底,魏玛市的大象旅馆扩建完成,该市的纳粹党部借机召开了一个庆祝大会。古德里安、希特勒等军政要员均参加了这次规模不大的庆祝大会。庆祝会上,希特勒向民众发表了热情洋溢的演讲。古德里安发现,他的演说极具攻击性,特别尖刻地攻击了英国人,尤其是一直呼吁世界警惕希特勒侵略野心的丘吉尔和艾登。

古德里安大惊,心里暗想:"元首和英国人的关系怎么会如此紧张呢?"

演讲结束后,大象旅馆设宴招待了希特勒、古德里安等贵客。希特勒对站在身边的古德里安说:"将军,请坐到我身边来。"

"是,元首。"古德里安来到中央的餐桌前,紧挨着希特勒坐下来。

宴会进行了差不多两个小时,古德里安也和元首聊了两个小时。希特勒的心情看上去很不错,谈话的内容也就少了一些禁忌。聊着聊着,就聊到了希特勒攻击英国人的原因。

"英国人对和德国重建友谊关系并无真正的诚意。"希特勒解释说,"你知道,我一向梦想着两国可以密切合作。但张伯伦、丘吉尔和艾登这些人的表现实在太让我失望了!"

随着谈话的深入,古德里安这才了解到,原来张伯伦在戈德斯堡对希特勒有失态的地方,而另外几名英国贵宾也同样有礼貌不周之处。所以,希特勒一心想要报复英国人。他甚至当面对英国驻德大使韩德逊说:"下一次你们英国人要是再这样衣衫不整地来见我,那么我就会命令我的大使穿着睡衣去见你们的国王。请你把我的这些话转达你的政府。"

古德里安听了这些话,顿时陷入了沉默。

晚上,魏玛戏院还特意为希特勒准备了一场歌剧演出。希特勒又邀请古德里安和他同坐在一个包厢，并且共进晚餐。古德里安俨然成了希特勒的心腹。

第二天，古德里安便动身返回了柏林。陆军总司令布劳希奇马上召见了他。布劳希奇说，他计划设立一个统领机械化部队和骑兵的机构，即机动兵总监部。他希望由古德里安出任机动兵总监。说着，总司令拿出一份草案，递给古德里安。

古德里安大致扫了几眼，发现机动兵总监只有监督部队的权利，而无指挥权，甚至对组织和人事方面也无权过问。他沉默了半响，明确地说："阁下，这是一个有名无实的职务。我不愿放弃我的第十六军。"

布劳希奇耸了耸肩，无奈地说："我想，你必须接受。这是元首的意思。"

"不，阁下。"古德里安坚持说，"我想我不能接受。"

几天以后，陆军人事处处长凯特尔将军又来见古德里安，代表陆军总司令敦促他接受新职。古德里安表示，无论如何都不愿接受这个有名无实的职务。

凯特尔解释说："这是一个二级上将职务。你接受总监之职，也就意味着你可以升为二级上将。"

"不，将军，"古德里安明确拒绝说，"我现在是一个有实权的军长，手上有3个装甲师，对装甲兵的发展工作所能做的贡献比那个有名无实的新职务多得多！"

"好吧，"凯特尔无奈地说，"看来要元首亲自向你下达命令了。"

果如凯特尔所言，希特勒几天后便单独召见了古德里安。元首看了看他，意味深长地说："说说你的理由吧！"

古德里安向元首解释了陆军最高统帅部的组织结构，又说到布劳希奇为机动兵总监部拟定的草案内容，然后才说："凭着对陆军统帅部要员性格的了解，以及他们对装甲兵大规模攻势作战的意见，我不能不认为这种措施是走向错误的第一步。"

"为什么？"希特勒追问道。

古德里安顿了顿，继续说："陆军统帅部内部的权威意见都是主张将坦克部队分割配属给步兵的，由于过去在这一方面常有争执，所以将来的发展也殊堪忧虑。"

希特勒微笑着说："你多虑了。今后的情况会和以前大不相同。"

古德里安又说："把骑兵和装甲兵合并在一起也是一个错误。这会引起许多无法解决的困难。从发展形势来看，骑兵固然需要加以近代化，但是这个举动一定会遭遇到陆军和骑兵老将们的强烈反对。到时候，两个兵种之间的矛盾将无法调和……"

古德里安一口气说了二十多分钟，最后总结似地说："这个新职的权力绝对不够使我克服这许多的困难，所以请你还是让我留任旧职吧。"

希特勒等古德里安说完，才以命令的口吻说道："我认为，机动兵总监部应该对一切机械化部队和骑兵的发展都具有中心控制的权力。你说的权力不够，可能是个误会。假使当你行使职权的时候遭遇到了你刚才所说的这些困难，那么你可以直接向我报告。我们可以合作来推动这些改革的工作，所以我现在命令你接受这个新任命。"

这下，古德里安再也没办法推辞了。就这样，他于11月20日被擢升为陆军二级上将，同时就任机动兵总监。德军的军衔制度和英美稍有不同。德国陆军没有准将军衔，少将之上是中将，中将上面就是二级上将，然后是一级上将、兵种元帅和帝国元帅。

整个冬天，古德里安都在试图改组骑兵部队，使其适应近代化战争的需要。但却困难重重，直到第二次世界大战爆发之后，德国骑兵还维持着旧有的编制。结果，大部分骑兵部队只能作为步兵师的混合搜索营来使用，未能在战争中发挥应有的作用。

二
纳粹密谋闪击波兰

在古德里安试图改组骑兵之时,希特勒又开始觊觎捷克斯洛伐克剩余的领土了。1939年3月10日,捷克斯洛伐克中央政府解散了亲德的斯洛伐克地方政府,并逮捕了一批追随纳粹德国的分裂主义分子。

希特勒抓住这一事件,立即向部队下达了于3月15日占领捷克的命令。3月15日凌晨2点,德军大举侵入捷克境内。与此同时,德军空军元帅戈林和德国外长里宾特洛甫不断向捷克总统施压。年迈的捷克斯洛伐克总统艾米尔·哈查心脏病突发,昏了过去。醒来后,他极不情愿地在《德捷协定》上签字,"邀请"德军入境。

至此,希特勒的诡诈伎俩已经达到登峰造极的地步。签完字之后,希特勒冲进了他的办公室,拥抱了在场的每一个人。他狂妄地宣告:"捷克斯洛伐克再也不存在了!孩子们!这是我生平最伟大的一天!我将以最伟大的德国人而名垂青史!"

同日上午,陆军总司令布劳希奇召见了古德里安。总司令兴奋地告诉古德里安,第十六军已经占领了捷克斯洛伐克全境。元首很快就会向世界宣布这一消息。

古德里安惊诧地想:"看来,离全面战争已经不远了。"

沉默了几秒钟之后,古德里安问:"我的任务是什么?"

"这正是我召见你的目的。"布劳希奇缓缓道,"你立刻动身前往布拉格,去搜集我装甲部队在此次冬季行军中的一切有关资料,同时考察捷克装甲兵的装备情形。"

"是,将军!"古德里安毕恭毕敬地向总司令行了一个军礼。

随后,古德里安马不停蹄地赶到捷克,搜集了德国装甲部队冬季进军的资料,同时视察了捷克装甲部队的装备。他惊喜地发现,捷克的装甲设备虽然比德制设备轻一些,但性能优越,完全可以在战场上使用。在此后闪击波兰和进军法国的战役中,这些装备都派上了很大的用场。直到苏德战争爆发，捷制坦克才被较新的德制重型坦克所取代。

德国在吞并捷克斯洛伐克的同时，又顺势吞并立陶宛的默默尔地区。自从吞并苏台德区和奥地利之后，希特勒便指示纳粹党徒和党卫队，深入到立陶宛的默默尔地区，组织当地的日耳曼人聚众闹事。

3月21日，德国政府向立陶宛提出了领土要求，要求其立即派全权代表到柏林签字，把默默尔交给德国人统治。弱小的立陶宛不敢违拗希特勒的意见，不得不于3月22日派代表到柏林在协约上签了字。

希特勒不等谈判结束，便在斯维纳明德登上了"德意志号"袖珍战舰前往默默尔。德国又一次兵不血刃地完成了一次新的征服。从苏台德区到奥地利，从捷克斯洛伐克到立陶宛，法西斯德国已经兵不血刃地将其领土扩大了数倍。

德军占领捷克斯洛伐克不久，希特勒就从捷克斯洛伐克掠夺了95亿马克的资金、100多万支步枪、4.3万挺机枪、1500多架飞机、2100多门大炮、500多门高射炮、300多万发炮弹、10亿发子弹和400多辆坦克。东欧当时最大的军工厂斯科达也被德军占领了。

与此同时，希特勒还把大批捷克斯洛伐克青年男女掳去当兵和服劳役。德国的军事实力得到了很大的加强。德国空军司令戈林在德军占领捷克斯洛伐克一个月后曾对墨索里尼说："捷克斯洛伐克巨大的生产能力转归德国而产生的经济因素显著加强了轴心国对付西方国家的能力。不仅如此，如果发生更大的冲突，德国现在毋需保留一个师的兵力去防御那个国家了。"

得意忘形的希特勒随即将矛头指向了波兰。第一次世界大战结束后，德国割让给波兰的出海口，即通往波罗的海的"波兰走廊"将原本连成一片的德国领土分成了两块，位于"走廊"之东的东普鲁士成了远离德国本土的"孤岛"。但泽则被辟为了自由市，由国际联盟管理。德国人一直对失去但泽和"走廊"地区耿耿于怀。

吞并奥地利和捷克斯洛伐克之后，希特勒企图用恫吓和军事两种手段，迫使波兰同意德国合并但泽自由市，并允许德国在"波兰走廊"建造一条治外法权的公路来连接东普鲁士和德国本土。波兰政府拒绝了希特勒的所有要求，并于1939年3月30日得到英、法的承诺，保卫波兰的国家主权。但希特勒坚信英、法不会为波兰向德国开战，便决定对波兰采取军事行动。4月28日，德国发表声明，终止了《波德互不侵犯条约》。随后，希特勒便下令德军总参谋部制定了一项"闪击波兰"的作战计划。

5月,法国与波兰签订了一个协议,法国承诺会在波兰侵入后15日内加入战争,援助波兰。8月25日,英国也与波兰签订了成为军事盟友的条约。但实际上,英法两国对法西斯德国依然抱有一丝幻想,不愿意相信德国会发动对波兰的战争。

但波兰军队根本不具备长期抵抗德军进攻的能力。即使是法军,此时也已经无法对付德军在飞机的掩护下,在地面行动中大量使用坦克的闪电战攻势。因此,法、英两国对波兰的承诺在军事上并不具有现实意义。英、法两国政府都清醒地意识到,如果不能及时地同苏联建立政治和军事联盟,波兰就毫无生存下去的可能。

不过,由于英、法两国对社会主义苏联的敌视,直到英国无条件地承诺捍卫波兰的领土完整之后,才提出了同苏联签订协议,实现和解。但此时,希特勒也已经意识到了与苏联结盟的重要性。在希特勒看来,与苏联签订协议是使德国避免在两条战线上同时作战的唯一办法。

结果,英、法两国与苏联的谈判破裂了。德国外长里宾特洛甫却在希特勒的授权下,于8月22日在莫斯科与苏联秘密地签订了《苏德互不侵犯条约》。

第一次世界大战后期,以列宁为首的布尔什维克党领导国内人民推翻了沙俄政府和后来的临时政府,建立了世界上第一个社会主义国家。社会主义革命在俄国取得胜利引起了西方国家的恐慌,因此一向视共产主义如洪水猛兽的西方国家对世界上第一个社会主义国家采取了敌视的态度。刚刚成立不久的波兰便与苏俄爆发了一场战争。

当时,苏俄的根基未稳,要致力于消灭国内的反对势力。列宁政府便于1921年3月18日与波兰在拉脱维亚签订了《里加条约》,结束两国之间的战争。但这个条约的领土和解对苏俄不利,西乌克兰和西白俄罗斯被迫割让给了波兰。因此,苏联政府也一直在找机会报这一箭之仇!

于是乎,当德国密谋与苏联共同瓜分波兰之时,两个军事强国便一拍即合,签署了《苏德互不侵犯条约》。在附属条约里,德国允诺苏联收复《里加条约》签订以前的苏波边境线——寇松线以东的波兰所占的西乌克兰与西白俄罗斯以及波罗的海国家。

如此一来,形势就变得对英、法更加不利了。一旦爆发大规模战争的话,德国便可以毫无顾忌地把全部兵力投入到西线战场了。

在《苏德互不侵犯条约》签订的同一天,古德里安被调离机动兵总监部,出任刚成立的第十九军军长。第十九军已经开到德波边境,正在修筑工事，随时准备入侵波兰。该军下辖第三装甲师、第二、第二十机械化步兵师和搜索示范营等军直属部队。

第一、第二和第三装甲师均是德国装甲部队中的精锐。而第二十机械化步兵师曾参加过进军苏台德区的行动，也是步兵的精锐之师。此外，陆军最高司令部还给第三装甲师加强了一个坦克示范营，该营装备的全是最新式的"Panzer-III"和"Panzer-IV"型坦克。

三

指挥装甲部队闪击波兰

根据希特勒在阿贝沙兹堡军事会议的部署，正面进攻波兰的任务由克卢格上将的第四集团军承担。该集团军下辖第十九、第二两个军和一个临时编入的边防纵队。第二军将由施特劳斯将军指挥，在波德南部边界展开；考比希将军的边防纵队则应在加强第十装甲师之后，在波德北部边界展开；古德里安的第十九军的3个师被摆在了中间。集团军总预备队第二十三师位于第十九军的后方，紧跟第三装甲师向前推进。

第十九军的任务是渡过布尔达河，全速向维斯瓦河挺进，切断"波兰走廊"地带与波兰内地的联系，并将其守军全部歼灭。战役发动的时间预定为1939年8月26日凌晨。

古德里安抵达指挥所时，参谋人员已经把当面之敌的有关信息放在他的办公桌上了。仔细分析之后，古德里安估计，波军在走廊地带部署的部队可能有3个步兵师和1个骑兵旅。他们还可能装备有部分意大利菲亚特公司生产的坦克。不过，从整体来看，这并不会给进攻部队带来什么威胁。

古德里安思考更多的是，闪击波兰会不会引起新一轮的世界大战。虽然外长里宾特洛甫一再强调，英、法绝对不会因为波兰而对德宣战，但他始终认为，对待战争，最好还是慎重一些好。再说，英、法不是已经承诺在波兰遭受入侵之时加入战争了吗？

和所有经历过第一次世界大战的军官和老兵一样，古德里安深知战争的残酷，更知道英、法这些大国的厉害。如果战争超出了波兰的范围，席卷整个欧洲的话，后果将不堪设想。到时候，不知道会有多少女子失去他们的丈夫或儿子。根据以往的经验，德军战胜英、法的希望十分渺茫。就算是德军打赢了，伤亡也无可避免。

古德里安的两个儿子都是现役军人。长子顾恩特尔在第三十五坦克团团部任职；次子库尔特刚刚升为陆军少尉，在第三装甲师第三搜索营服役（这支部队刚好在第十九军的战斗序列之内）。如果战争真的打响了，他又怎能保证两个儿子不受任何损伤呢？

25日深夜，古德里安突然接到第四集团军司令克卢格上将的电报，得知攻击令被暂时取消了。已经出发的部队也被召了回来。但仅仅6天之后，战争便爆发了。

31日，各部队全都进入了预定集结地区。古德里安的第十九军也已部署完毕。魏希本堡将军的第三装甲师担任主攻，在右翼展开，在哈米尔缪附近渡过布尔达河，向维斯瓦河畔推进。军直属部队和集团军预备队第二十三师将为第三装甲师提供火力支援。

巴德尔将军的第二机械化步兵师在中央展开，目标图霍拉；维克托林将军的第二十机械化步兵师在左翼展开，目标柯尼兹，然后越过图霍拉灌木地区，直向阿斯齐及格鲁琼兹推进。

深夜，古德里安钻进指挥车，来到第三坦克旅的集结地。他打算参加第三坦克旅发起的第一波攻击。天越来越黑，不一会就起了薄薄的雾。古德里安掏出怀表，借助微弱的灯光看了看时间，已经是9月1日凌晨4点30分了。还有15分钟，战役就要打响了。

"晨雾太大，空军在第一波攻击时无法支援地面战斗。"古德里安喃喃地说。

过了几秒钟，他又以命令的口吻说道："马上命令重炮部队，在晨雾消散之前不得开炮射击，否则很容易误伤己方部队。"

命令很快通过无线电设备发了出去。古德里安得意地想："我大概是世界上第一个在指挥车里使用无线电向部队下达命令的军长。"

15分钟后，坦克启动了。在发动机的轰鸣声中，第十九军的3个师，一字排开，迅速驶过边境线，突入波兰境内。1939年9月1日4点45分，德军闪击波兰，标志着第二次世界大战全面爆发。

古德里安的指挥车混在第三坦克旅之中，滚滚向前，很快就推进到了曾贝堡以北的大克罗尼亚地区。这里是古德里安的父亲出生的地方，也是他真正的籍贯所在地。但这却是他第一次来到故乡，而且是以一名侵略者的身份。

浓雾渐渐消散，但视线仍然很不好。突然，"炮声"大作，部队和波兰的反坦克炮部队交上了火。敌人的炮火很密集，不时有坦克中弹。古德里安大声吼道："冲上去，干掉他们！"

第三坦克旅立即摆开战斗队形，向敌军反坦克炮阵地冲去。古德里安的指挥车紧随其后。突然，后方传来"炮弹"飞行的"隆隆"声。

"该死！"古德里安刚骂了一句，就有一发炮弹在他指挥车前方50码的地方爆炸了。爆炸掀起的热浪冲击得指挥车震动了一下。

司机愣了一下，马上加速前进。古德里安大声命令道："向一旁开，离开这个地区。"

未等司机做出反应，又有一发炮弹在指挥车后方50码的地方爆炸了。

"快，"古德里安嚷道，"驶离这里。如果再来一发的话，肯定就命中了。"

司机调转车头，拼命往前冲。他似乎被这突如其来的炮击弄得有些神志不清。突然，车身急剧震动了一下，掉进了沟里。发动机的声音随之停了下来。

古德里安钻出指挥所，围着那辆半履带的指挥车转了一圈，恶狠狠地骂道："混蛋！我早就命令过他们在晨雾消散之前不准开炮的！"

由于指挥车损毁严重，古德里安只得拦下一辆装甲车，驶回军部，换了一辆新车。当然，他并没有忘记训斥紧张过度的重炮部队。

古德里安重新赶上第三装甲师时，先头部队已经抵达布尔达河。然而，主力部队的行动却有些迟缓。第六坦克团等部队尚在普鲁什奇与小克罗尼亚之间，正准备停下来休息。

师长魏希本堡将军不在师部，古德里安便把第六坦克团团长叫到指挥车旁，询问了一些有关布尔达河方面的情况。团长对前方的战况了解并不多。古德里安心中有些不快，又问："今天可以按时渡河吗？"

"什么？"团长诧异地反问道，"今天渡河？"

"是的，"古德里安缓缓道，"这是军部早就下达的命令——第一天应渡过布尔达河。"

那名团长辩解道："可是，部队已经连续急行军好几个小时了。士兵们需要休息！"

"哼！"古德里安愤然走开，心里盘算着如何让部队尽快渡过布尔达河。

就在这时，一名衣衫褴褛的中尉急匆匆地跑过来。古德里安发现，他的衬衫袖子高高卷起，两臂已被烟火熏得乌黑了。

中尉向古德里安敬了一个军礼，朗声道："报告军长，我是费里克斯中尉，刚从布尔达河畔回来。火力侦察表明，对岸敌军的实力异常脆弱。波兰人企图纵火烧毁哈米尔缪地区的桥梁，但已经被我军扑灭。目前，桥梁已被我军占领，可以使用。"

古德里安向中尉还了一礼，赞扬道："干得好，中尉！部队为什么还不渡河？"

费里克斯略一沉思，回答说："报告长官，我认为部队停滞不前的原因是没有人领导。军长应该亲自到河畔指挥渡河。"

古德里安望着费里克斯中尉那双充满自信的眼睛，略一沉思，立即接受了他的建议。正午前，他的指挥车便出现在了哈米尔缪地区。

古德里安钻出指挥车，立即发现一群参谋人员正站在距离河岸约100米的一棵大橡树下，正在研究着什么。他们看见古德里安正朝树下走来，忙大声喊道："军长，他们正在向这边射击。"

古德里安扫了一眼，回答说："一点都不错，我听得见枪炮声，看得见硝烟。"

"情况如何？"古德里安走到橡树底下，问他的参谋们。

一名高级参谋马上回答说："报告军长，第六坦克团车载火炮正在炮击敌军阵地，第三步兵团也在以步枪还击。"

古德里安望了望对岸，没有发现一个人影，只能听见稀稀拉拉的枪声。很明显，波军士兵都躲在战壕里，胡乱地放枪。

"传令下去，马上停止射击！"古德里安命令说，"这种象征性的射击除了浪费弹药，一点作用也没有。"

这时，第三步兵旅的旅长安根上校也来到了前线。古德里安对他说："上校，你的部队还没有和敌人交火，现在交给你一个重要任务。"

安根上校身子一挺，回答说："是，将军。"

于是，古德里安便命令安根上校亲率一个营的兵力，用橡皮艇从敌军火力的死角强渡布尔达河。然后，该营从侧翼发动佯攻，牵制敌军火力，掩护坦克部队渡河。

安根上校迅速行动，冲过对岸，俘虏了敌军一个自行车连。装甲部队趁机渡过布尔达河，开始扫荡敌军阵地。到黄昏时分，渡河工作全部完成。

随后，古德里安离开布尔达河畔，驱车返回驻守在查恩的军部指挥所。

第四章 闪击波兰

四
重返出生地库尔姆

夜很宁静，淡淡的月光洒在公路上，看上去非常祥和。古德里安坐在车里，静静地欣赏着故乡陌生的夜景。他几乎忘了自己正在指挥一场史无前例的机械化大进军。直到汽车停在查恩的指挥部前，他才回到现实之中。

军部指挥所外围乱糟糟的，官兵们正忙着架设反坦克炮，其中甚至有高级参谋等非战斗人员。古德里安惊讶地问："你们这是在干什么？"

一名参谋回答说："波兰的骑兵正在向这里挺进。他们可能会偷袭我们的军部指挥所。"

"没关系，他们不可能来到这里。"古德里安一边安抚他的军部人员，一边走向办公室。

第二十师和第二机械化师的战报已经放在他的办公桌上了。在左翼展开的第二十师已经占领柯尼兹，但并没有向前推进多少距离。第二机械化师的情况比较糟糕。他们遇到了敌人的顽强抵抗。波兰军队依凭牢固的铁丝网，挡住了德军的疯狂进攻。第二机械化师师长巴尔德将军不得不把全师3个团全都摆在了一线。

"战斗刚开始，看来他们有些紧张。"古德里安笑着对身边的参谋说。

"是的，将军。"一名参谋一边在地图上标明第二机械化师的情况，一边回答说。

古德里安在地图前站了几分钟，手指一划，缓缓道："立即电令巴尔德，把左翼的那个团转移到右翼。明天留下左翼的团牵制当面之敌，右翼那个团跟在第三装甲师后面，向图霍拉迂回前进。"

巴尔德很快回了电话，声称正在执行古德里安的命令。次日凌晨，古德里安又接到巴尔德的电话。巴尔德将军说："波兰骑兵正在向我方阵地突袭，我想我们要被迫撤退了。"

古德里安抓着话筒，沉默了好一会才平静地说："你听说过一个波美拉尼亚'榴弹兵'会让敌人的骑兵赶跑吗？"

巴尔德回答说："没听说过，长官。"

古德里安笑着说："这就对了。"

巴尔德会意，马上保证说："长官，我一定可以守住现有的阵地。"

古德里安放下电话，心想："看来天亮后要随第二师一起行动，这支部队还没从恐惧心理中走出来。"

凌晨5点，古德里安就到了第二师师部。包括师长巴尔德将军在内，所有人都手忙脚乱。古德里安安抚他们说："不必惊慌，波兰人不是我们的对手。不管是装备，还是战术，他们都还太原始。"

太阳出来后，古德里安亲自率领夜间从左翼撤出的那个团，绕道大克罗尼亚，向图霍拉方向迂回。剩下的两个团也从第一天的恐慌中走了出来，迅速展开行动。

到9月3日，第三装甲师已全部推进到维斯瓦河畔，第二和第二十师也相继占领了预定目标。集团军预备队第二十三师也在布罗克多夫将军的率领下插入了第三装甲师和第二十师之间的空隙位置。至此，波兰走廊地带的波兰军队全部被分割包围在了希维切以北和格鲁琼兹以西的森林地带。

古德里安大喜，离开第二师，视察了第二十三师和第三装甲师。他来到了他的出生地库尔姆。小城依然像过去一样宁静，河畔的小塔在阳光的照耀下闪闪发光。他还见到了在第三装甲师服役的幼子库尔特。

同日，英、法对德宣战。当天上午，英国首相张伯伦在下议院发表了一通充满悔意的演说。他在演说中指出："今天是我们大家最感到痛心的日子，但是没有一个人会比我更为痛心。在我担任公职的一生中，我所信仰的一切，我所为之工作的一切，都已毁于一旦。现在我唯一能做的就是：鞠躬尽瘁，使我们必须付出重大代价的事业取得胜利……"

张伯伦终于为他的绥靖政策感到后悔了，但一切为时已晚。随后，他向法西斯德国发出最后通牒，要求德军立即从波兰撤军。

在柏林，一群纳粹头目正聚集在柏林总理府的前厅。突然，一名翻译官从人群挤过去，径直走进希特勒的书房，口译了最后通牒的内容。当翻译完毕，希特勒沉默无言，好一会儿呆坐不动，然后，冲着一直强调英国不会参与这场战争的外长里宾特洛甫恶声质问："现在你有什么话说？"

里宾特洛甫默默无言地站在希特勒的对面，显得十分窘迫。第二号纳粹人物戈林在外面前厅里作了回答："如果我们打输了这一仗，那么求上

铁甲悍将 古德里安 tie jia han jiang · gu de li an

波军的步兵部队

帝保佑我们吧。"

希特勒未对英国的最后通牒作出回应。英国政府遂于上午11点对德宣战,并宣布全国进入战争状态。

法兰西也紧随英国之后,对德宣战。但实际上,英、法两国根本没有采取军事行动,他们违背了自己许下的"如果德意志帝国胆敢入侵波兰,英法联军将直捣鲁尔谷地"的诺言。

战争爆发之初,单纯从军事力量和经济实力上来讲,英、法等国占有一定优势。当时,波兰有40个步兵师和12个骑兵师;法国约有110个师的兵力。而当时德国只动员了98个师。在经济实力方面,英、法拥有广阔的殖民地,战略资源丰富,而德国却缺乏铁砂、橡胶和石油等重要的战略物资。

但是由于英、法没有做好应战的准备,而且不想真正打仗,在行动上磨磨蹭蹭,甚至没采取真正的军事行动。张伯伦就曾宣称,这是一场"晦暗不明的战争"。所谓"晦暗不明",实际上是指"战"与"和"还在两可之间。正是因为英、法两国首脑处于这样一种精神状态之中,盟国在战争初期一直处于被动挨打的局面。

法国屯集重兵却躲在马其诺防线后面,眼睁睁地看着波兰独自抵抗着强大邻国的侵略。英国也不过在外交上对德国加以谴责罢了,直到1940年5月10日,德国才和英、法爆发正式冲突。

从1939年9月1日到1940年5月10日,这段奇特的历史时期在德国被称为"静坐战",而其他国家则称之为"假战"。英法两国的"假战"助长了法西斯德国的侵略野心,同时也让自己在后来付出了沉重的代价。

五
坦克部队的高度威力

1939年9月4日上午，古德里安监督着第二师和第二十师向森林地区攻击前进。波兰骑兵居然挥舞着手中的长矛和刀剑，纵马向坦克群冲锋。机枪"哒哒哒"地响起来，车载火炮也"轰隆隆"地发射着炮弹。装备落后的波兰骑兵一波一波地倒下，但后继者依然毫不畏惧地往前冲。

午后，一个波兰炮兵团向维斯瓦河方向撤退。德军的坦克部队紧随其后，展开屠杀。波军停了下来，企图架炮防御。但只有两门炮得以发出两声怒吼，整个团便被德军的坦克群碾碎了。

战斗打到黄昏时分，走廊内的波兰军队已被压缩在一个很小的口袋之中。波兰走廊战役已经接近尾声。古德里安决定亲自监督第三装甲师，背朝维斯瓦河，掉头向西行动，肃清包围圈内的残敌。

到5日上午，第十九军已经结束战斗，等待新任务了。在将近5天的战斗中，第十九军4个师（含集团军总预备队第二十三师）共伤亡850人，其中阵亡150人。据参谋人员估计，波军损失达2~3个步兵师和一整个骑兵旅。

希特勒也在这个时候来到第十九军，视察战斗情况。古德里安和元首同坐在一辆汽车内，沿着第三装甲师前几天的推进路线前进。希特勒指着波兰炮兵团被摧毁的火炮和维斯瓦河上被炸毁的桥梁，问道："这是我们的俯冲轰炸机所干的吗？"

古德里安回答说："不，是我们的坦克干的！"

"啊！"希特勒显得非常吃惊，"我想去看看你的装甲师。"

古德里安马上把不必参加包围作战的第三装甲师部队全部调到了希维切与格鲁琼兹之间的安全地带，让希特勒前去视察。随后，他们又视察了第二十三师和第二师各部队。两人边走边聊这次作战的经验和教训。

希特勒问："你的部队伤亡多少？"

古德里安回答说："截至今日上午，我所指挥的4个师共阵亡150人，伤700人。"

希特勒惊讶地说："我参加第一次世界大战的时候，战斗的第一天，我所在的团就伤亡2000人以上。你打了5天，4个师伤亡不到1000人，真是不可思议。"

"这主要是因为我们的坦克能够发挥高度威力的缘故。"古德里安解释说，"坦克是我们的救命武器。我们能够以如此之小的代价俘获敌人数千人，缴获火炮数百门，坦克部队发挥了巨大的作用。"

当希特勒和古德里安乘坐的汽车来到库尔姆附近时，希特勒指着库尔姆的方向，问道："那个市镇是不是库尔姆？"

古德里安两眼放光，高兴地回答说："是的，元首。去年3月间，我有那个难得的机会，在你的出生地欢迎你（希特勒出生在奥地利），今天你却又和我在一起到达了我的出生地，我是出生在库尔姆的。"

希特勒盯着古德里安，微笑着点点头，又把话题转到了技术方面。他问："我们的坦克哪些方面比较令人满意，哪些地方需要进一步改善？"

古德里安简略地回答说："现在最重要的事情是尽量提高Panzer-Ⅲ型和Panzer-Ⅳ型坦克产量，并尽快交付部队使用。至于进一步改进的问题，我想它们的速度已经够用了。不过，它们需要更厚的装甲，尤其是前面部分；它们火炮的射程和穿透力也都需要增加，那就是说炮管应该较长，而炮弹也应该有更多的装药量。"

希特勒点点头，意思说："我记下了你的建议。"

当天黄昏时分，希特勒离开第十九军，回到了元首大本营。在第二次世界大战初期，希特勒经常到战地视察，使得前线部队对他产生了良好的印象。但随着战争不断深入，他亲临前线的次数越来越少。到了战争末期，他甚至忘了还有前线部队这回事。因此，前线部队和希特勒之间的接触也越来越少。

6日之后，第十九军各部陆续渡过维斯瓦河，向波兰腹地推进。陆军总司令部也趁着战斗的间歇对前线部队进行了整编。第十九军被划出第四集团军，暂时交由博克上将的集团军群直接指挥。

8日夜间，古德里安奉命前往集团军群司令部接受新任务。他赶到的时候，总司令博克上将和参谋长沙尔姆斯将军都已经在司令部等他了。博克上将说，他希望把第十九军配属给库雪纳将军的第三集团军，在其左翼行动，由阿利斯地区，经过沃姆扎，直趋华沙东部。

第三集团军的部队大部分都是步兵师，缺乏机械化运输工具。古德里安解释说："将军，这样做恐怕无法发挥我军机械化师的速度。而我军行动迟缓的话，华沙地区的波兰军队就有机会向东撤退，在布格河一线建立新的防线。"

参谋长沙尔姆斯将军点点头说："是这样。你有什么好建议？"

古德里安走到地图前，手指在地图上指指画画，缓缓道："我建议我这个装甲军还是由集团军群司令部直接指挥，从库雪纳集团军的左面前进，取道维兹拉，沿着布格河的东岸推进，并以布列斯特-里托夫斯克为目标，切断华沙敌军向东撤退的通道。"

博克上将和沙尔姆斯将军同意了古德里安的建议。

随后，古德里安赶到阿利斯训练基地，开始行动。第十九军的战斗序列已经发生了一些变化。第二机械化步兵师被划归集团军群司令部，充任总预备队。第三装甲师和第二十机械化步兵师依然保留在第十九军的战斗序列内。此外，原属第三集团军的第十装甲师和新成立的勒特曾要塞步兵旅也被划入了第十九军。

第十装甲师和勒特曾要塞步兵旅都已推进到维兹拉地区，正沿着纳雷夫河与波军激战。古德里安需要做的是，马上把第二师和第三装甲师开到维兹拉，和两支新划入第十九军战斗序列的部队会合，同时弄清楚纳雷夫河一线的战斗情况。

9日凌晨，古德里安在柯尔曾尼斯特会见了第二十一军军长法肯霍斯特将军。第十装甲师和勒特曾旅尚在他的指挥之下。法肯霍斯特将军告诉古德里安，第二十一军的战斗打得非常艰苦，从正面攻击沃姆扎的计划已经失败。目前，整个部队尚在纳雷夫河北岸，而且已经丧失了机动性。

古德里安大惊，匆忙赶往维兹拉，前去查探第十装甲师和勒特曾旅的情况。上午8点，他在第十装甲师师部见到了代理师长斯顿福将军。原师长夏尔将军在战斗中出了点意外，正在野战医院接受治疗。

斯顿福将军报告说："我部步兵已经渡河，成功攻下了敌军阵地。目前，战斗仍在继续。"

古德里安觉得有些奇怪，法肯霍斯特将军说，部队仍在北岸，而斯顿福将军却说步兵已经渡河，真实情况到底如何呢？他详细询问了有关情况，并用望远镜在北岸瞭望了渡河部队的情况。他发现对岸确实有德军的步兵在活动，便放心地离开第十装甲师，前往勒特曾旅视察去了。

勒特曾旅原本是要塞守备部队，官兵的年龄普遍较大，善于防守，疏于野战。但是现在，他们也必须和第十装甲师一起，渡过纳雷夫河，参与野战。尽管如此，部队的士气依然很高。旅长加尔上校亲自组织兵力，强渡纳雷夫河。

六

击溃波军,大获全胜

古德里安对勒特曾旅的表现比较满意,随后便折回了位于维兹拉的第十装甲师师部。师部的情况看上去比较混乱。代理师长斯顿福将军正在一个无线电台旁踱来踱去,不停地催促无线电员说:"再联系,再联系!"

古德里安问一名参谋:"什么情况?"

那名参谋回答说:"联系不上渡河的步兵部队。"

"什么?"古德里安惊讶地说,"早上不是说他们已经攻占了敌军阵地吗?"

"情况可能并非如此。"那名参谋解释说,"最新情报表明,他们虽然已经渡过了纳雷夫河,但并没有拿下敌人的坚固阵地。现在,整个步兵团都联系不上了。"

古德里安和他的副官转身离开,立即来到纳雷夫河北岸,设法强渡,亲自去找早上就到河对岸的步兵部队。情况看上去很糟糕,他既没有找到团指挥部,也没有看到一个营部,只有一些士兵在急匆匆地活动着。

古德里安循着枪炮声,驱车前往第一线。前线的情况非常混乱,炮兵和步兵混在了一起,也没有人知道当面之敌的情况。因为他们根本就没有组织火力侦察。古德里安还发现,战场上竟然连一辆坦克都没有,便拦住一名军官,问道:"你们的坦克部队在哪里?"

那名军官大声回答说:"不知道,长官。我想,他们可能还在北岸。"

"岂有此理!"古德里安高声骂了一句,随即命令他的副官返回北岸,督促坦克部队渡河。

副官走后,古德里安一边制止前线上的混乱情形,一边命令所有的团营长前来见他。不一会,那个步兵团长就来到了古德里安的面前。

团长向古德里安行礼,古德里安还礼。古德里安上下打量了一下面前的团长,高声问道:"为什么不组织火力侦察?为什么还不开始进攻?"

团长唯唯诺诺，不知道如何回答。古德里安大手一挥，朗声道："走，去看看。"

团长跟在古德里安的身后，奔向波军阵地，一直来到敌军火炮的射程之内，他们停下来。古德里安从一名参谋手中接过望远镜，仔细查看对面的情况。

"好，混凝土工事！"古德里安像是在自言自语，又像是在下达命令，"攻击就从这里开始。准备开火吧，团长，坦克部队马上就会来支援你们的。"

攻击开始了，但坦克部队依然停在北岸。古德里安又返回纳雷夫河畔，命令第十装甲师坦克团迅速渡河。团长为难地说："可是，工兵没有架好桥梁。"

"非得有桥才能过河吗？"古德里安没好气地说，"马上用船把坦克摆渡过去。"

"是，长官！"团长立即行动起来。

到下午6点，第十装甲师的坦克团全部抵达对岸。猛烈的攻击开始了。德军两个团的兵力猛力向前。坦克部队在前，步兵在后，攻击势头一浪高过一浪。很快，波军便抵挡不住，弃阵而逃了。

古德里安喃喃地说："没有好的领导，一群狼也会变成绵羊的。如果组织得力，这块阵地在上午就能拿下。"

随行的参谋们你看看我，我看看你，没人敢答话。

这时，古德里安的军部已经搬到了维兹拉。古德里安带着几名参谋，怒气冲冲地驶往军部。在路上，他似乎突然想起了什么，扭头对副官说："马上命令工兵部队，无论如何要在10日零点把桥架好，以便第十装甲师的后续部队和第三装甲师渡河。"

古德里安打算让第十和第三装甲师率先渡河，强行推进。第二十师则在第十装甲师的右翼另行建桥渡河，掩护两个装甲师的侧翼安全。但由于工兵部队协调不畅，原本供装甲师使用的桥梁在建到一半之时即被第二十师拆毁，移到下游重新架设了。

古德里安直到10日凌晨5点才从第十装甲师师长那里得知这一情况。他小声嘀咕了一句："真他妈的糟糕透顶！那个该死的工兵军官肯定没有把我的命令告诉第二十师。"

结果，第十和第三装甲师不得不重新架桥，以便坦克部队快速通过。而此时，第二十机械化步兵师已经渡过纳雷夫河，推进到了赞布罗夫附近。波军奋起抵抗，和德军展开了厮杀。

下午，古德里安跟随第十装甲师，快速向布兰斯克推进。他的军部也渡过了纳雷夫河，紧紧跟在古德里安的后面。除在右翼推进的第二十师因遭遇波军的顽强抵抗进展缓慢之外，在中央推进的第十装甲师和在左翼推进的第三装甲师均进展神速。

11日上午，从沃姆扎向东南方撤退的波兰军队抵达赞布罗夫，与那里的波军会合，共同对付第二十师。师长当机立断，命令部队绕过敌军阵地，先行抵达布格河，然后再依托地形优势，回头包围敌人。

古德里安认为这个计划非常巧妙，马上从第十装甲师抽调部分兵力，前去协助第二十师的行动。

就在这时，军部在行军途中被一场突如其来的大火挡住了，只好暂时停下来。不知道是波兰人借此机会故意放出的谣言，还是一部分德军士兵过分关心古德里安的安全，竟有人说古德里安在一个叫维索基的小村庄被包围了。

这一谣言最先在第三装甲师散布开来。该师师长信以为真，立即派一个营的兵力赶往维索基。他们抵达时，古德里安正站在维索基的街头和他的参谋人员讨论战况。认识古德里安的士兵立即欢呼起来："军长阁下！快看，军长阁下！"

大惑不解的古德里安立即上前，询问情况。真相大白之后，古德里安耸了耸肩说："我想能置我于死地之人还没出生呢！"

稍晚些时候，军部也抵达了维索基。古德里安意识到，不和军部待在一起，可能会给指挥工作带来不便。不过，这并没有从根本上影响他的指挥风格。在此后的战役中，他依然常把军部丢在后面，和先头部队一起行动。

天亮时，古德里安离开维索基，和侦察营一起开赴别尔斯克。第三装甲师已经开到了那里。第十装甲师则占领了维索基-里托夫斯克一线。第二十师也在第十装甲师一部的配合下，成功地把波军包围在安达尔柴夫地区。

就在这时，作为集团军群总预备队的第二师也开到了战场，划归古德里安的第十九军指挥。古德里安实力大增，立即命令第三和第十装甲师全速向布列斯特要塞进军，同时命令第二十师和第十装甲师一部攻击被围困在安达尔柴夫地区的波军。

当天下午，安达尔柴夫的波兰军队全部投降，连第十八师师长都成了德军的俘虏。而第三装甲师的先头部队已抵达布列斯特-里托夫斯克，主力部队也开到了卡明尼克-里托夫斯克一线。

兵败如山倒的波兰军队纷纷退入比亚沃韦扎森林地带。第三装甲师师长请示古德里安，是消灭退入森林地带的波军，还是攻占布列斯特-里托夫斯克要塞。

古德里安行事的目标非常明确。如果消灭退入森林地带的波军，将会有大量的兵力被长期牵制在该处。如果攻占要塞，森林地带的敌人就如失去巢穴的猛兽，不足为患了。他盯着地图，沉思了几秒，马上命令第三装甲师留下一小部分兵力在森林外围实行监视，主力部队则直接向布列斯特-里托夫斯克发起进攻。

次日凌晨，第十装甲师也加入到了对布格河东岸的布列斯特要塞的攻坚战中。经过一天的激战，布列斯特外围防线被突破，德军全速向前推进，以求扩大战果。

到15日上午，第二十师和第三、第十装甲师已对布列斯特要塞形成合围之势。但德军的坦克全被堵在了城门之外，因为波兰人手中有一辆法国生产的雷诺式坦克。他们将坦克摆在城门正中，不间断地发射炮弹，使得德军坦克不敢近前。

16日上午，古德里安抵达最前线时，第二十师和第十装甲师正在组织兵力向城门发起冲锋。步兵在火炮的掩护下，步步紧逼，但波军的火力太强，进攻部队的队形被打乱，损失惨重。

恰在此时，后方掩护部队的火炮发射的炮弹全部落到了前进部队的头上。古德里安大惊，立即命令副官布劳巴赫中校赶回去加以制止。中校转身快速跑了几步，突然跌倒在地。一名躲在城墙上的波兰狙击手击中了他。几天后，中校因伤重不治而身亡。

惨烈的战斗整整打了一天，德军虽然未能突入城中，但波兰守军已现溃退之迹。古德里安决定留下第十装甲师和第二十师继续攻城；第三装甲师绕过布列斯特，向南方的弗沃达瓦推进；刚刚赶到的第二师则跟在第三装甲师的后面，向东面的科布林推进。

16日深夜，布列斯特东门的枪炮声渐疏。古德里安判断，波军可能会从布格河西岸的卫城撤退。于是，他立即令第二十师下属的第七十六团悄悄摸到布格河西岸，实施夹击。

一切果然不出古德里安所料，第七十六团渡河之后，波兰守军正悄悄企图从西岸撤退。枪声刚响，疲惫不堪的波军便放下了武器。至此，布列斯特要塞战斗基本结束，而古德里安作为希特勒的帮凶，侵略波兰的任务也基本完成了。因为从东面发起进攻的苏联红军也即将抵达布列斯特。而根据德国外长里宾特洛甫和苏联人达成的协议，苏德两国将对沦陷的波兰划界而治，界线就是布格河。布格河以西属于德国，布格河以东属于苏联。

位于布格河东岸的布列斯特即将成为苏联的一部分。9月21日，古德里安第十九军全部撤到布格河西岸。随后，除留下承担占领任务的步兵之外，各进攻部队全部撤回本土。而为闪击波兰组建的军级单位（军部暂时保留）也被解散了。

9月28日，波兰守军司令与德军第八集团军司令布拉斯柯维兹将军签订降约，波兰战役结束了。在这场战役中，波兰居民惨遭杀害，建筑被焚毁……街头和旷野上出现了数百万无家可归之人。

战役结束后，古德里安回到了东普鲁士。他很希望，这次胜利能镇住英、法，使其放弃与德国为敌的想法。不过，他心里也很清楚，迫使英、法与德国媾和的机会微乎其微。他判断，希特勒很可能会立即发动西线战役，对法国动武。但事实并非如此，在1940年5月10日之前，双方并没有爆发真正的军事冲突。

第五章
长驱直入,突入法国

一
与希特勒产生嫌隙

1939年10月上旬，古德里安奉命赶回柏林。途中，他看望了一部分留在东普鲁士和西普鲁士的亲戚，还在库尔姆找到了他父母曾经住过的房子。这是他最后一次看到他的出生地。

27日，希特勒在总理府接见了古德里安和另外23名高级军官。他们都被授予了骑士级铁十字勋章。希特勒的情绪很高，高度赞扬了装甲部队在闪击波兰过程中的功劳。在授勋典礼之后的宴会上，他还特地安排古德里安坐在自己的右侧，与其交流装甲部队的发展和在这一次战役中的经验、教训。

古德里安洋洋得意地说："对我们的装甲部队而言，这是第一次接受战火的洗礼。我个人认为，他们已经充分地表现出了他们的价值，并且证明对他们的建立工作所做的一切努力都是值得的。"

希特勒微微一笑，表示赞同。突然，他将话题一转，问道："我很想知道一般的人民和军人对于德苏条约的反应是怎样的？"

古德里安微微一愣，如实回答说："一般人民的反应，我不大清楚。对我们军人而言，这是一个好消息。当我们在8月底听到条约签订的消息之后，都不禁舒了一口气。它使我们感到后方是安全的。我们最不愿像第一次世界大战那样腹背受敌。"

希特勒很诧异地盯着古德里安，没有再说什么。不过，从他的脸色可以判断出，他对古德里安的回答并不满意。这个疯狂的法西斯分子对社会主义苏联极端仇视，并希望将这个庞大的国家从地球上抹去。

授勋仪式结束后，古德里安获得了一次休假的机会。到11月中旬他归队之时，第十九军军部已经迁到了科布伦茨，并被编入了龙德施泰特上将的A集团军群。11月23日，集团军群高级将领全部前往柏林，接受希特勒、戈培尔和戈林等重要人物的训话。希特勒等人在演说中，或明或暗地指责陆军不听从纳粹党的指挥。

古德里安甚感诧异。他在回忆录中如是写道:"这三个人的讲词当中,其重点都似乎是说:'空军将领们,在戈林同志领导之下,是绝对可靠的;海军将领也可以信任,但是党对于陆军的将领们却并不敢这样的信任。'把我们最近在波兰战役中的成就来作一个对比,这种侮辱真使我们难以忍受。"

回到科布伦茨后,他马上去见集团军群参谋长曼施坦因将军,讨论应对之策。两人均认为,如果陆军将领对这种带有侮辱性的偏见保持沉默的话,将会使整个陆军蒙羞。曼施坦因告诉古德里安,他已经和集团军群司令龙德施泰特讨论过,但司令不愿过问此事。

古德里安诧异地问:"那怎么办呢?"

曼施坦因略一沉思,回答说:"我想,你应该直接去找司令本人谈一谈,看看能不能说动他。"

古德里安点点头,转身离开参谋长的办公室,径直去找龙德施泰特。龙德施泰特对整个事件早已了然于胸。他表示,他最多只能去找陆军总司令布劳希奇。

希特勒与布劳希奇不和,这是整个陆军中众所周知之事。从某种意义上说,希特勒、戈培尔和戈林等人对陆军的指责,就是针对布劳希奇的。古德里安马上回敬集团军群司令说:"希特勒所指责的对象,最重要的就是陆军总司令本人,所以最好换一个人直接去找希特勒,请求他撤回这种不公正的指责。"

龙德施泰特无奈地耸耸肩,回答说:"如果是这样的话,我就无能为力了。"

古德里安气呼呼地离开了集团军群司令部。在随后的几天里,他又拜访了好几位高级将领,希望他们能够出面干预此事。然而,谁都不愿意去触这个霉头。最后,他只好去找德高望重的赖兴瑙上将。赖兴瑙和希特勒的关系一向不错,他希望可以通过这种私人关系打动希特勒。

古德里安刚到赖兴瑙的办公室,赖兴瑙就一脸严肃地说:"我大概已经知道你为何事而来了。我可以告诉你,我已经和希特勒发生过激烈的冲突。再想让我去见希特勒,这已经不可能了。"

古德里安大吃一惊,半晌说不出话来。

赖兴瑙见状,缓和了一下语气,继续道:"不过,我认为应该让希特勒明白陆军将领对这一事件的感情。你最好亲自去见一下他。"

古德里安为难地说:"在所有的军长之中,我的资历最浅。有这么多老前辈在，由我代表全体将领出面的话，恐怕不大合适。"

赖兴瑙一边拿起电话，一边说："这是大家的事情，没有人会说什么。"

电话接通后，古德里安才知道，赖兴瑙拨的是总理府的号码。他要求元首抽出时间，接见古德里安。

过了一会，总理府那边回电称，希特勒要在次日单独接见古德里安。事到临头，古德里安只好硬起头皮，驱车前往柏林去了。

希特勒对古德里安的态度像往常一样，非常温和。他静静地坐在办公桌后面，听古德里安说了20多分钟。

古德里安直截了当地指出，作为政府首脑，公然指责陆军对党不忠，这是不合适的。而且陆军将领们已经在波兰战役中表现出了对国家和党的无限忠诚。他还说："由于对西方国家的恶战尚未展开，他们更认为在最高领导方面绝不可以发生裂痕。也许你会感觉到很奇怪，为什么我这样一个资历最浅的将领，会来向你提出这个问题来。我曾经请求那些老前辈们来向你解释，但是他们都不愿意来。但是为了不要让你以后会这样说道：'我曾经当面向那些陆军将领们说，我不相信他们，他们就接受了我的不信任，没有一个人提出抗议。'所以我今天才来见你，为了向你提出抗议，认为这种说法对于我们不仅是不公正，而且也是莫大的侮辱。"

希特勒阴沉着脸，盯着古德里安，但并没有打断他这番颇不客气的发言。古德里安接着说："假使对于某一个将领——我想最多不过是个人的问题——感到不信任的话，你可以把他免职。未来的战争一定是长期性的，我们在军事领导方面绝不可以有裂痕，彼此之间一定要建立起互信……"

古德里安说完，希特勒直率地说："不错，那不过只是陆军总司令一个人的问题罢了。"

古德里安马上说："如果你不信任现在的陆军总司令，你应该免除他的职务，换一个你完全信任的人。"

希特勒毫不思索地问道："你推荐什么人？"

古德里安小心翼翼地在脑海中搜索着堪当重任的将军。从赖兴瑙到龙德施泰特，他说了好几个人的名字。希特勒一个劲地摇头，表示"那不在考虑之列"。

古德里安沉默下来之后，希特勒打开了话匣子。他说，他和他的将军们之间早已有了很多不同的意见。在未来的西方战役中,他也不敢相信陆军总司令和他抱有一样的见解。最后,他缓缓道:"海因茨,谢谢你的坦白陈词。"

古德里安还想说什么,但看着希特勒铁青着脸,只好把到嘴边的话再咽下去,默默离开了。或许正是从此时开始,他在内心深处便对希特勒产生了某种说不清道不明的情绪。

二
支持"曼施坦因计划"

　　1939年冬季,德军对部队编成进行了改组。现有的轻型师全部被改编为装甲师,番号为第六到第九装甲师;机械化步兵师的规模有所缩小,以便指挥;坦克团也陆续更换了最新式的Panzer-Ⅲ型和Ⅳ型坦克。

　　曼施坦因、古德里安等高级将领也开始研究西线战役的作战计划了。在众多的意见中,古德里安对曼施坦因提出的作战计划格外感兴趣。这位集团军群参谋长指出,若想速战速决,迫使法国投降,最好的办法就是利用强大的装甲部队,从比利时南部和卢森堡,直抵色当,突破该区域内的马其诺延长防线,将整个法国战线一分为二。

　　古德里安仔细研究了地图,并回忆了第一次世界大战的经过,认真地说:"这个作战计划是绝对可行的。唯一附带条件就是所使用的装甲师和机械化步兵师一定要有足够的数目。最好把现有的兵力全部投入进去。"

　　曼施坦因马上拟定了一份备忘录,送呈集团军群司令龙德施泰特签署。12月4日,A集团军群提出的作战计划被送到了陆军统帅部。但包括希特勒在内的统帅部人员并不认可这份计划。他们固执己见,企图重演施里芬计划。

　　整个冬季,曼施坦因、古德里安都在焦躁不安之中和统帅部为作战计划而争争吵吵。结果,曼施坦因被调离A集团军群,前去就任参与第三波攻击的一个步兵军的军长。古德里安孤掌难鸣,只好默认由统帅部制定的所谓"施里芬计划"。

　　恰在此时,一名负责传达命令的飞行军官违反飞行条例,在黑夜之中迫降在比利时境内。没人知道他是否焚毁了那些记录有作战计划的公文。恰恰是因为不知道真相,才让统帅部感到恐慌。因为他们无法判断比利时,乃至英、法两国是否已经知道了作战计划的全部内容。

　　希特勒无奈地召见了曼施坦因军长,听取了他的报告。如此一来,"曼施坦因计划"就成了被认真研究的作战构想。而此时已经到了1940年

2月。

2月7日，陆军总参谋长哈尔德将军、A集团军群司令龙德施泰特和古德里安等德军高级将领在科布伦茨就"曼施坦因计划"举行了一次沙盘推演。演习的结果证明，曼施坦因提出的计划完全可行。

古德里安趁机提出："我军应在发动攻势的第五天出动强大的装甲部队，在色当附近强渡莫兹河，突破该处的法军防线，并向亚眠方向发展，将法国战线一分为二。"

哈尔德立即站出来反对，他说："这个意见毫无意义。即令坦克部队能够渡过莫兹河，并占据桥头阵地，也必须等待步兵赶上来之后才能发动一个全面的攻势。我预料，不到战役的第九天或第十天，这个攻击是不可能进行的。"

古德里安大惑不解地问："为什么要发动全面攻击呢？"

哈尔德大声道："我们必须保证部队的侧翼安全。"

"完全没有必要担心部队的侧翼安全。"古德里安争辩道，"只要充分利用我们现有的装甲兵力量，对一个具有决定性的点施以奇袭，使突入的楔形地区足够宽，足够深，根本没有必要顾虑侧翼的安全，而可以尽量去扩大我们的战果。因此，我们没有必要等待步兵赶上。"

哈尔德对古德里安的意见不置可否，冷冷地说："这个问题等下次演习再讨论吧！"

一周后，哈尔德等人又在迈恩的第十二集团军司令部举行了另外一次沙盘推演。这次演习的主题乃是强渡莫兹河，以及装甲部队和步兵的协同问题。最后，哈尔德勉强同意了古德里安的意见，决定将装甲部队在莫兹河以北的阿登地区展开。

主攻任务由古德里安的装甲军承担。这是一项艰巨的任务，因为阿登地区的法军守备力量虽然薄弱，但地形复杂，不利于装甲部队的展开。除了希特勒、曼施坦因和古德里安等少数人之外，几乎所有的高级将领都认为这是一个不可能完成的任务。

古德里安的装甲军下辖第一、第二、第十3个装甲师和"大德意志"步兵团，以及部分军直属部队。除了"大德意志"步兵团以外，3个装甲师均是由古德里安一手创建和训练的。因此，他对这些部队的能力深信不疑。

3月中旬，A集团军群的高级将领奉命前往总理府向希特勒汇报战役准备情况。每一个人都简明扼要地报告了自己所担负的任务。古德里安被安排在最后发言,因为他的任务最为艰巨。

简要地说,古德里安的装甲军应在战役发起之时迅速突破卢森堡的国界,取道比利时南部,直插色当,强渡莫兹河,并在那里建立一个桥头堡,掩护后续的步兵部队渡河。

他打算将部队分为3个纵队,第一天突破卢、比两国国界;第二天抵达讷沙托;第三天突破布永,并渡过瑟穆瓦河;第四天推进到莫兹河畔;第五天上午渡河,下午建立起稳固的桥头阵地。

听完古德里安的汇报,希特勒问:"那么之后你又准备做些什么呢?"

古德里安早已考虑过这个问题,他毫不犹豫地回答说:"除非我已经接到了其他的命令,否则在第二天我就会继续向西推进。最高统帅应该决定我的目标是亚眠还是巴黎。照我个人的看法,正确的路线应该是取道亚眠,径直向英吉利海峡推进。"

希特勒没有说话,而是微微点了点头。这时,第十六集团军司令恩斯特·布施将军突然站了出来,高声道:"好吧,第一点,我根本不相信你能渡过莫兹河。"

第十六军是机械化步兵部队,按预定计划应在古德里安的装甲军左翼展开。

希特勒扭头望着古德里安,脸上的肌肉微微抽搐了一下,显然比较紧张。古德里安见状,马上回敬道:"无论如何,总不需要你来代劳!"

希特勒木然坐下,没有再说话。他既没有否定古德里安的计划,也没有明确赞成可以在建立桥头堡之后快速向西推进。

3月下旬,古德里安请了几天假。数月来,他忙于制定作战计划,周旋于陆军总司令部和统帅部之间,已经累得筋疲力尽了。

在德军紧张地准备发动西线战役之时,英、法、比、荷等国,尤其是与德国毗邻的法国,也在采取相应的对策。遗憾的是,他们没能清醒地认识到装甲部队已成为决定战争胜负的关键因素这一新形势,采取了错误的防御措施。强大的法国装甲部队被分割成了若干单位,配属给了步兵师使用。

实际上,早在波兰战役结束不久,法军参谋部就分析了波兰军队迅速溃败的原因。参谋部第二局在一份报告中指出:"在波军每个团防守的1000~2000米的战线上……德军始终大量使用坦克……坦克的行动始终得到飞机的支持,飞机用炸弹或机关枪进行空中进攻。"

这份报告正确分析了德军的闪电战战术在波兰战役中发挥的作用，但却没有引起法军参谋部的足够重视。报告最后得出的结论是："德军在波兰的作战方法，是适应特殊形势的……无疑，行动在西线将具有另一种面貌。"

一直致力于发展装甲部队的戴高乐上校也给参谋部寄了一篇总结波兰战役经验、教训的文章。这是一份《关于使用坦克的报告》！在报告中，戴高乐用"敌人在波兰刚刚实行的装甲大部队行动"的事实来证明该报告是正确的。他得出的结论是，把坦克分散在法军各个部队是极其危险的事情，必须在大部队范围内广泛和深入使用坦克。戴高乐的结论是符合战争发展规律的，但这一结论却没有得到任何答复！他的报告就像是一颗落入大海的小石子，迅速被海水吞没了。因为包括总统阿尔贝·勒布伦在内的绝大部分法国人都盲目地相信，德军根本无法突破坚固的马其诺防线，法国腹地是安全的。

夏尔·戴高乐

基于对马其诺防线的迷信，英、法两国将大量兵力配置在了莫兹河与英吉利海峡之间的佛兰德平原上，面对北方。比、荷两国的军队则配置在他们的边界上，以防御东面来的攻击。从他们的军事部署来看，他们相信德军会再度使用施里芬计划，并希望用联军主力挡住德军经过荷比两国的大迂回行动。

三
向莫兹河挺进

到1940年春，德军已对英、法等国的军事部署了如指掌了。古德里安惊喜不已！这证明，他的主张是正确的。如果使用一支强大的装甲部队，经色当、亚眠一线发动猛烈的攻击，抵达英吉利海峡的话，就可以切断已经进入比利时境内的英法联军与法国腹地的联系。如果抓住时机，迅速扩大战果，西线战役很有希望在一两个月之内取得成功。

5月初，古德里安又和战术空军司令斯徒尔汉将军、空军兵团司令罗兹尔将军等人就装甲部队和空军的协同问题进行了深入的讨论。讨论的结果是，空军将在装甲部队强渡莫兹河时连续不断地对敌军地面目标实施空袭，以扰乱敌炮兵的军心。随后，空军又可把"大德意志"步兵团的一个营空投到英法联军的比利时防线后方，进行破坏行动。

5月9日下午1点30分，古德里安接到了行动命令。下午4点，他离开科布伦茨，前往设在索能霍夫的军部。此时，第一、第二、第十装甲师和"大德意志"步兵团已在菲安登与埃希特纳赫之间的边境上展开了。

为了迅速通过卢、比两国，古德里安将部队一线排开。摆在中央的主力部队是吉尔希纳将军指挥的第一装甲师，军炮兵、军部和大部分高射炮兵都跟在其后前进；摆在右翼的是法伊尔将军指挥的第二装甲师；摆在左翼的是夏尔将军指挥的第十装甲师和"大德意志"步兵团。

10日早晨5点30分，德国进攻法国的"镰刀行动"揭开了大幕。西线的平静终于被德军装甲部队闪电式的袭击打破了。德国集中了136个师，其中10个坦克师、7个机械化步兵师，2580辆坦克，3824架飞机，分A、B、C3个集团军群向荷兰、比利时、卢森堡发动了大规模进攻。

A集团军群为左翼，避过比利时和卢森堡，拟在迪南与色当之间强渡莫兹河，穿过法国边界防线，直取松姆河口。B集团军群为右翼，也将绕过马其诺防线攻入法国。只有C集团军群对法国视作生命线的马其诺防线发动佯攻，以迷惑法军。

英、法、比、荷等国部署在西线的部队共有142个师，其中法军100个师、荷军10个师、比军22个师、英军10个师，坦克2300辆，总兵力与德军大体相当。但由于战备不足，盟国没有组成联合参谋部和统一指挥，加上比利时和荷兰在德军发动进攻之时还深信希特勒恪守中立的保证，所以处于劣势。

战斗打响后，古德里安和第一装甲师一起，在瓦伦多夫附近越过边境，突入卢森堡，向马特朗日挺进。同日下午，第一装甲师便穿过卢森堡，突入比利时境内，并和"大德意志"步兵团取得了联系。第二、第十装甲师也均和敌军接触上了。

不过，由于公路破坏严重，而且地处山区，没有其他道路，第一装甲师无法继续深入。古德里安只好命令部队暂时停止攻击，连夜抢修公路。到第二天上午，第一装甲师才继续行军。快到中午的时候，部队对讷沙托的攻击便开始了。

防守要塞的部队多是比利时从边境上撤退的残兵，另有部分法国骑兵。仓皇之中，比、法军队草草放了几枪，便弃阵而逃了。德军以极其微小的代价，迅速攻占了讷沙托。到黄昏时分，部队已取道贝尔特里，抵达了布永。第二和第十装甲师的进展也非常顺利，完全符合预期。

古德里安分析了战况，决定让第一、第二和第十装甲师继续向前推进，而机动性较差的"大德意志"步兵团则从前线调回，充任军预备队。

12日凌晨5点，古德里安亲临布永前线，监督第一装甲师第一步兵团攻击这个市镇。第一步兵团在团长巴尔克中校的指挥下，只用了几十分钟就突破了敌军阵地。随后，部队开到瑟穆瓦河畔。

由于法军炸毁了河上所有的桥梁，工兵只好架设新桥。与此同时，坦克部队也从河水较浅之处涉水而过。当桥梁将要架好之时，法国空军突然出现，对德军第一装甲师实施了开战以来的第一次空袭。

空袭给德军造成的损失微乎其微，古德里安没有将其放在心上。爆炸声刚停，他就驱车通过森林地带，视察第十装甲师的战况去了。第十装甲师也已渡过了瑟穆瓦河，正在扫荡隐蔽在森林里的敌军。

一切都令人感到满意，唯一遗憾的是，第二装甲师因遭遇法军第二骑兵师和第三殖民地步兵师的阻击未能抵达预定地点。回到刚搬到布永的军部，军参谋长内林上校便迎上来，兴奋地说："军长阁下，司令部已经设好。"

古德里安边走边问："在哪里？"

"就在前面的旅馆中,从那里可以欣赏整个瑟穆瓦河谷的美景。"内林上校一边在前面带路,一边回答。

内林上校为古德里安准备的办公室宽敞、明亮,从窗口望去,便是瑟穆瓦河谷。办公桌周围的墙壁上挂满了各种动物的头骨,那是古德里安历次狩猎的纪念品。

古德里安满意地坐在宽松的皮椅上,开始工作。几分钟后,外面传来一连串的爆炸声。内林上校匆匆走进来,焦急地说:"该死!空袭又开始了。工兵补给队携带的雷管、炸药和地雷等物资被引爆了。"

内林的话还没有说完,又是一声巨响。整个旅馆被巨大的冲击波震得晃了晃。玻璃窗被震碎了,墙上挂着的一个野牛头也掉了下来,差点砸中古德里安的头部。

古德里安悻悻地站起来,大声道:"看来,这个地方待不下去了。走吧,赶快搬到北面去。"

内林上校马上着手安排,迅速将军部迁到了布永北端的一个小旅馆中。巧合的是,他们在那里碰到了战术空军司令斯徒尔汉将军。斯徒尔汉将军大声道:"嘿,这个地方太暴露了,不能把军部设在这里。"

古德里安狠狠地说:"该死!到处都在遭受空袭,我们的空军在哪里?"

两人正聊着,外面又传来了空袭造成的呼啸和爆炸声。内林上校转身冲了出去。不到一分钟,他又冲进来,气喘吁吁地说:"是比利时的飞机!"

古德里安耸了耸肩,深表遗憾地说:"上校,看来我们还得重新寻找地方。"

内林马上安排,把军部迁到布永北面不远处的一个小村子里。就在这时,第一装甲军司令兼A集团军群坦克集群司令克莱斯特将军派来一架联络机,接古德里安去坦克集群司令部,接受新命令。

克莱斯特告诉古德里安,部队必须在13日下午4点开始强渡莫兹河。古德里安微微皱了皱眉,缓缓道:"第一、第十装甲师可以按时抵达预定位置。不过,第二装甲师在中途受阻,恐怕无法按时赶到。"

克莱斯特略一沉思,说道:"没有关系,不必等3个师都到齐了再渡河。"

古德里安不再说话。他想,或许不等3个师到齐就渡河也有它的优点,至少可以造成战役的突然性。

接着，克莱斯特又说，他已经和空军兵团司令罗兹尔将军约定好了，决定让空军配合炮兵的炮火准备，实施集中轰炸。

古德里安大吃一惊，反驳道："天呐！我早已和罗兹尔将军接洽好了。空军应该分散使用，实施持续轰炸，配合装甲部队强渡莫兹河。你这样会把我的计划弄得一团糟！如果攻击时间拉长的话，就意味着我们的渡河部队无法得到空中支持。"

克莱斯特毫不示弱地说："够了！一切都已经决定好了。"

古德里安气呼呼地离开坦克集群司令部，登上一架联络机，飞回了军部。

四

指挥部队强渡莫兹河

回到军部之后,古德里安马上按照克莱斯特将军的意见,签发了作战命令。此时,第一、第十两个装甲师已经推进到莫兹河北岸,并攻下了法国的军事重镇色当。军炮兵、兵团炮兵全部进入阵地,准备掩护第一、第十装甲师渡河。"大德意志"步兵团也奉命做好战斗准备,可以随时增援。

1940年5月13日上午,古德里安抵达第一装甲师师部,视察战斗准备情况。随后,他又冒着法军猛烈的炮火,驱车从尚未扫清地雷的地区前往叙尼,视察第二装甲师的进展情况。第二装甲师已经摆脱了法军的纠缠,抵达法国边境地区了。

下午3点30分,古德里安又来到莫兹河畔,监督渡河工作。对岸的法军战斗意志非常薄弱,只有零星的枪炮声。古德里安停在了第十装甲师一个炮兵前沿观测所中。他和几名炮兵军官聊了一会,又低头看了看表。

下午4点,德军炮兵部队万炮齐发,震得地动山摇。几分钟后,空军也加入了战斗。令古德里安欣喜的是,来的只有几个小队的轰炸机和俯冲轰炸机。很明显,空军采用了古德里安之前和罗兹尔将军约定好的战术。

他想,或许是他离开坦克集群司令部后,克莱斯特将军突然想通了。又或者,克莱斯特将军的命令没能准时送到前方的空军指挥所。但不管怎么说,空军采取分散使用兵力的战术是符合预期的。他不禁深深舒了口气,心里大有如释重负之感。

怀着轻松的心情,古德里安驱车先后抵达圣芒日、佛洛因等地,前去监督部队强渡莫兹河。在佛洛因,他登上了一艘渡船,和第一装甲师一起冲到了对岸。法军的抵抗比较薄弱,几乎没有给德军造成任何损失。

上岸后,第一步兵团团长巴尔克中校带着他的参谋人员,快步跑到古德里安身旁,大笑着喊道:"在莫兹河里禁止坐享乐性的游船!"

古德里安也不禁哈哈大笑起来。在战役发起前的几次演习中,古德里安常用这句话告诫那些年轻的军官，希望他们能够慎重一些。而现在看来，强渡莫兹河并没有想象中那么艰难。

在空军的持续打击下，法军的炮兵阵地已完全瘫痪。法军沿莫兹河修建的混凝土工事也在德军火炮的轰击下分崩离析了。躲在暗堡里的机枪手或死或伤，剩下的也在德军火力的压制下，无法抬头。当黑夜降临之时，第一装甲师已深深楔入法军阵地。

古德里安高兴坏了。他命令部队不许休息，乘胜向前推进。到夜间11点，主力部队已抵达法军主阵地前沿。

古德里安见大势已定，便驱车返回军部，开始研究侧翼方面的报告。左翼的第十装甲师已全部渡过莫兹河，并建立了稳固的桥头阵地。第二装甲师的先头部队也已经抵达莫兹河畔，做好了强渡准备。

洋洋得意的古德里安给第十六军军长布施将军发了一封电报，告诉他第一装甲师已经成功渡河。很显然，他并没有忘记布施将军曾在希特勒主持的军事会议上让他难堪。布施将军倒是非常知趣，立即给古德里安回了一封热情洋溢的贺电！

14日清晨，古德里安刚起床，第一装甲师的作战报告便送到了。报告上，该师在昨天夜间进展神速，现已抵达谢姆里。古德里安顾不上吃早餐，便和副官一起，钻进一辆有装甲防护的汽车，径直驶向谢姆里。

古德里安抵达谢姆里时，第一装甲师师长吉尔希纳将军正在向部队下达作战命令。古德里安的指挥原则是，除非确实必要，否则不可干预下级军官的指挥工作。他站在一旁，静静地听吉尔希纳将军的命令。原来，吉尔希纳将军获知有一支强大的法国装甲部队正在向谢姆里方向推进。所以，他命令该师的坦克部队迅速朝斯东尼方向推进，前去迎战。

古德里安不敢怠慢，立即返回莫兹河畔，命令第二装甲师的坦克旅立即渡河，以便增强对岸的装甲兵力。结果，第二坦克旅尚未抵达河对岸，第一装甲师的战斗就取得了胜利。据称，他们在布尔逊击毁了敌军20辆坦克，在谢姆里击毁敌军50辆坦克，而自身毫无损失。能够取得如此辉煌的战果，除了德军在战争初期的嚣张气焰之外，德制坦克在装甲和火力上的优势也起到了很大的作用。

不久，第二装甲师也全部渡过莫兹河，并在南岸一路攻击前进。古德里安驱车跟随部队前进了一段路程，发现所有的军官都身先士卒，而所有的士兵都很亢奋，心中颇为得意。于是，他又回到了莫兹河畔，视察高射炮部队的表演。英法空军不顾一切地想要炸毁德军架在莫兹河上的桥梁。

而德军高射炮团则在西珀尔上校的指挥下，不慌不张地应战。

就在这时，集团军群司令龙德施泰特上将也来到了高射炮阵地，察看战斗情况。古德里安和他的参谋冒着炮火，站在一架桥梁的中央，向龙德施泰特上将汇报了当天的作战情况。龙德施泰特仰头望了望正在空中盘旋的英、法空军，淡淡地问："这里的情况总是像现在这样吗？"

古德里安也抬头看了看，回答说："是的。"

龙德施泰特将军于是夸耀德国军队的神勇。

送走龙德施泰特，古德里安又驱车前往第一装甲师，去见师长吉尔希纳和参谋长温克少校。现在，第十九军已在莫兹河畔建立了稳固的桥头阵地，后续部队可以安心渡河了。也就是说，古德里安第一阶段的任务已基本完成。接下来怎么办呢？希特勒和龙德施泰特都没有明确向古德里安下达命令。

古德里安问吉尔希纳和温克少校："部队是一致向西推进，还是在朝南对着阿登运河的东岸方面留下一支侧卫部队？"

第一装甲师参谋长温克少校毫不犹豫地回答说："只准集中，不准分散！"

这是古德里安的口头禅，全军中无人不知，无人不晓。古德里安点了点头，高兴地说："好，就这么干吧！"

于是，他立即命令第一、第二两个装甲师全体改变方向，越过阿登运河，向西推进。为了两个师的协同问题，古德里安随后又赶到栋什里高地，第二装甲师师部就设在那里。

第二装甲师师长法伊尔将军领着古德里安站到高地上，俯瞰该师在过去两天里作战地区的全貌。古德里安心中不由一惊，感叹道："真是一个奇迹！"

原来，第二装甲师的作战地区基本处在法军马其诺防线远程火炮的射程之内，如果法军的远程火炮集中向该地区实施轰击的话，部队必定会遭受严重的损失。但不知道为什么，法国人的远程火炮并没有发威。正因为这一点，古德里安才觉得这次攻击成功的确是一个奇迹！

第六章
直抵英吉利海峡

一
不给法军任何喘息之机

1940年5月14日黄昏时分，第一装甲师已经渡过阿登运河，并攻占了辛格莱、旺德雷斯等处。第十装甲师和"大德意志"步兵团也相继取得胜利，保证了莫兹河畔桥头阵地的安全。就在这时，魏特夏将军的第十四军也将要抵达莫兹河。

15日凌晨4点，魏特夏来到古德里安的军部，和他商讨桥头阵地的换防问题。最后，古德里安同意在交接期间，暂时将第十装甲师和"大德意志"步兵团交由第十四军指挥。等到魏特夏将军的部队到齐之后，这两支部队再归建。如此一来，古德里安手中就剩下第一和第二两个装甲师了。

令人感到诧异的是，坦克集群司令克莱斯特将军在当晚向部队下达命令称，所有部队必须停止向前推进，以便固守桥头阵地。古德里安大吃一惊，立即和坦克集群参谋长库尔特·蔡茨勒上校通话，询问原因。

蔡茨勒支支吾吾地说不清楚。古德里安极不耐烦，"啪"一声挂断电话，又要通了克莱斯特的电话。他坚称："如果在这个时候停止进攻，必将前功尽弃，失去奇袭的效果。"

克莱斯特则认为，古德里安孤军深入，无法保证侧翼的安全。两人发生了激烈的争吵。最后，克莱斯特终于勉强答应，在下一个24小时之内，部队还可以继续前进。

古德里安终于松了口气，一屁股跌坐在椅子上，沉沉地睡去。直到凌晨，副官才把他扶到床上。

16日一早，古德里安刚从床上爬起来，就冲着副官叫嚷道："马上赶往一师师部。"

他已经整整一个晚上没有收到前线的报告。现在，他只知道第一装甲师夜间曾在巴维里蒙附近和法军爆发过激烈的战斗。在巴维里蒙，古德里安见到了第一步兵团团长巴尔克中校。

中校披着一件外衣，手里拄着一根棍子，双眼充满血丝，脸上污秽不堪。他一边领着古德里安视察部队，一边汇报昨天夜里发生在此处的战斗。疲惫不堪的士兵正三三两两地躺在散兵坑里熟睡。

士兵疲惫需要休息，但古德里安认为，现在还不是停止前进的时候。近一周以来，德军闪电式的推进给法军造成了极大的压力。法军总参谋长甘默林在给各部队下达的作战命令中焦急地呼吁："德军的坦克狂潮必须加以制止！"

古德里安的情报部门在前一天夜里截获了甘默林的这一命令。古德里安信心倍增，因为这个命令说明第十九装甲军的快速推进已经让法军最高统帅部感到恐慌了。换句话说，如果德军继续保持强劲的攻势，法军的抵抗很可能会在近期内土崩瓦解。

古德里安在巴尔克中校的陪同下，将第一步兵团的士兵一连一连地集合起来，并把甘默林的命令读给他们听。最后，他命令部队继续进攻。

古德里安随着第一步兵团来到普瓦泰龙，第二装甲师师部就设在那里。他找到了该师参谋长，把当前的情势讲给他听，然后就命令部队全速向蒙特科尔内推进。由于形势越来越明朗，士兵们的情绪被空前鼓噪起来。他们见到古德里安，纷纷向他高呼万岁！

很快，第二装甲师就超过了第一装甲师的行军纵队，率先突入了蒙特科尔内。第四十一军所属的第六装甲师也在同一时间抵达该镇。在小镇的市场上，古德里安见到了第六装甲师师长肯夫将军。

由于坦克集群司令部并没有给第十九军和第四十一军划定明确的界线，在行军途中需要各军自行协商。作为第十九军的军长，古德里安很快和第六装甲师的肯夫将军达成协议，让其与第一、第二装甲师齐头并进，直到耗尽汽油为止。

第一步兵团奉命搜查市场附近的住宅，搜捕法军战俘。就在这时，蒙特科尔内西南方向出现一支坦克部队，约有一个连的兵力。古德里安大喜，立即命令坦克部队迎战。德制坦克在速度和装甲上的优势很快显露出来。他们迅速把法军坦克连围住，全部俘获。

经审讯，古德里安得知，这个坦克连属于戴高乐的第四装甲师建制。戴高乐的主力部队就在附近，准备攻克蒙特科尔内，以切断德军的后勤补给线。

随后，古德里安将军部设在蒙特科尔内以东一个叫索伊兹的小村中，并在那里和第一、第二装甲师师部取得了联系。他命令第一装甲师师长吉尔希纳将军严密监视戴高乐装甲师的动向，伺机予以歼灭。

当夜,古德里安辗转难眠,因为克莱斯特将军给他划定的24小时的时限马上就要到了。如果他在次日一早再命令部队停止前进的话,势必会给法军以喘息之机,部分抵消德军装甲部队前几日取得的战略优势。

不该出现的情况到底还是出现了。17日一早,A集团军群坦克集群司令部就发来电报,要求第十九军立即停止推进,古德里安则须前去向克莱斯特将军汇报工作。

古德里安无奈地放下电话,走出军部。坦克集群司令部派来的飞机已经在军部不远处的空阔地带等他了。上午7点,飞机准时抵达坦克集群司令部。克莱斯特将军就站在跑道边上,和古德里安碰头。还没有互道早安,克莱斯特就训斥道:"你为何不服从命令……"

古德里安感到有些委屈。他的部队连日来取得的战果有目共睹,克莱斯特不但没有夸奖他一句,反而一见面就骂他不服从命令,他无论如何也不能接受。

等到克莱斯特将军说完,古德里安冷冷地说:"我请求将军解除我的职务!"

克莱斯特愣了一下,脸上现出紧张之色,但马上就恢复了平静。他微微点点头,回答说:"好吧!你回去之后,立即把指挥权移交给一个资深的师长。"

古德里安转身离开,又钻进飞机,飞回了军部。随后,他电令第二装甲师师长法伊尔将军赶回军部,暂代军长之职。

将近中午的时候,古德里安又用无线电和集团军群司令部取得联系,告诉龙德施泰特将军,他将在正午移交完毕,然后就飞往集团军群司令部,说明一切。龙德施泰特马上回电,要求古德里安不要离开军部,第十二集团军司令李斯特将军将前来处理该事件。

此时,第一装甲师的先头部队已经攻克了利贝蒙和克雷西,第十装甲师也到了弗内利考,第二装甲师也将要抵达瓦兹河畔。但是,由于没有接到新的命令,各单位只好留在原地待命。

时间一分一秒地过去了,古德里安在军部急得团团转。好不容易等到下午,李斯特上将才出现在第十九军军部。他代表集团军群司令龙德施泰特安慰了古德里安,并告诉他说:"停止前进的命令发自陆军最高统帅部,必须服从。"

古德里安叹了口气,缓缓道:"这会让我们前功尽弃!"

李斯特将军点了点头,回答说:"我同意你的看法,现在必须前进。

龙德施泰特上将也认为有继续前进之必要。所以他批准你继续进行火力侦察，但前提是军部必须留在原地，以便保持接触。"

李斯特将军把"火力侦察"这个词咬得特别重，似乎在暗示什么。古德里安马上明白了。他向李斯特将军表示了感谢，并请求他代表自己向坦克集群司令克莱斯特将军解释早上发生的误会。

不等李斯特将军离开，古德里安就命令各师以"火力侦察"之名义继续前进。为了避免惹起不必要的麻烦，他又命令工兵在他的前沿指挥所和军部之间架起了一根专用电话线，以保证通话的绝密性。

二
希特勒突然发布命令

各单位等了大半天，终于等到了继续前进的命令，无不欢欣鼓舞。到了黄昏时分，第十装甲师便在莫伊附近渡过了瓦兹河，并建立了一个稳固的桥头阵地。第二和第一装甲师也已抵达瓦兹河畔。当晚，第一装甲师迅速渡过瓦兹河，向索姆河方向推进。

在随后的两天中，第十九军的3个装甲师沿埃纳河、塞尔河和索姆河北岸齐头并进，到5月19日黄昏便推进到了康布雷-佩罗纳-阿姆一线。戴高乐那临时拼凑起来的第四装甲师连日来一直在第十九军附近活动，但并没有给古德里安造成多大的困扰，自身反倒损失惨重。

在其他几条战线上，法军也节节失利。结果，总参谋长甘默林于19日晚8点45分被雷诺总理解除了指挥权。第一次世界大战时期的法国名将魏刚接任总参谋长之职。魏刚上台之后，并没有立即实施挽救措施，反倒推迟了甘默林任期内制定的反攻计划，这就使得德军有足够的时间来加强楔形地带的防御薄弱之处。

与法军的慌乱相比，德军陆军统帅部稳扎稳打。19日晚些时候，古德里安又接到了继续前进的命令。如此一来，他就不用藏着掖着地以"火力侦察"的名义进军了。他连夜把军部移到马尔利维尔。

当夜，第十装甲师开到亚眠以东地区；第一装甲师则直驱亚眠，并在索姆河南岸建立了一个稳固的桥头阵地。预计，第一装甲师进攻亚眠的战斗将在20日上午9点打响。为了能够亲自参加这场具有历史意义的战斗，古德里安一夜无眠，在凌晨5点就驱车赶往前线。

8点45分，古德里安抵达亚眠外围。第一装甲师的攻击已经开始了。据说，第一装甲师的第一步兵团团长巴尔克中校为了能赶上这场战斗，不等第十装甲师的接防部队到齐，就匆匆赶到了亚眠外围。

战斗进程，德军掌握主动权，不到三个小时，主力部队就打进了城市。驻守该城的英、法军队匆忙撤退，甚至有不少人跟在德军行军纵队的后面，试图撤回巴黎。

古德里安视察了参加亚眠攻击战的部队，然后便驱车前往阿尔贝，希望能在那里和第二装甲师会合。路上到处都是德军的行军纵队和法国难民。有一些英国士兵也夹杂在难民之中，匆匆逃难。古德里安和他的副官一路居然截获了15名英军俘虏。

在阿尔贝，古德里安见到了第二装甲师师长法伊尔将军。市场和附近的街道上乱哄哄的，各种国籍的俘虏挤在一起，像是要开万国会议一样。法伊尔将军对古德里安说："军长，我们的汽油用完了，恐怕要停下来。"

古德里安斜眼看了一下法伊尔，缓缓问道："你核实了吗？"

法伊尔吞吞吐吐地说："还没有。"

"好吧，"古德里安说，"我们一起去看看。"

法伊尔无奈，只好和古德里安一起到后勤部队去查看汽油的消耗情况。其实，第二装甲师的汽油根本没有用完。在战场上，常常有部队借口汽油用完了而停下休息。对此，古德里安心知肚明。

随后，古德里安命令法伊尔率部于下午7点之前赶到阿布维尔。法伊尔不负所望，顺利完成了任务。至此，第二装甲师已经离大西洋海岸很近了。只要再向前推进一段距离，就可以遭遇到驻守在佛兰德平原上的英法联军。

遗憾的是，各部对今后应该向哪个方向前进认识不足，集团军群司令部和坦克集群司令部也没有向第十九军下达明确的命令。结果，第二装甲师的斯比塔营于20日夜间通过罗耶利斯，抵达大西洋海岸之后，各部都停了下来，原地待命。

21日，古德里安趁着空闲去视察各师的情况。途中，他遇到了第二装甲师的一支部队，其中有不少奥地利籍士兵。他问一名奥地利籍士兵："你们对此前的战斗有什么看法？"

那名士兵回答说："还不错！可惜的是，我们浪费了整整两天的时间（指20日和21日）。"

古德里安沉默不语，脸上的表情充满了遗憾。稍晚些时候，他才接到命令，继续向北推进，以便占领英吉利海峡沿岸的各港口，切断英法联军从海上退却的通道。古德里安打算让第十装甲师占领敦刻尔克，第一装甲师占领加莱，第二装甲师则攻占布洛涅。

可是，他的这一计划马上就被坦克集群司令部的一道新命令打乱了。克莱斯特将军突然决定把第十装甲师调离第十九军的建制，充任坦克集群的总预备队。如此一来，古德里安手中就只剩下第一、第二两个装甲师和"大德意志"步兵团了。

他只好临时调整作战计划，命第一装甲师协同"大德意志"步兵团向萨梅尔-代夫勒-加莱一线推进，第二装甲师则沿海岸向布洛涅进发。雪上加霜的是，由于跟在第十九军后面的第十四军机动性不足，没能及时赶来接防业已占领的阵地，古德里安只好从两个装甲师中抽调部分兵力留守原处。这就为陷入混乱的英法联军创造了喘息之机，使后来的敦刻尔克大撤退成为可能。

22日下午，第一、第二装甲师均遇到了英、法、荷、比等国军队的顽强抵抗。英、法两国的空军也异常活跃，迟滞了第十九军的进军速度。直到深夜，第一装甲师尚未接近加莱；而第二装甲师也才刚刚抵达布洛涅外围。

这时，第十装甲师归建，可以重新参加战斗了。古德里安立即命令该师接替第一装甲师原先的任务，而第一装甲师则向敦刻尔克攻击前进。口袋越扎越小，英法联军的抵抗也越来越顽强。23日上午，除第十装甲师之外，各部均和英法联军搅在了一起。布洛涅城的战斗尤为激烈。该城城墙坚实，火炮无法洞穿，只能由步兵爬墙进城。战斗打了一个上午，第二装甲师损失惨重，但总算在88毫米口径高射炮的掩护下攻到了城里。

24日，近卫装甲师划归第十九军的建制，接受古德里安的指挥。他立即命该师向瓦唐方向攻击前进，以协助第一装甲师攻击敦刻尔克。第二装甲师除留下一部占领布洛涅之外，其余部队也瓦唐方向增援。

此时，第一装甲师的先头部队已越过艾比运河，并在对岸建立了好几个桥头阵地。第十装甲师则包围了加莱，随时可以发起进攻。

令人诧异的是，希特勒却在此时突然发布严令，要求左翼（针对德军进攻而言，第十九军和第四十一军等部队均属左翼）必须停在艾比运河一线，不准渡河。命令上还说，敦刻尔克留给空军去对付；如果占领加莱方面也有困难的话，亦可交给空军。

如此一来，形势急转，不但使得英法联军西部的威胁自动解除了，还使得敦刻尔克撤退从可能变成了现实。25日一整天，除第十装甲师猛攻加莱以来，第一、第二和近卫装甲师均没有太大的动作。

5月26日黄昏时分，第十装甲师攻克了加莱，俘虏英、法、荷等国官兵两万余人，其中英国人三四千人。与此同时，英国海军部下令开始执行代号为"发电机"的撤退行动，前往敦刻尔克接应撤退的英国远征军。40万英法联军且战且退，向敦刻尔克撤退。

直到这时，希特勒才下达命令，准许左翼各部向敦刻尔克攻击前进。古德里安从望远镜里看着大批船只载着英法联军撤向大不列颠岛，只得无奈地摇了摇头。因为希特勒的一时糊涂，约33.5万英法联军通过敦刻尔克港口撤到了英国本土。

敦刻尔克大撤退

这一天，古德里安向全军发表了一个文告，感谢各部队在过去17天中的表现。原文如下：

第十九军的同胞们：

　　这17天以来，我们曾经转战于比、法两国的境内。在离开德国国界以后，我们已经跨越650公里的里程，直抵大西洋海岸。一路上，你们攻破了比利时的要塞，强渡过了莫兹河，在可纪念的色当战役中突破了马其诺延长防线，占领了斯东尼的重要高地，势如破竹地经过了圣康坦、佩罗讷、亚眠、阿布维尔等地。而占领海峡地区各港口，则是对于你们事业成功的加冕典礼。

　　我曾经要求你们48个小时不睡觉。而事实上你们却一连17天都没有好好睡过。我强迫你们冒险前进，两翼后方都是充满了威胁，你们却从不畏惧迟疑。

　　你们充满了自信，相信一定可以完成使命，所以才能够使每一个命令都完全被贯彻实行。

　　德国有了你们这样的装甲师，它应该引以自豪，而我身为你们的指挥官，则更是愉快无比。

　　我们永远怀念那些在战场上倒下的战友，他们的牺牲绝不是无意义的。

　　现在我们应该更加努力去接受新的任务。

　　为了德意志和我们的领袖，希特勒！

古德里安

第六章 直抵英吉利海峡

三

组建古德里安装甲兵团

1940年5月28日，希特勒决定组建一个装甲兵团，由古德里安指挥。司令部在原第十九军军部的基础上组织，参谋长仍由内林少校担任。组织工作预定于6月上旬完成，而古德里安就任装甲兵团司令的时间则从6月1日算起。

新组建的古德里安装甲兵团下辖第三十九和第十一两个军，其中施密特将军的第三十九军下辖第一、第二装甲师和第二十九机械化步兵师，赖因哈特将军的第四十一军下辖第六、第八装甲师和第二十机械化步兵师。除此之外，兵团还有重炮、反坦克炮等直属部队。

29日，古德里安将攻占敦刻尔克的任务交给第十四军负责，转而向南，随A集团军群一起，沿塞尔河和埃纳河向巴黎、朗格勒或凡尔登方向推进。古德里安装甲兵团所属的第十二集团军分配给该兵团的第一个任务是攻占朗格勒高原，然后等待新的命令。

6月9日，第十二集团军的攻击正式开始了。古德里安指挥他的装甲兵团，迅速渡过埃纳河，向朗格勒高原推进。法军已经完全放弃开阔地带，转而守备森林和村庄。古德里安的坦克部队几乎没有遇到任何抵抗，而步兵部队的进展则相对缓慢，因为他们要一个村庄一个村庄地清剿法军。

6月10日，墨索里尼见德军已经逼近法国首都巴黎，也想趁机捞一把，遂对英、法宣战。墨索里尼的加入加快了德军的进攻。同日，法国政府为避免要员们成为德军的俘虏，匆忙撤离巴黎，迁到了图尔。仅仅4天后，德军第十八集团军便开进了巴黎。

而此时，古德里安的装甲兵团也已逼近朗格勒。14日深夜，第一装甲师第一步兵团在英勇的团长巴尔克中校的率领下，克服了多日急行军的疲劳，连续奋战，出其不意地攻占了古老的朗格勒要塞，俘虏法军3000余名。

次日黄昏，古德里安便迫不及待地把司令部迁到了朗格勒。他马上请求最高统帅部的联络官飞回柏林，代为请示该兵团下一阶段的任务。他还特别叮嘱联络官，一定要向希特勒说明他的建议——继续向瑞士边境推进。

当晚，古德里安就住在朗格勒。连日来，他和他的参谋人员都没曾好好睡过一个囫囵觉。每个人的眼睛里都充满了血丝，脸上写着疲惫，但他们都很兴奋，谁也睡不着。第三十九军各部已经抵达索恩河一线，第四十一军各部则继续向南推进。看来，他们很快就能推进到瑞士边境了。到时候，西线战役也就暂时告一段落了。

16日，法国雷诺内阁集体辞职，一战时期的英雄和主和派领袖贝当元帅奉命组阁。随后，贝当开始与德军接触，讨论停战事宜。至此，整个西线战役告一段落。

17日，古德里安迎来了他62岁的生日。兵团参谋长内林上校和参谋人员纷纷向他们的司令表示祝贺。作为贺礼，内林上校交给古德里安一份报告。

报告上说，第三十九军所属的第二十九机械化步兵师已经抵达瑞士边境蓬塔利耶。古德里安很得意，连声道："天呐，真是不敢相信！好样的，我要到前线去祝贺这些勇敢的军人！"

说完，古德里安就和他的副官钻进一辆汽车，直驱蓬塔利耶。中午12点左右，他在蓬塔利耶遇到了第二十九机械化步兵师师长朗格曼将军。古德里安立即拉着他，驾车前去视察部队。官兵们的精神都非常旺盛，一路都在向他们的司令官挥手欢呼。

古德里安兴奋不已，给希特勒和最高统帅部发了一封电报，说他们已经到达了蓬塔利耶。希特勒诧异不已，不大相信他们的行军速度能够如此之快，马上回电询问："你的通讯地址一定有误，我想你所说的一定是索恩河上的潘塔利（德文中，蓬塔利耶和潘塔利拼写和读音均相近）。"

古德里安在发给最高统帅部的第二封电报中洋洋得意地写道："一点都没有错误，我本人现在就在瑞士边境上的蓬塔利耶城里面。"

现在，古德里安装甲兵团已经基本完成了第二阶段的任务，接下来应该做些什么呢？A集团军群和第十二集团军（古德里安装甲兵团归第十二集团军指挥）均无明确指示，全凭古德里安自行决定。

在第二十九师师部，古德里安盯着作战地图，沉默了一会，忽然转身命令道："电令第三十九军改变行军方向，朝东北面的贝尔福推进；第四十一军原地转向左面，朝埃皮纳勒和沙尔姆方向推进。"

古德里安的目的非常明确，他要和正从上阿尔萨斯方面前进的德军第七集团军会合，以期切断留在阿尔萨斯和洛林两省内的法军的退路，予以全歼。第七集团军归属李布将军C集团军群的建制，在前一阶段的战斗中始终留在马其诺防线一线，牵制法军部署在那里的兵力。随着西线战役接近尾声，战役重点转向东北方面，C集团军群也开始向前推进，企图合围阿尔萨斯和洛林两省的法军部队。

第三十九和四十一军的行动迅速而有序，在90度的大转弯和交叉行军中没有引起任何混乱。对此，古德里安十分满意。

当天黄昏，C集团军群司令部突然发来电报，称古德里安装甲兵团已划归该集团军群直接指挥。李布将军令他们立即向贝尔福到埃皮纳勒之线前进。

古德里安立即回电说："这些命令早已被执行。"

战后，古德里安和李布曾在战犯监狱中相遇。两人谈及这一事件，李布问："你怎么会提前知道集团军群的意图呢？"

古德里安回答说："英雄所见略同。这说明，兵团司令部和集团军群司令部的看法是一致的。"

18日清晨，古德里安驱车抵达贝尔福外围。第一装甲师已经在凌晨突入要塞，并站稳了脚跟。一路上，他看到很多法军车辆有序地停在路旁，成千上万的法军士兵整齐地坐在田野里。这些都是已经投降的部队。

不过，要塞上面还没有挂起德国国旗，贝尔福城里也不时传来零星的枪声。看来，法军的抵抗尚未完全停止。

古德里安拦住一辆汽车，问一名德军传令兵："你们的师部设在什么地方？"

那传令兵向古德里安行了一个军礼，朗声回答说："报告司令官，师长和参谋长就在前面的巴黎大旅社。我为您带路。"

古德里安点点头，钻进汽车，跟在传令兵的车后，径直驶向巴黎大旅社。第一装甲师参谋长温克少校见古德里安这么早就到了一线部队，不禁大吃一惊。

古德里安问："师长在哪里？"

"报告司令官，师长正在洗澡。"温克少校惶恐地说，"他不知道司令官要来。"

"你们师这些天日夜行军，确实应该好好洗一个热水澡了。"古德里安毫不为意地说，"我在这里等他。"

四

法国投降，结束西线之战

古德里安等了好一会，第一装甲师师长吉尔希纳将军才出现。闻知兵团司令等了好一会儿，他不免有些惊慌，忙吩咐厨师准备早餐。

古德里安笑道："不必了。有现成的早餐拿一些过来吧！"

温克少校转身走了出去。几分钟后，他就和几名士兵一起，端着早餐进来了。他说，那是法国厨师为业已投降的法国军官准备的。

古德里安一点也不介意，大口吃了起来。他一边吃，一边询问前线的情况。吉尔希纳将军说，第一装甲师只控制了贝尔福一部分，尚有不少法国残兵在负隅顽抗，必须组织兵力再度攻城。

古德里安点点头，朗声道："好，一会儿我和你一起去看看。"

吃完早餐，古德里安就和吉尔希纳一起到了前线。第一装甲师的攻击已经开始了。炮兵部队率先开炮，掩护步兵前进。一个步兵营乘坐着装甲载运车，携带着一门88毫米口径的高射炮一直开到城墙脚下才停下来。

守城法军虽然还在抵抗，但没有给攻城部队造成多大的伤亡。在高射炮发威的同时，步兵也开始用梯子爬墙。德军士兵迅速登上城头，并占领了城门。不到半个小时，部队就攻进了城里。

这一天，第一装甲师的其他部队也和法军交上了火。在贝尔福以北的吉罗马尼，他们俘虏了法军一万余人，缴获迫击炮40门、飞机7架和许多其他重型装备。

与此同时，第二十九机械化步兵师取道汝拉，推进到了洛蒙特和普伦楚特的转角处；第二装甲师抵达了摩泽尔河上游的普鲁特和勒米尔蒙；第六装甲师也顺利占领了埃皮纳勒。仅仅在埃皮纳勒一地，他们就俘虏法军4万余人。

次日，第一装甲师顺利与从阿尔萨斯方向攻击前进的第七集团军在贝尔福东北面的拉沙佩勒会师。数十万法军被合围在了阿尔萨斯和洛林两地，除投降之外已别无出路。

铁甲悍将 古德里安

21日，各部队的战斗基本结束。古德里安在统计战果时惊讶地发现，古德里安装甲兵团自组建以来俘虏的法军竟达25万之多，而各种装备则多到无法精确计算，只能粗略估计了。仅仅归属C集团军群指挥的4天，他们就俘虏法军15万人。这是一个多么惊人的数字啊！

更为重要的是，古德里安兵团行动迅速，顺利和第七集团军会师，使得合围阿尔萨斯和洛林的战役计划提前实现，迫使法军放弃了抵抗。据估计，C集团军群在该役中俘虏的法军约有70万人之多。李布将军对古德里安装甲兵团的巨大功绩给予了充分的肯定。

1940年6月22日下午，以贝当元帅为首的法国政府与德军签订了停战协议。法国与德军的停战谈判是在贡比涅森林中的一块小小的空地上举行的。就在这个地方，22年前法国人接受了德国人的投降。法国福煦元帅与德国人签订停战条约的那节卧车还保留在博物馆里。如今又轮到法国向德国投降了，历史发展让人多么的诧异啊！

希特勒选在这个地方签订停战协议显然是要侮辱法国人！工兵遵照希特勒的命令，推倒了博物馆的墙壁，把那节卧车厢推到了空地中间的轨道上。那正是福煦元帅与德国使节签订协议时，车厢停放的地点。

希特勒、戈林、布劳希奇和里宾特洛甫等人于6月21日下午3点15分抵达贡比涅森林。他们都身穿各种各样的制服，在离空地大约200米的纪念碑前走下汽车。那座纪念碑正是1918年法国人为了庆祝胜利而建造的。纪念碑的形象是一把利剑插在一只有气无力的鹰身上。为了不让希特勒看见那把利剑，德国士兵已经用军旗把纪念碑盖住了。

希特勒领着他的代表团成员走进了停战谈判的车厢！他特意坐在1918年福煦元帅坐过的那把椅子上。5分钟以后，法国代表团来了。这个代表团以色当的第二集团军司令查理·亨茨格将军为首，成员有一个海军将领，一个空军将领和一个文职官员利昂·诺尔。他们看起来精神颓丧，但还保持着最后的尊严。

希特勒站在签署停战协定的火车车厢前

等他们发现希特勒要跟他们在象征着法兰西荣誉的车厢里签订协议时，他们心底那最后一丝尊严也被希特勒无情地碾碎了！

德军最高统帅部总参谋长凯特尔向法国代表团宣读了德国提出的停战条款。条款共36条，比22年前法国人提出的停战条款更加苛刻，其中最恶毒的几条是：法国必须把法国本土和海外属地上的反纳粹的德国流亡人士，全部交给第三帝国；凡是与别国联合对德国作战的法国人，被捕后立即枪决；所有战俘都将被拘留到签订和约为止。

最后，希特勒给法国划定一片未占领区——法国南部和东南部，由贝当政府治理，并指定把首都设在维希市。贝当政府完全成了德国的傀儡政权，史称维希政府。对这样苛刻的条件，法国的军政首脑们没提任何异议。

6月22日下午，法国代表和凯特尔在停战协定上签了字。趾高气扬的希特勒以轻蔑的神气注视着法国于1918年为庆祝胜利而树立的纪念碑，仿佛在说："1918年的仇已经报了。"

维希法国虽然投降了，但法兰西人并没有放弃抵抗。流亡英国的戴高乐将军在贡比涅森林停战协议签订后立即发表广播讲话，宣称维希政府已经失去了合法性，不能代表法国！他宣布正式成立"自由法国运动"，号召把"自由还给世界，把荣誉归还祖国！"当天，代表"自由法国运动"的洛林十字旗帜在伦敦上空高高飘扬了起来。洛林十字旗成了法国自由与独立的象征，戴高乐则成了自由法国之魂！

从此之后，每天都有志愿者从法国各地赶到英国，加入"自由法国运动"。他们有的是乘最后一班船离开的，有的是自己驾着简易木船逃出来的，还有的是经历千辛万苦取道西班牙逃来的。一些法国空军飞行员甚至违背维希政府的命令，直接开着飞机从北非飞到了直布罗陀。如果被秘密警察抓住，他们全部会关进米朗达集中营。但爱国者们毫不在乎，因为他们要为法国的独立和解放而战斗。

戴高乐与他的"自由法国运动"不但得到了法兰西人民的热烈拥护，也得到了英国政府的大力支持。维希政府投降的第二天，英国政府就宣布，他们不能再把贝当政府看作一个独立国家的政府，因为它已完全屈从于希特勒，丧失了代表自由法国公民的一切自由和一切权利。

法国投降了，西线战役也随之结束了。古德里安和他的装甲兵团终于可以停下来休息一下了。6月23日，古德里安前往科尔马尔，拜访第七集团军司令多尔曼将军。科尔马尔是古德里安童年时期生活过的地方！如今，他以兵团司令的身份重游故地，不免感慨万千！

　　战役结束后，临时组建的兵团也要解散了。30日，古德里安以每日命令的形式向兵团发表了告别书：

古德里安兵团：

　　当这个兵团就快要解散的时候，我愿意向所有各部队表示热烈的感谢。

　　从埃纳河抵达瑞士边境和孚日的伟大胜利，将成为战史上，用机动部队实行突破的一个英勇战例。

　　我感谢你们已取得的成就，这是我十年以来苦心奋斗的结晶。

　　对于未来的新任务，你们要用同样的精神追求同样的胜利，一直到取得大德意志的最后胜利才停止！

　　领袖万岁！

古德里安

第七章
东线作战，猛攻苏联

一
"巴巴罗萨"计划

德军击溃法军之后立即将矛头指向了英伦三岛。因为希特勒早已蓄谋入侵苏联,为避免像第一次世界大战时期一样,在东西两线作战,他迫切需要和英国合作。然而,在历次外交谈判中,他提出的建议均被英国人严词拒绝了。

恼羞成怒的希特勒和他的帮凶们立即着手制定代号为"海狮"的作战计划,准备入侵英国。起初,他打算在空军的掩护下对英国本土实施两栖登陆战。但由于船只、后勤供应不足,再加上气候条件恶劣,他只好转而使用空军持续轰炸,迫使英国投降。

作为德军高级将领,古德里安对"海狮"计划颇不看好。他认为,由于空军方面没有做好充分的准备,再加上长途奔袭作战,大规模的空袭很难实现。他曾建议希特勒联合意大利,出兵地中海,登陆北非,彻底孤立英国。但这个建议并没有被希特勒采纳。

1940年7月19日,古德里安和诸多参战的高级将领奉命飞到柏林,参加国会特别会议。在这次会议上,希特勒当众赞扬了古德里安和他的装甲兵团在西线战役中杰出表现,并晋升他为一级上将。

正当空军在紧锣密鼓地准备实施"海狮"计划之时(原定于7月10日实施,因天气因素推迟到8月),古德里安被调回柏林,着手训练新组建的装甲师和机械化步兵师。直到下到部队,古德里安才发现,德军装甲师数量虽然比原先增加了近一倍,但各师的实力却有所削弱。受到工业生产能力的限制,每个师装备的坦克只有原来的一半。机械化步兵师的装备也不足,只好动用从西线战场上缴获的英、法车辆。和德制车辆相比,这些车辆的性能普遍较差,机动性不足,装甲厚度也不够。这些事实对此后的战争,尤其是苏德战场,影响巨大。

8月13日,德国空军就对伦敦实施了大规模的空袭行动,"不列颠空战"正式拉开了帷幕。此后,一直到1940年末,疯狂的希特勒每天派出数千架次的战斗机和轰炸机轮番轰炸英国首都伦敦、各大港口、海上运输线、海军基地、雷达站和飞机场等重要战略目标。

英国首相丘吉尔立即命令英国皇家空军予以反击。在肆虐的战火中，伦敦、伯明翰等大城市被德军的炸弹炸得千疮百孔，居民伤亡也十分惨重。但丘吉尔始终没有放弃抵抗，也没有这样的打算。他已下定决心，哪怕英国仅剩下一寸土地、一个人，也要继续战斗下去。

1940年在伦敦上空的HE111轰炸机

在这位英勇的战士的领导下，英国人民经受住了德国空军的狂轰滥炸。英国皇家空军的飞行员们不顾个人安危，化整为零，以游击战的方式和德国空军展开了长达数月的激战。军工企业也在丘吉尔巧妙的安排下化整为零，躲过了德军的轰炸。工人们很快就适应了在爆炸声中工作。飞机生产部的工人们甚至自愿延长劳动时间，取消休假，全力为空军生产战斗机。他们从被击毁和损坏了的飞机上拆下有用的零部件进行装配，几天之内甚至几个小时之内，两三架破烂的飞机就能变成了一架新的喷火式飞机。正是因为有了他们的无私奉献，英国飞机的生产量才远远超过了德国，使得英国空军在战争后期牢牢掌控了制空权。

到1940年底，德军对英伦三岛的空袭逐渐由白昼转为夜间，而且规模和强度也逐渐减小，500架次以上的规模屈指可数。后来，希特勒不断推迟入侵英国的"海狮"，直至1942年2月13日完全取消该计划。

此时的古德里安整日忙着整编和训练新组建的装甲部队，很少有时间考虑整个战争的走向。直到1940年的冬季来临，苏联外长莫洛托夫访问柏林时，他才惊讶地发现，未来的战争很可能会把德意志引入一个可怕的深渊。

第二次世界大战初期，苏联所扮演的角色并不光彩。法西斯德国闪击波兰时，苏联亦从东部对其发动了攻击。1939年9月29日，即波兰投降的第二天，苏德又签订了友好条约和贸易协定。该协定对德国维持战时经济贡献颇大。随后，苏联又趁着欧洲局势不稳，迅速吞并了波罗的海三国（立陶宛、拉脱维亚和爱沙尼亚）。同年11月30日，苏联红军又向北部邻国芬兰发起了进攻，企图在芬兰南部建立一个战略缓冲地带。

当德军入侵法兰西时，苏联又趁机迫使巴尔干半岛的罗马尼亚割让了比萨拉比亚地区。这一系列的事件进一步加深了希特勒对苏联的敌对情绪。1940年8月30日，法西斯德国宣布，准备保证罗马尼亚的独立。很明显，这是在在外交上向苏联施压。

不久之后，墨索里尼又在事先未与德国达成一致的情况下单独对巴尔干半岛的希腊宣战，使得巴尔干半岛的局势进一步恶化。而苏联和意大利的盟友德国之间的关系也骤然紧张起来。

为缓和德苏关系，德国外长里宾特洛甫才邀请莫洛托夫访问柏林。访问柏林期间，莫洛托夫提出，德国必须承认芬兰应划归苏联的势力范围；承认苏联在罗马尼亚、保加利亚和达达尼尔海峡地带的利益；两国另行签订一个协议，重新商定波兰的前途问题。

莫洛托夫返回莫斯科后，苏联政府又以书面形式确认了上述要求。希特勒被惹怒了。他后来曾明确对古德里安说，从此时起，他便坚定了对苏宣战的决心。其实，早在1940年8月，希特勒便命时任总参谋部第一军需部长的保卢斯将军制定了代号为"奥托"的入侵计划。

希特勒在他的自传《我的奋斗》一书中详细叙述了他入侵苏联的真正理由——所谓"生存空间"，即土地和原料。这个万恶的种族主义者企图将俄罗斯和其他斯拉夫民族的人加以杀害、驱逐出境、或奴役之，并将他们世代居住的土地抢过来给属于优等民族的德国人居住。

苏联不但土地广袤，人力、物力也十分充足。占领苏联之后，解除武装的苏联红军便能补充德国因战争而导致的劳工短缺。乌克兰这个土壤肥沃之地可以为德军提供大量的食物。更为重要的是，击败苏联之后，德军就可以将高加索地区所产的石油源源不断地运往德国，并以此来维持德国这个战争机器的需要，对抗英国。

12月初，"奥托"计划在希特勒的亲自干预下改称"巴巴罗萨"计划。"巴巴罗萨"在德语中的意思是"红胡子"。"红胡子"是神圣罗马帝国皇帝腓特烈一世的绰号。腓特烈一世崇尚扩张与侵略，他曾6次入侵意大利，并指挥过十字军东征。

入侵苏联是危险的，一些军事和外交人员屡次劝告希特勒，应该先解决英国，再开辟对苏战场较为妥当。希特勒的决策通常与德军将领的建议相反，但直到制定"巴巴罗萨"之时，他的这些决策都取得了意想不到的结果。因此，不但被他蛊惑的人认为他是政治和军事天才，就连他自己也认为自己是千年难遇的奇才。

希特勒认为，经过斯大林在20世纪30年代末期的大清洗之后，大量具有作战经验的指挥员含冤而死，苏联红军的战斗力已经不值一提了。德军可以像闪击波兰一样，迅速对苏展开战争，并迅速结束战争。他狂妄地认为在1941年的冬季之前一定可以攻下苏联全境，因此不必准备过冬物资，以抵御苏联寒冷的冬天。这在后来成为德军受挫的主因之一。

二

就任第二装甲兵团司令

　　1940年12月，古德里安的新任参谋长李本斯坦中校和作战处长拜尔林少校奉命参加了总参谋部召开的特别军事会议。他们回来后，神秘兮兮地在古德里安面前展开一张苏联地图，并把"巴巴罗萨"计划的内容告诉了他。

　　古德里安大惊失色，简直不敢相信自己的眼睛和耳朵。他一直认为，对德国来说，最重要的事情就是避免两线作战。他相信希特勒也持同一看法，因为这位"伟大"的元首曾经痛骂过1914年决定德国政策的领袖们，说他们没有能够避免两面作战。

　　古德里安发了一通脾气，使得李本斯坦和拜尔林无所适从。直到他稍稍平静下来，他的参谋长和作战处长才轮番向他解释说，陆军总参谋长哈尔德已经计算出，只要动用3个集团军群的兵力，在8~10个星期内就可以完全击败苏联。

　　古德里安扫了一眼地图，无力地摇了摇头。过了半晌，他才缓缓说道："这是一个没有明确战略目标的计划。"

　　在随后的一段时间里，古德里安不断向陆军总司令部和最高统帅部陈述自己的意见，反对实施"巴巴罗萨"计划，但他的声音在被胜利冲昏头脑的军事领袖那里没有产生任何影响。

　　古德里安突然感到前所未有的疲惫。有些时候，他的心里甚至会产生一丝丝绝望的情绪。在漫长的冬季里，他开始重新研究拿破仑入侵沙俄的战史，希望能从中找到一些启发。然而，他越是研究，越感到害怕。他甚至希望德军入侵苏联的准备工作能够放缓一些，最好是虚张声势，最后不了了之。

　　遗憾的是，这一切都不过是他的一厢情愿罢了。为了应对未来苏德战场上的艰巨任务，古德里安只好集中一切精力来训练和装备现有的各装甲师。他告诉部下，未来的战役将是极困难的，其困难的程度比之波兰战役和西线战役不知要高出了多少倍。因为需要保密，他不能说更多，但他希望这些暗示能使他的部下对未来的艰巨任务有一个心理准备。

当时间进入1941年春季之时，德军已经做好入侵苏联的一切准备。按照"巴巴罗萨"计划的规定，陆军成立了3个集团军群。龙德施泰特元帅指挥的南方集团军群预定在普里佩特沼泽地以南发动进攻，博克元帅指挥的中央集团军群预定在普里佩特与苏瓦尔基峰之间发动进攻，李布元帅指挥的北方集团军群则以东普鲁士为进攻的基地。按照希特勒的设想，3个集团军群各自突破苏军的边防线后，立即向纵深发展，将其合围并歼灭。

古德里安被任命为第二装甲兵团的司令，隶属中央集团军群指挥。该装甲兵团下辖3个装甲军，分别为盖尔将军的第二十四装甲军、维京霍夫将军的第四十六装甲军、李美尔逊将军的第四十七装甲军。

第二十四装甲军下辖4个师，分别为穆德尔中将的第三装甲师、郎格曼少将的第四装甲师、罗普尔少将的第十机械化步兵师和费尔德中将的第一骑兵师。第四十六装甲军下辖两师一团，分别为夏尔中将的第十装甲师、豪赛尔中将的党卫军帝国机械化步兵师以及斯托克豪森少将的"大德意志"步兵团。第四十七装甲军下辖3个师，分别为阿尼姆少将的第十七装甲师、内林少将的第十八装甲师和波顿斯坦少将的第二十九机械化步兵师。

兵团直属部队包括维比格少将指挥的飞行大队、阿斯克海尔姆少将指挥的"戈林"高射炮团、海尼曼将军指挥的重炮团、巴赫将军指挥的工兵部队、普劳恩上校指挥的通信兵部队等。

"巴巴罗萨"计划规定，第二装甲兵团应在发动攻势的第一天自布列斯特－里托夫斯克两边强渡布格河，突破苏军防线，而后向罗斯拉夫尔－艾尔雅－斯摩棱斯克一线推进，以阻止苏军重新组织兵力，构筑新的防线。这是保证德军中央集团军群快速向前推进的关键。

当这一目标达成之后，最高统帅部将重新给该兵团分配任务。至于是什么任务，古德里安当时也不甚清楚。他根据作战计划的内容推测，第二装甲兵团很可能会和第三装甲兵团一起，被调到北部战线，围攻列宁格勒（今圣彼得堡）。

在波兰战役中，古德里安曾指挥第十九军攻占布列斯特－里托夫斯克。后来，德苏两国瓜分波兰时，议定以布格河为界，而布列斯特－里托夫斯克刚好横跨布格河。如此一来，布列斯特－里托夫斯克就被分为两部分，分属两国了。东部的卫城由苏联控制，西部的碉堡由德国人掌管。

如今，古德里安又要再度攻打布列斯特－里托夫斯克了。只不过，这一次他面对的不再是波兰人，而是装备精良、训练有素的苏联红军了。两次作战的难易程度是不可同日而语的。

由于布列斯特-里托夫斯克位于布格河两岸，不利于装甲部队展开，古德里安决定让他第二装甲兵团从两翼绕过要塞，另外向跟在第二装甲兵团后面行动的第四集团军借调一个步兵军攻打要塞。

第四集团军司令克卢格将军表示，他不但会借调一个步兵军给古德里安，还将增派更多的步兵和炮兵增援第二装甲兵团强渡布格河。

古德里安大喜，但也为这一安排作出了一些牺牲。他表示，愿意在渡河的时候接受第四集团军的节制。他在回忆录《闪击英雄》中如是写道："这样的安排集团军群总司令部也认为可以接受。但对我而言，实在是一种自我的牺牲，克卢格元帅个性很刚愎，是一个大家都认为不容易伺候的人物。"

与第四集团军协调好之后，古德里安对第二装甲兵团的战斗序列作了如下安排：

盖尔将军所指挥的第二十四装甲军在右翼展开，其中第二二五步兵师（从第四集团军借调的部队）由弗沃达瓦到马洛里塔；第一骑兵师由斯拉伐柴，经由马洛里塔，以至平斯克；第四装甲师由科登向布列斯特-科布林的道路前进；第三装甲师由科登的北面向布列斯特-科布林的道路推进；第十机械化步兵师紧随其后，作为第二波攻击力量。

希罗斯将军所指挥的第十二步兵军（从第四集团军借调的部队，暂归古德里安指挥）在中央展开，其中第四十五步兵师及第三十一步兵师在科登以北与内普莱之间向前推进，包围布列斯特-里托夫斯克。

该军不参与此项行动的部队则沿布列斯特-里托夫斯克-科布林-别廖扎一线和马特克雷-皮利希柴-普鲁扎内一线的公路向前推进，以填充右翼的第二十四装甲军和左翼的第四十七装甲军之间的空袭，并负责保护两个装甲军内侧翼的安全。

李美尔逊将军所指挥的第四十七装甲军在左翼展开，其中第十八装甲师及第十七装甲师摆在莱吉与普拉突拉之间，强渡布格河和里斯拉河，迅速向维达姆利亚-普鲁扎内-斯洛尼姆一线推进；第二十九机械化步兵师则紧随其后，作为第二波攻击兵力；第一六七步兵师（从第四集团军借调的部队）在普拉突拉以西地区向前攻击前进。

维京霍夫将军所指挥的第四十六装甲军充当兵团的总预备队，其中第十装甲师、党卫军"帝国"师和"大德意志"步兵团留在拉曾-武库夫-登布林一线，等到第四十七装甲军完全肃清布格河上的桥梁之后再跟在兵团左翼前进。

三

"该我们上场了"

1941年6月14日，即将参加对苏作战的高级将领奉命前往柏林，接受希特勒的战前训话。希特勒听取了各位高级将领关于作战准备的报告，然后解释了为什么要入侵苏联。

会议结束的时候，希特勒逐一问了众人一些问题。他问古德里安的问题是："你需要多长时间开到明斯克？"

古德里安回答说："五六天的样子。"

希特勒默默地点点头，转身离开了。从他脸上的表情可以看出，他对古德里安的回答还是颇为满意的。

在五六天之内推进到明斯克，古德里安信心十足，但能否打赢正常战争，他心里却一点底也没有。1941年初夏，单从兵力和装备方面来看，德军占有相当的优势。当时，德国陆军共拥有208个师（古德里安分析数据为205个师），约850万人。而苏联红军现役人员加上临时征召未经训练的新兵，一共才500余万人。德军拥有的飞机和坦克数量也比苏军多出不少，而且德制坦克的性能和装甲厚度也明显优于苏制坦克（苏联T-34坦克尚未装备到一线部队）。

再加上德军乃是主动发起攻击的一方，准备充分，而苏军则完全处于被动之地，在战争初期势必会遭受重创。

不过，苏军也占有得天独厚的优势。一方面，德军处于两线作战的不利境地，无法集中全部精锐对付苏军。当时，德军在法、荷、比等国驻军38个师，在挪威驻军12个师，在丹麦驻军1个师，在巴尔干半岛驻军7个师，在利比亚驻军2个师。如此算来，德军能用在东线战场的兵力也不过和苏军大致相当罢了。

另一方面，法西斯德国虽然合并了奥地利，吞并了捷克斯洛伐克，占领了比利时、卢森堡和法国大部，但其国土面积、人力、自然资源等均无法和庞大的苏联相抗衡。苏联地大物博，人口众多，再加上政治局面稳定，工业生产潜力远超德国。

再加上希特勒盲目自信，满心以为能在1941年的冬季来临之前击败苏联，并没有给部队准备足够的冬服（平均5名士兵兵才能分到1套冬服），所以这场战争尚未开始，其结局就已十分明了了。

听完希特勒的训话之后，古德里安立即飞往华沙，秘密准备作战事宜了。他的第二装甲兵团司令部就设在那里。在随后的几天里，他一直忙着视察部队，做最后的动员工作。站在布格河西岸，就可以清楚地看到布列斯特-里托夫斯克要塞的一切情况。从表面上看，苏军似乎并没有意识到战争已经临近。卫城的广场上，一支军乐队正在奏着欢快的曲子。几个半大的孩子在人群中无忧无虑地穿来穿去，看上去非常幸福。

实际上，包括斯大林在内的许多苏军将领，乃至布列斯特-里托夫斯克要塞的中下级军官，都已经意识到了来自德军的潜在威胁。只不过，由于苏军尚未做好迎战之准备，斯大林竭尽全力想把可能爆发的战争往后拖，避免德国在1941年秋季以前发动进攻。

6月21日晚，苏军总参谋长朱可夫接到基辅军区参谋长普尔卡耶夫中将的电话。普尔卡耶夫说："有一个德军司务长向我边防部队投诚，称德军正在进入出发地区，将在22日晨发动进攻。"

朱可夫放下电话，立即把这一消息向斯大林和铁木辛哥作了报告。斯大林说："你同铁木辛哥到克里姆林宫来吧。"

朱可夫马上带上给部队的命令草稿，同铁木辛哥和第一副总参谋长瓦杜丁中将一起赶到了克里姆林宫。他们路上就商定了，无论如何也要做出使部队进入战斗准备的决定。斯大林一个人接见他们。斯大林十分忧虑地问："这个投诚者不会是德军为了挑起冲突而派来的吧？"

铁木辛哥回答说："不是。我认为投诚者说的是实话。"

这时，联共（布）中央政治局委员们陆续走进了斯大林办公室。斯大林简要地向他们说明了情况后，直截了当地问："我们该怎么办？"

政治局委员们都没有说话。铁木辛哥在一旁说："应该立即命令边境军区所有部队进入一级战斗准备。"

斯大林说："把命令读一下！"

朱可夫把随身携带的命令草稿读了一遍。斯大林说："现在下达这样的命令还太早，也许问题还可以和平解决。命令要简短，指出袭击可能从德军的挑衅行动开始。边境军区部队不要受任何挑衅的影响，以免问题复杂化。"

朱可夫和瓦杜丁立即到另外一个间办公室，重新起草了国防人民委员部的命令。斯大林亲自读了一遍，改动了一下，就交给铁木辛哥和朱可夫，让他们签字。命令全文如下：

列宁格勒军区、波罗的海沿岸特别军区、西部特别军区、基辅特别军区、敖德萨军区军事委员会：

抄送：海军人民委员

1.1941年6月22日到23日德军可能在列宁格勒军区、波罗的海沿岸特别军区、西部特别军区、基辅特别军区、敖德萨军区正面实施突然袭击。袭击可能从挑衅行动开始。

2.我军的任务是：不受任何挑衅行动的影响，以免使问题复杂化。与此同时，列宁格勒、波罗的海沿岸、西部、基辅、敖德萨各军区部队进入一级战斗准备，以防德军或其盟军可能的突然袭击。

3.兹命令：

（1）1941年6月21日夜间，隐蔽占领国境筑垒地域各发射点；

（2）1941年6月22日拂晓前，将全部飞机、包括陆军航空兵的飞机，分散到各野战机场，并加以周密伪装；

（3）所有部队进入战斗准备，军队应分散、伪装；

（4）防空部队不待补充兵员到达，立即进入战斗准备，城市和目标地区应采取灯火管制的一切措施；

（5）在没有特别命令的情况下，不得采取任何其他措施。

铁木辛哥、朱可夫
1941年6月21日

斯大林下达的这份命令帮了德军很大的忙。这位最高统帅远在莫斯科，不可能比前线指挥官更了解当面德军的情况，但他却偏偏强调"在没有特别命令的情况下，不得采取任何其他措施"。这份来自最高统帅部的命令在战争爆发的那一刻就成了束缚苏军的一根绳索。

时间一分一秒地过去了，德苏双方的高级将领都在紧张地忙碌着。22日凌晨2点10分，古德里安离开司令部，驱车前往位于布列斯特-里托夫斯克西北方约15公里的兵团前沿指挥所。

根据"巴巴罗萨"计划的规定，攻击将于1941年6月22日3点15分开始。3点10分，古德里安走进前沿指挥所。他掏出怀表，低头看了看时

间，低声道："还有5分钟，通知各单位，准备发动攻击！"

5分钟后，布格河畔传来了密集的炮声。炮火准备终于在焦急的等待中开始了。又过了十几分钟，炮弹的爆炸声中又夹杂了飞机俯冲下降的声音。一名参谋说："是我们的俯冲轰炸机！"

古德里安没有理他，而是再一次低头看了看表。他现在最关心的是，兵团的装甲部队能否顺利渡过布格河。就在这时，第十八装甲师师长内林少将发来电报，称第十七、十八两个装甲师的先头部队已经开始渡河，主力部队也已经做好了渡河准备。

古德里安脸上终于露出了笑容。几分钟后，他转身对随从人员说："好了，该我们上场了！"

四

顺利完成第一阶段任务

由于准备不足，苏军在德军的突然袭击之下被打乱了阵脚，整个边防部队都显得手足无措。德军在进攻开始前又派遣了大量的破坏小组破坏苏军的通信设备，杀害苏军的通讯员，袭击苏军的指挥人员，致使苏军各军区和各集团军司令部之间的通讯陷入了瘫痪。结果，德军各部犹入无人之境，竟在短短的几十分钟内就突破了苏军的边防线。

6月22日6点50分，古德里安在柯罗德诺附近渡过了布格河，跟在第十八装甲师后面前进。该师迅速推进，很快就抵达了里斯拉河畔。一座钢铁桥孤零零地横跨在河上！夺取该桥是第四十七装甲军，该部迅速渡过里斯拉河。

苏军可能尚未从最初的慌乱中走出来，又或者保护大桥的部队还不知道德军已经大举入侵了，桥上除了几个哨兵之外，竟然没有部队。苏军哨兵见到德军庞大的车队，转身就跑。

古德里安的两名传令官"噌"地跳出汽车，拔枪追击。古德里安大声喊道："不准追击！"

传令官似乎没有听到，继续前进。"砰砰"两声枪响，那两名传令官扑地而死。古德里安惊愕地说："俄国士兵的枪法真不赖！"

随后，内林少将便率领他的第十八装甲师迅速渡过里斯拉河，继续前进。一直到下午4点左右，古德里安一直跟在该部队后面行动。

黄昏时分，古德里安回到前沿指挥所，了解各部队的作战情况。第二十四装甲军已经渡过了布格河，但却无法利用公路和铁路交通线，迅速向前推进，因为布列斯特-里托夫斯克卫城尚在苏军的掌控之下。

卫城里的苏联守军已经从最初的惊慌中走出来，开始了有组织的顽强抵抗。第十二步兵军军长希罗斯将军组织兵力发动了数次强攻，但始终未能突入城中。古德里安决定到第十二军军部去看看。

23日凌晨4点10分，古德里安离开司令部，去找希罗斯将军，询问布列斯特-里托夫斯克附近的战斗情况。希罗斯将军两眼通红，充满杀气！他简单地介绍了第十二步兵军前一天的战斗情况，而后保证说："无论如何，我们都会把苏联人赶出去！"

　　古德里安点了点头，表示赞许。随后，他又视察了第四十七装甲军所属各部。这一天，各部的进展均比较顺利，第二十四装甲军沿着科布林-别廖扎-卡尔图斯卡的公路，迅速向斯卢茨克推进。第四十七装甲军和苏军发生了几次小规模的遭遇战，但损失不大。

　　当晚，古德里安赶到普鲁扎内，他的兵团司令部已经移到那里。这时，他获得情报，得知有一支强大的苏军部队正在向东南方向的比亚韦斯托克移动。古德里安展开地图，找到比亚韦斯托克所在的位置，不禁大吃一惊。这支部队行军所在的位置刚好位于第四十七装甲军的侧翼，两军一旦遭遇，势必会产生激战。古德里安默当即决定，次日与第四十七装甲军一起行动。

　　次日上午8点25分，古德里安离开司令部，驱车驶向斯洛尼姆。第四十七装甲军所属的第十七装甲师已经抵达斯洛尼姆，正在和苏军激战。

　　古德里安的车队将要进入斯洛尼姆时，前方公路两侧突然枪声大作。古德里安通过装甲指挥车的观测孔向外面看了看，命令道："准备战斗！"

　　他的装甲指挥车上装有一挺重机枪，可以对付敌军的步兵。机枪手马上拉开枪栓，做好了射击准备。就在这时，第十七装甲师的一支步兵部队出现了。他们在炮兵的支援下，向埋伏在公路两侧的苏军发动了猛烈的攻击。

　　战斗打得非常激烈，在短时间内似乎无法结束。古德里安想了想，立即命令移动指挥所的一辆装甲车冲上去，吸引敌军火力，掩护他和参谋人员迅速通过战场。

　　装甲车的重机枪响了，苏军的火力顿时减弱。古德里安趁机通过了交战地带，向第十七装甲师师部驶去。第十七装甲师师长阿尼姆正在和前来视察的军长李美尔逊将军讨论当前的战况。

　　古德里安问："情况如何？"

　　李美尔逊将军回答说："遇到点小麻烦，敌人正从比亚韦斯托克向我们靠近。"

　　"得想办法加强侧翼安全，"古德里安缓缓道，"摆脱敌人的纠缠，继续向前推进……"

古德里安的话还没有说完，他们的后方突然传来一阵激烈的枪炮声。阿尼姆将军转身一看，大声道："是敌人的坦克，正在袭击我们的车队。"

古德里安看到，在通往比亚韦斯托克的公路上，一辆德军的卡车在燃烧，浓烟遮住了他的视线，看不到前面的情况，但能听到坦克的轰鸣和枪炮大作之声。几秒钟后，两辆标着红色五角星的苏制坦克冲出了烟雾。几辆德制Panzer-Ⅳ型德制坦克紧随其后，也冲出了烟雾。很明显，他们在追击苏联人。

古德里安喊道："卧倒！"

话音刚落，一颗炮弹就在众人身边爆炸了。古德里安双手抱头，趴在地上，只感到双耳隐隐作痛。等他抬起头时，苏军已经冲进了市区。

李美尔逊和阿尼姆等人都是久经战阵的老将，见到苏联的坦克之时都本能地匍匐在地，躲过了炮击。站在他们身旁的陆军训练处职员费勒尔中校受伤，倒在了血泊之中。他是一名参谋军官，从来没有上过前线。这一次，他奉命到前线搜集情报，送了性命。

古德里安站起来，遗憾地说："真是糟糕透了！"

说完，他和几名参谋一起前往斯洛尼姆一线，察看那里的战斗情况。冲进市区的两辆苏军坦克已被击毁，车上人员无一幸免，全部阵亡。但情况随时有变，因为尚有大批苏军正在外围集结。

古德里安命令道："把第二十九机械化步兵师调过来，协助第十七装甲师击溃敌军。"

随后，古德里安又视察了第十八装甲师的战斗情况。直到下午4点左右，他才动身返回普鲁扎内的司令部。

在斯洛尼姆的近郊，他的指挥车又遇到了一支苏军小部队。他们刚刚抵达斯洛尼姆，正在那里下车。

古德里安大声命令坐在身边的司机："开足马力，冲过去！"

司机本能地把油门踩到底，向苏军士兵冲去。立足未稳的苏军士兵被突如其来的情况吓倒了，竟然忘记了开枪。

等到他们发现这是一辆德军高级将领的指挥车时，古德里安

古德里安在前线视察

已经走远了。第二天，苏联的报纸便宣称："德军第二装甲兵团司令官古德里安已被我军击毙！"

"这种伎俩真是卑鄙极了！"古德里安愤愤地说，"我马上用无线电广播向部队发表讲话，以免军心震动。"

关于这段经历，古德里安在其回忆录《闪击英雄》中做过详细的叙述。不知道是因为古德里安的这段经历在整个苏德战争中看起来微不足道，不值得一提，还是因为古德里安的回忆产生了偏差，做了夸张性的叙述，在其他将领的回忆录和相关作战资料中并没有找到佐证。

战斗进行到25日之时，古德里安装甲兵团右翼的第二十四装甲军的先头部队逼近博布鲁伊斯克外围，正在向斯卢茨克推进。第四十七装甲军的第十七、十八两个装甲师也在第二十九机械化步兵师的支援下，摆脱了苏军对斯洛尼姆的攻击，分别向巴拉诺维奇和斯托尔布齐推进，准备合围明斯克。

中午12点30分，古德里安接到在其北面行动的第三装甲兵团司令官霍斯将军的电报，得知该兵团已经推进到了明斯克北部约30公里处。两个小时后，中央集团军群司令博克元帅来电，命令第二装甲兵团主力部队向明斯克推进，而第二十四装甲军则应向博布鲁伊斯克前进。

古德里安立即回电说："第二十四军早已奉令向博布鲁伊斯克推进，而第四十七军则已通过巴拉诺维奇，向明斯克攻击前进。"

这一天，各部的战斗都异常惨烈。第十七装甲师师长阿尼姆少将在向斯托尔布齐推进的过程中，与敌军遭遇，身负重伤。古德里安便令该师装甲旅旅长韦布将军暂时代理师长之职。

27日上午，第十七装甲师抵达明斯克南郊，并已经和第三装甲兵团建立了联系。第三装甲兵团已经在前一天攻占了该城。此时距战役发起的时间刚好5天，与古德里安的预期相符。

与此同时，第二十九机械化步兵师和第四十六装甲军一部在比亚韦斯托克地区围歼战中也取得了不小的战果。至此，古德里安和他的第二装甲兵团顺利完成了第一阶段的战斗任务。

第八章
强力猛攻,快速推进

一
与克卢格产生分歧

1941年6月27日晚，古德里安站在办公桌前，双眼紧紧盯着作战地图，在思考着下一阶段的作战。比亚韦斯托克方面的战斗表明，在此后的战斗中，像歼灭处于袋形地区以内敌军的任务，最好还是交给后续的步兵军去承担，以便让装甲部队发挥机动优势，去争取这个战役的第一战略目标，即占领罗斯拉夫尔-艾尔雅-斯摩棱斯克。在随后的几天里，古德里安一直坚持这一原则，一直到实现战役目标为止。

30日，最高统帅部向中央集团军群下达命令，要求各作战部队尽快在罗加乔夫、莫吉廖夫、奥尔沙等渡过第聂伯河，在维捷布斯克和波洛茨克等地渡过地维拉河，向斯摩棱斯克方向推进。因为是否能够占领斯摩棱斯克将是决定整个战役胜负的关键因素之一。

7月1日，古德里安飞往第二十四装甲军军部，同该军军长盖尔将军讨论当前的战局。盖尔将军乐观地说："当前的形势对我们非常有利。当面之敌似乎都是一些临时调集的乌合之众，不堪一击。"

古德里安面无表情地说："无论如何，不能大意。"

盖尔将军说："俄国人的铁路运输力极为薄弱，空军的战斗力也有限。昨天，我军在博布鲁伊斯克上空和敌人的空军打了一仗，结果大获全胜。不过，他们的战斗精神不能忽略，很多部队哪怕只剩下一个人依然在坚持战斗。他们的伪装技术也不错，给我们的空中侦察带来了不少困难。"

古德里安点了点头，缓缓道："幸运的是，俄国人还没有建立统一的指挥系统。一旦他们的高级将领缓过神来，将是一场恶战！"

盖尔将军还说，第二十四装甲军的第三、第四装甲师已经由斯维斯拉奇渡过别列津纳河，正在向莫吉廖夫攻击前进。两个师的燃料、弹药供应等情况良好，唯一不足的是架桥单位不够用。

古德里安冷冷地说："必须立即想办法解决。"

空中侦察的结果表明，苏军正在斯摩棱斯克–奥尔沙–莫吉廖夫一线集结兵力，建立新防线。如果不能及时渡过第聂伯河，等到苏军建立新防线之后，再想渡河就比较困难了。

恰在这个时候，比亚韦斯托克地区的战斗也愈发激烈了。据第二十九机械化步兵师的报告，该师弟七十一步兵团一个团在26日到30日的战斗中就俘虏了36000名战俘。突破的规模如此之大，说明包围圈内的苏军实力强劲。

这引起了第四集团军司令官克卢格元帅的注意。他主张，必须加强对该地区的合围，待歼灭该部之敌后再继续向前推进。是故，他立即命令第十七装甲师停止向鲍里索夫方向前进，协助步兵攻打比亚韦斯托克。

古德里安大吃一惊，他从来没有想过让装甲师留在包围线上，去打一场对整个战局影响不大的歼灭战。更何况，第十八装甲师已经抵达鲍里索夫，并且在别列津纳河上建立了一个桥头阵地。而该桥头阵地能否守住，关键要看第十七装甲师等第四十七装甲军的后续部队能否及时赶到。

古德里安想了想，权衡利弊，还是把克卢格的命令原封不动地转给了第十七装甲师。第二天，他又亲自到第十七装甲师师部，前去察看战斗情况。代理师长韦布将军报告说，敌军的突围企图已被挫败，但其火力强度丝毫没有减弱。

晚上，古德里安回到司令部，处理堆积在办公桌上的电报。他这时才惊讶地发现，第十七装甲师部分部队并没有收到他转发的电报，照样向鲍里索夫方向推进（这一说法源自古德里安的回忆录《闪击英雄》，但联系整本书的前后文，可以推断出，这可能是古德里安的有意安排）。古德里安大惊，立即向第四集团军司令部提出报告，说明事情的来龙去脉。

这一下，克卢格元帅被惹恼了。因为他的主张乃是希特勒的意思。元首似乎已经忘记了他不久前下达的向斯摩棱斯克迅速推进的命令。这些天来，他一直关注着比亚韦斯托克地区的包围战。

陆军总司令布劳希奇虽然和希特勒的意见不同，但却不敢表示出来。中央集团军群司令博克元帅更是在这个时候把第二和第三两个装甲兵团交给了克卢格的第四集团军指挥。因为如此一来，他就可以避免对这一次作战负直接的责任了。

而古德里安和第三装甲兵团司令霍斯将军则希望只留下极少数的装甲部队，参加合围作战，让跟在装甲部队后面前进的步兵来歼灭包围圈里的苏军。剩下的装甲部队就可以按照原定战略目标，继续向斯摩棱斯克一线推进了。

次日上午8点，古德里安奉命前往明斯克。第四集团军司令部已经迁到了那里。总司令克卢格元帅阴沉着脸，刚见到古德里安就劈头盖脸把他骂了一顿。

古德里安解释说："元帅阁下，我并不清楚第十七师的部分部队为什么没有接到我转发的电报，但我确已把您的命令传达下去了。"

然后，古德里安把事情的来龙去脉说了一遍。克卢格元帅愤愤地说："我本想把你和霍斯两个人交给军事法庭的。那个混蛋和你一样，都阳奉阴违。我看你们是串谋好了，来为难我这个集团军司令。"

古德里安慌忙解释，好说歹说，总算平息了克卢格的怒气。

离开集团军司令部，古德里安又驱车前往设在斯莫列维奇的第四十七装甲军军部。由于没有找到该军军部，古德里安便一路跑到了设在鲍里索夫的第十八装甲师的师部。第十八装甲师师长内林少将领着他视察了别列津纳河上的桥头阵地。

古德里安问内林少将："当前情况如何？"

内林回答说："尚未遇到苏军的大规模抵抗。"

"接下来，你打算做些什么？"古德里安追问道，"是停在这里等待第十七装甲师，还是继续向前？"

内林说："我已经派了一个先遣部队向托洛钦方向前进，主力部队留守原地，以防苏军切断我师退路。"

古德里安赞赏地点点头，朗声道："很好。"

离开鲍里索夫，古德里安又取道斯莫列维奇，返回司令部。这一次，他遇到了第四十七装甲军军长李美尔逊将军。两人正在就第十七和第十八两个装甲师尔后行动问题展开深入讨论，一名传令兵匆匆走进来，报告说："指挥车上的无线电员刚接到消息称，大批苏军坦克和飞机正在攻击鲍里索夫桥头阵地……"

他的话还没有说完，第四十七装甲军的一名参谋也匆匆跑进了办公室。他带来的消息和那名传令兵的一样。看来，第十八装甲师把遇袭的消息同时发给了第四十七装甲军军部和第二装甲兵团司令部。

古德里安在军部里踱来踱去，似乎在思考着什么。几分钟后，他朗声道："电令内林少将，全力阻击，无论如何也要保住桥头阵地。"

内林少将曾长期担任古德里安的参谋长，对他的性格和行事作风了如指掌。他在未收到古德里安的命令之前就已组织部队和苏军展开了厮杀。

战斗中，苏军的损失颇为惨重，德军也付出了沉重的代价。因为T-34型坦克第一次出现在了苏德战场上。

T-34坦克的火力和装甲厚度均优于德制坦克。它能够轻而易举地击垮德军Panzer-Ⅳ型坦克，而Panzer-Ⅳ 55毫米口径的火炮则无法洞穿T-34坦克厚厚的装甲。不过，苏军当时装备的T-34坦克数量有限，并未对正常战斗产生决定性的影响。几个小时后，苏军便溃退了。

二
强渡第聂伯河

1941年7月3日下午，被围困在比亚韦斯托克地区的苏军全部放下武器。如此一来，古德里安的第二装甲兵团，尤其是第十七装甲师又可以按照原定计划，向第聂伯河一线推进了。

古德里安立即命令各部队加快推进速度，以便补回前一天浪费的时间。第二十四、四十六和四十七装甲军奋力向前，其中第二十四装甲军在4日凌晨便开到了罗加乔夫附近，抵达第聂伯河畔了。

但在随后的两天中，除第二十四装甲军之外，各部均遭到了苏军猛烈的反攻。第四十六和四十七两个装甲军遭到了不同程度的削弱。与此同时，空中侦察结果表明，苏军沿第聂伯河建立新防线的企图已越来越明显。

面对这一新的情况，古德里安再次陷入了沉思。是按照原定计划，强渡第聂伯河，向斯摩棱斯克推进呢？还是驻守原地，等候步兵赶上来再渡河呢？如果选择前者，可以趁着苏军第聂伯防线尚未稳固之时一举将其突破，但第二装甲兵团也将面临着孤军深入的险境。因为第四集团军所属各单位均打算停下来等待步兵。而没有步兵和其他部队的策应，部队两翼的安全将很难保证。

选择后者，也有明显的弊端。按照步兵的推进速度，第四集团军所属的各步兵单位至少还要14天左右才能抵达第聂伯河畔。如果等待步兵赶上来的话，苏军则可以利用这段时间加强防御，巩固阵线。到时候，步兵是否能突破苏联人沿河构筑的坚强工事呢？更何况，这么一耽误，想在1941年的冬季来临之前结束这场战争的理想就不可能实现了。

略一思考，古德里安便毫不犹豫地选择了前者。他坚信，装甲部队的使命就是"推进，推进，再推进"。所以，他最终还是决定立即渡过第聂伯河，继续向斯摩棱斯克挺进。他命令兵团两翼与苏军交火的部队暂时撤出战斗，只要继续监视他们就可以了。

由于苏军已有部分部队渡过第聂伯河，并在西岸建立了稳固的桥头阵地，强渡地点的选择就受到了很大的限制。在和第二十四装甲军司令盖尔将军商议了一番之后，他决定让第二十四装甲军于10日从斯塔耶-贝霍夫一线强渡第聂伯河，而第四十六装甲军则于11日在什克洛夫地带渡河，第四十七装甲军于11日在莫吉廖夫与奥尔沙之间渡河。

为了保证行动的隐蔽性，古德里安严令所有部队："除了夜间以外，其他时间一概不准行军。"

古德里安的作战计划立即遭到了克卢格元帅的反对。9日一大早，元帅就来到第二装甲兵团司令部，强令古德里安停止这个作战计划。

古德里安竭力为自己辩护，并说："各部队都已经箭在弦上，不可能中途停止了。第二十四和第四十七两个装甲军的大部分部队都已集中在发动攻势的位置上，如果他们在那里停留太久的话，势必会引来苏军飞机的轰炸。"

克卢格元帅大声说道："你这是在冒险！"

"不，元帅阁下。"古德里安解释说，"我非常清楚，这一战事关重大，是决定战争能否在本年内结束的关键战役之一。没有把握取胜的话，我是不会让部队过河的。"

克卢格元帅沉思了一会儿，无奈地点点头，同意了古德里安的作战计划。离开的时候，元帅又喃喃地说："你的作战总是处于千钧一发的形势！"

10日晨，除第四十七装甲军的部分部队尚与苏军激战之外，第二十四、四十六装甲军各部均已进入预定的渡河地点，只等着黑夜降临了。古德里安趁这个空隙向各部下达了渡河之后的作战任务。

渡河之后，第二十四装甲军应向普罗普斯克-罗斯拉夫尔的公路挺进；第四十六装甲军由戈尔基-波奇诺克的路线攻击艾尔雅；第四十七装甲军则以斯摩棱斯克为其主攻的目标。

黑夜降临之后，第二十四装甲军率先强渡第聂伯河。由于该装甲军在河畔停留的时间最长，准备充分，渡河工作进行得非常顺利。他们几乎没有遇到什么抵抗，就到了第聂伯河的对岸。

次日早上6点10分，第四十七装甲军也开始强渡第聂伯河了。第二十九机械化步兵师的第五十一团和第七十一团率先渡河，并已抵达科佩西东面的森林边缘。驻守在那里的苏军是属于第六十六军的第十八和第五十四步兵师。两个师的防御火力比较薄弱，但在师部附近却埋了不少地雷。

巧合的是，意大利驻德武官一行在这个时候到前线来观摩。古德里安便领着众人来到第四十七装甲军的渡河地点，观看德军士兵强渡第聂伯河。

送走意大利武官后，古德里安自己也跳上了一艘攻击艇，来到对岸。他想亲自看一看各部队渡河以及渡河后的发展情况。

黄昏时分，古德里安离开第四十七装甲军，前往什克洛夫的第四十六装甲军军部。在德苏双方飞机的连日轰炸下，道路的状况已变得非常恶劣。一直到晚上9点30分，古德里安才赶到第四十七装甲军军部。各部队强渡第聂伯河的战斗已经打响了。第十装甲师和党卫军帝国师均遭到了苏军猛烈的炮击和持续轰炸。不过，渡河作战还算成功，各先头部队都已奉命向戈尔基方向挺进。

业已渡河的部队迅速向前推进，其余部队则继续渡河。到13日下午，第十七装甲军的第二十九机械化步兵师已经推进到了距斯摩棱斯克仅15公里处。

这时，古德里安获悉陆军总部已经在研究后方战场的占领工作了。按照最高统帅部的设想，已被占领的主要工业中心和交通中心应驻有强大的机动兵力。每一个占领单位，除了能担负正常的占领工作以外，还要有能力派遣出一支快速的战斗部队，一旦无驻军的地区爆发反抗事件时，即可立即出动部队加以平息。

另外，最高统帅部还在考虑"巴巴罗萨"作战完毕之后，应如何在欧洲部署德军，以及重组陆军，减少兵力等问题。

古德里安大吃一惊！他觉得这一连串的想法简直就是异想天开。现在讨论这些问题还有点早。当前最重要的任务就是集中一切可以动用的力量，迅速结束"巴巴罗萨"作战。

15日上午，第二十九机械化步兵师已逼近到了斯摩棱斯克南郊；第十八装甲师推进到了克拉斯内以北地区；第十七装甲师攻占了奥尔沙东部和南部。溃败的苏军正沿着由奥尔沙到斯摩棱斯克的主要公路线撤退。

下午，古德里安来到第十八装甲师师部，和他的老部下内林少将讨论当前的战局。内林少将的情绪比较低落，因为他刚刚听说他的补充单位在多布恩遭受重创，损失惨重。多布恩位于奥尔沙的东南面约25公里处。第十八装甲师的补充单位从该地通过，恰巧遇上了从奥尔沙方向突围而出的苏军。

随后，古德里安又驱车前往斯摩棱斯克方向。第二十九机械化步兵师正在和守城的苏军激战。该师作战科长法朗兹少校向他报告了前方的战斗情况。

古德里安问："进展如何？"

法郎兹回答说："进展非常顺利，现在已经逼近城区。"

古德里安点点头，又问："有什么困难吗？"

法郎兹红着眼睛说："部队伤亡太大，装备损耗也非常严重。我们应该马上补充兵力和装备。"

经过20多天的苦战，各部队的伤亡都不小。连日来，3个装甲军长都在向古德里安诉苦，强烈要求补充兵员和装备。这种情况，他在西线战役中从未遇到过。突然之间，他的脊背一凉，心里产生了不能说出口的恐惧。

三 重建古德里安装甲兵团

1941年7月16日,第二十九机械化步兵师在付出了沉重的代价后,终于攻克了斯摩棱斯克。这是第二装甲兵团各师中第一个达成战略目标的单位。古德里安继续鼓动自师长波顿斯坦将军以下的全体官兵。

与此同时,后继的步兵先头部队也抵达了第聂伯河西岸。他们接防了第二装甲兵团业已占领的部分地区,使得该兵团留守单位得以抽调出来,渡河参战了。

古德里安立即命令各军克服困难,迎着苏军猛烈的炮火,继续向前推进,以占领艾尔雅和罗斯拉夫尔两地。在随后的几天里,各师都与苏军展开了激战,其中以第十七装甲师在斯摩棱斯克以南地区和苏军反攻部队的战斗最为激烈。该师师长韦布将军在战斗中身受重伤,不久不治身亡了。第十七装甲师师长之职由老将托马将军接任。

到20日,第四十六装甲军已占领艾尔雅及其外围地区。第二十四装甲军的第一骑兵师推进到了斯塔耶-贝霍夫的东南面,第十机械化步兵师已接近切里科夫,第四装甲师已占领切里科夫和克里切夫地区,第三装甲师则在罗布柯维特齐一线展开。

但在随后的几天中,随着苏军的反攻之势越来越凌烈,第二装甲兵团推进的速度大为减缓。党卫军帝国师从艾尔雅向多罗哥布希的推进也因苏军的顽强阻击而失败了。艾尔雅和斯摩棱斯克周围的战斗变得更加激烈,第二装甲兵团陷入苦战之中。

7月26日晚上10点,古德里安接到集团军群司令部的命令,叫他次日到奥尔沙机场参加特别军事会议。召开这个会议的目的是统一诸位将领对当前战局的判断。第四集团军司令部认为,当前苏军对斯摩棱斯克地区的威胁最为严重,因为该地东部和南部尚有敌军活动,以西地区亦有被困在包围圈内的敌军残部。一旦敌人的两支力量在斯摩棱斯克地区会合,该地势必会掀起新一轮的血战。

古德里安和他的参谋长李本斯坦中校则认为,最危险的敌人在罗斯拉夫尔以南和艾尔雅以东的地区。因为德军的步兵和部分装甲部队还停在第聂伯河一线和斯摩棱斯克以西地区,而那里的苏军不过是残兵败将罢了。而罗斯拉夫尔以南和艾尔雅以东地区的苏军则是组织有序、战斗力强劲的生力军,但那里却只有几个久经战火煎熬、急待休整的装甲师。因为分歧太大,古德里安和第四集团军司令部之间的关系变得异常紧张。

遗憾的是,这次特别军事会议没能统一第二装甲兵团和第四集团军对战局的看法。古德里安和第四集团军司令克卢格元帅在会上争得面红耳赤,不欢而散。

这次会议还通报了第二装甲兵团下一步的作战任务——回师戈梅利,与自西南向东北方向推进的第二集团军合围那里的苏军(约8~10个师),并予以歼灭。古德里安大吃一惊!他原本希望集团军群命令他径直开向莫斯科,至少也应该以布良斯克为目标。

集团军群司令博克元帅宣布说:"这是元首本人的意思。"

原来,希特勒认为对敌军实施大规模的包围行动是没有用的,唯一正确的做法便是以大吃小(这与巴巴罗萨作战计划的战略目标相违)。他甚至固执地认为,在西线战役中,他的这一理论已经被证实。所以他命令第二装甲兵团回师戈梅利,将那里约8~10个师的苏军分割包围,予以歼灭。

包括中央集团军群司令博克元帅在内的高级将领一致认为希特勒的这个方案简直就是乱弹琴。眼下,第二装甲兵团的右翼正遭受罗斯拉夫尔地区的威胁,一旦该兵团调头西行,苏军必定会迅速尾随,予以重创,同时向艾尔雅和斯摩棱斯克方向发动新一轮的攻势。

但是,回师西击只会浪费时间,给苏军以喘息之机,使其利用丰富的兵员和强大的工业生产能力组建更多的部队,建立一道又一道新防线。到时候,德军再想东进就难上加上了。稍有不慎,战争便无法在冬季来临前结束。届时,德军士兵将穿着夏装在苏联寒冷的冬季里被默默地冻死!

古德里安据理力争,向博克元帅解释了该兵团当前面临的最大的危险——来自右翼苏军。于是,他向集团军群司令提出了一个进攻罗斯拉夫尔的计划,占领了这个重要的道路中心,以便控制东、南、西三面的交通。

博克元帅略一考虑,接受了这一建议。为了更好完成这一任务,古德里安又要求增加该兵团的兵力。博克元帅又爽快地答应了。下辖第七、第二十三、第七十八和第一九七步兵师的第七步兵军、下辖第十五、第二六八步兵师的第二十步兵军、下辖第二六三、第二九二步兵师的第九步兵军均被划入第二装甲兵团的战斗序列。同时，原属第二装甲兵团第二十四装甲军的第一骑兵师被划入第二集团军的建制。

至此，第二装甲兵团的兵力已经超过了一个集团军。为方便指挥，该兵团恢复古德里安装甲兵团的名称，并直接接受集团军群的指挥。

古德里安计划，以第二十四装甲军、第十机械化步兵师和第七步兵师协同守护克利莫维奇-米罗斯拉维特齐地区，并深入苏军防线的侧翼，第三、第四两个装甲师负责攻占罗斯拉夫尔，并与由奥斯乔尔和杰斯纳两河之间向北推进的第九军取得联系。

第七军率领第二十三、第一九七两个步兵师，与第三装甲师齐头并进，沿彼得罗维奇-齐斯拉维特齐，向罗斯拉夫尔-斯托多利希特齐-斯摩棱斯克公路一线进攻。第七十八步兵师则作为第二波攻击力量，跟在这个师的后面前进。

第九军的第二六三步兵师，在公路与奥斯乔尔河之间地区，向南推进；而第二九二步兵师则在奥斯乔尔河与杰斯纳河之间地区前进。进攻的主力应放在左翼方面，指向罗斯拉夫尔-叶基莫维奇-莫斯科公路。从斯摩棱斯克调来的第一三七步兵师负责保护该军的左翼。此外，第四十七装甲军的各部也做好战斗准备，随时给予支援，尤其是炮兵方面。

四

攻占罗斯拉夫尔

8月1日,第二十四装甲军和第七步兵军率先对罗斯拉夫尔发动了猛烈的攻势。古德里安驱车去前线,想要看看第七步兵军的战斗情况。然而,他一直赶到第二十三步兵师先头部队,既没有发现第七步兵军的军部,也没有发现第二十三师的师部。

按照常理,一个师的师部无论如何也不会设在先头部队的前面。古德里安停了下来,想找一个军官问问情况。恰在此时,第六十七步兵团从他前面经过。该团团长比辛中校与古德里安的私交颇深。他看到古德里安的指挥车,快步上前,高兴地问候道:"你好啊,司令官阁下!"

古德里安见到比辛,钻出指挥车,用力握住他的手,连声道:"见到你太好了,中校!"

当士兵们发现和他们团长握手的是兵团司令时,无不大吃一惊!他们简直不敢相信,兵团司令官会和他们一起来到战斗的最前线。

古德里安告别比辛中校,又钻进指挥车,想去看看第三装甲师的情况。就在这时,几架飞机突然俯冲下来,掷下几枚炸弹。"轰隆隆"几声巨响,炸得地动山摇。第二十三步兵师遭受重创,古德里安也被惊出了一身冷汗。

事后,古德里安才发现那竟然是德军自己的飞机。由于飞行员缺乏战斗经验,没能很好地辨明地面上的标志,才发生了误炸事件。

下午,古德里安一直和第三装甲师的先头部队在一起。该部队向奥斯乔尔河以西和恰罗尼夫以南地区发动了猛烈的攻击。苏军的抵抗非常顽强,双方展开了数次坦克大战。

在隆隆的炮声中,师长穆德尔将军来到古德里安的指挥车前,双脚一并,向司令官行了一个军礼。古德里安问:"战斗情况如何?"

穆德尔将军回答说:"卑职已攻下河上的桥梁,还俘虏了一个炮兵连。"

"太好了！"古德里安不禁出口赞扬道，"我要去感谢奋战在一线的官兵。"

穆德尔将军领着古德里安来到河畔。古德里安向参战官兵，尤其是指挥作战的营长们说了一大通感谢的话，仿佛这仗是为他个人而打的似的。

黄昏时分，第三、第四两个装甲师便合力占领了罗斯拉夫尔。古德里安大喜，立即驱车前往第二十四装甲军军部，了解整个战役的过程。军长盖尔将军眉飞色舞地向古德里安汇报了几个小时，古德里安一边听，一边夸赞。

等到他回到司令部的时候，已经是2日凌晨2点了。这一次，古德里安在前线部队停留竟达22个小时之久。这在装甲兵团司令中是绝无仅有的。

8月2日一大早，古德里安就从床上爬起来，一边吩咐厨师准备早餐，一边命令副官检查指挥车，准备出发。参谋长李本斯坦中校嘟囔道："司令官阁下，你应该好好休息一下。"

"不。"古德里安斩钉截铁般地回答说，"我要去看看第九军的情况，这是他们第一次在我的指挥下作战。"

李本斯坦中校了解古德里安的脾气，知道多说无益，也就不再劝了。匆匆吃完早餐，古德里安便领着他的随从人员，钻进两辆载有无线电通信设备的装甲指挥车，向第九步兵军的攻击方向驶去。

古德里安视察了第二九二步兵师和第一三七步兵师师部以及两个师下属的各团。他们已经突破了苏军防线，正在向前推进。不过，由于这是他们第一次协同装甲部队作战，推进速度不甚理想。

古德里安不敢大意，一整天都和该军在一起，敦促军长盖尔将军（另一个盖尔，与第二十四装甲军军长盖尔同姓）努力前进，以便早点抵达莫斯科公路。

第二天，古德里安又早早地来到第九军的阵地。他先到了第二九二师师部，了解前一天夜里的情况，然后下到第五〇七团团部。该团自团长以下正在向莫斯科公路方向攻击前进。古德里安钻出指挥车，令其跟在队伍后面，他自己则徒步走在队伍最前端，引领士兵们前进。

官兵们见兵团司令官在队伍前端领路，谁也不甘落后，暗暗鼓着劲，小跑着向前冲去。行进了一段路程后，古德里安停下来，从脖子上摘下望远镜，向前望去。他扭头对士兵们喊道："孩子们加把劲，莫斯科公路就在我们前方3英里（约合4.83公里）处。"

就在这时，一名士兵指着罗斯拉夫尔的东北方向，大声道："看，坦克！"

古德里安通过望远镜一看，果然数量辆坦克正在急速行驶着。他马上命令伴随步兵往前冲的炮兵："发射白色信号弹，探明前方部队的番号。"

按照德军的规定，白色信号弹是友军的联系信号，其意为"我们在这里"。莫斯科公路方向的坦克部队马上作出了回应。原来，那是第四装甲师的第三十五坦克团。

古德里安大喜，一边向他的指挥车招手，示意他们开过来，一边高声对步兵官兵说："孩子们，那是我们的部队。再加把劲，马上就要胜利了。"

说完，古德里安钻进指挥车，径直向第三十五坦克团所在的方向开去。莫斯科公路上零零散散地有一些苏军溃兵。他们看见有两辆装甲车向这边开来，不明所以，丢下武器迅速撤离。

古德里安生怕他的传令兵再做出出格的事情，忙命令说："由他们去吧，步兵会收拾他们的。"

第三十五坦克团第二连的官兵看到兵团司令官的指挥车，全都停了下来。古德里安的长子顾恩特尔一直担任该连连长，不久前才被调离。该连官兵对古德里安有一种特殊的感情。他们见到古德里安，就像是孩子见到了家长，纷纷钻出坦克，从一座已经被炸毁的桥梁上，顺着钢架爬过来欢迎他。

不久，第五〇九团也赶了上来。至此，古德里安装甲兵团侧翼的危险解除了，约有三四个苏军步兵师被合围在了罗斯拉夫尔地区。古德里安立即下达命令，要求装甲师撤出战斗，将围困苏军的任务交给步兵，就地休整，准备下一阶段的战斗。

第九章
回师大战乌克兰

一

主张直接进攻莫斯科

随着古德里安装甲兵团占领罗斯拉夫尔地区,"巴巴罗萨"战役也取得了阶段性的战果。不过,由于前一阶段最高统帅部、陆军总司令部和各集团军群,乃至集团军、兵团司令部对战局的看法不一致,各部队对下一阶段的战略目标始终不甚明了。

不过,有一点可以肯定,那就是"巴巴罗萨"计划预定在冬季来临之前结束这场战争的目标已经无法实现了。就连一向狂妄自大的希特勒,心里也明镜似的。所以,他也不再提让古德里安的装甲兵团回师戈梅利了。他心中有3个目标,分别为列宁格勒、莫斯科和乌克兰。至于向三者发动攻击的先后顺利,他也有些举棋不定。

1941年8月4日一早,古德里安奉命前往集团军群司令部参加特别军事会议。希特勒将在那里接见集团军群的各级指挥官,并部署下一阶段的作战任务。会议开始前,希特勒逐一召见了各位指挥官,让他们单独发表意见。所以,谁也不知道别人在希特勒面前说了些什么。

集团军群司令博克元帅、第三装甲兵团司令霍斯将军和古德里安相视一笑,用眼神交换了意见。他们三人都主张应立即向莫斯科方向发动攻击,以逼迫苏联投降。

不过,希特勒却有自己的看法。在公开会议上,希特勒说,列宁格勒附近的工业区是他最主要的目标。至于莫斯科与乌克兰二者之间,孰先孰后,他却还没有决定。从整个战争的需求来看,他倾向于后者。第一,南方集团军群似乎已经在该地区取得了决定性的胜利;第二,乌克兰土地肥沃、自然资源丰富,可支撑德军而后的作战行动;第三,乌克兰的克里米亚地区是苏联用来轰炸罗马尼亚油田的空军基地,必须予以铲除。

希特勒长篇大论了一番,但并未对下一阶段的战略目标做出明确的指示。他不说,也没人敢问。

紧接着,会议就转入一些琐碎的战术问题上来。希特勒似乎对每一支部队的动向都了如指掌。轮到古德里安装甲兵团时，他说："这个兵团不能撤出艾尔雅的突出地带。"

古德里安反驳道："固守艾尔雅有害无益。此处远离交通枢纽，四面均无可用的火车站，唯一可用的火车站在450英里（约合725公里）以外，部队的补给非常困难。夏尔将军的第十装甲师在攻克和固守此地时付出了沉重的代价，坦克损失几近一半……"

"这只是一些细小的战术问题。"希特勒不耐烦地打断了古德里安的陈述，"艾尔雅的突出地带是攻击莫斯科的跳板。"

古德里安沉默了几秒，又提出另外一个问题。他说："部队在尘土飞扬的环境中苦战一个多月，坦克损毁严重，尤其是引擎。为了执行下一阶段大规模的军事行动，请元首批准更新坦克，至少把引擎换一遍。"

希特勒阴沉着脸，回答说："新坦克一辆也不能动用，它们必须用来组建新军。这是战略问题。新引擎，倒可以调300台过来，补充东线作战部队。"

古德里安心下一沉，暗自叹气。东线部队共4个装甲兵团，再加上被编入步兵部队的坦克连，约有坦克3700余辆。以损毁三分之一计算，需要更换引擎的坦克也有1200余辆。仅调300台新引擎过来，无异于杯水车薪。

想到这里，古德里安微微提高了声音，争辩道："为了克制苏军在坦克数量上的优势，我们的坦克损失必须迅速地加以补充。"

希特勒不无感慨地说："如果我知道那本书里所列的数字是真实的，也许我就不会发动这场战争了。"

希特勒提到的"那本书"是古德里安在1936年出版的《坦克前进》一书。在该书中，古德里安估计苏军约有1万辆坦克。德国情报机关估计的数字更高，达17000辆。希特勒认为这些数字夸大了苏军的实力，未予理会。

古德里安见希特勒语气中颇有后悔之意，知道他确实无力拿出更多的坦克了，便不再说话了。

在飞回司令部的途中，古德里安一直在考虑攻击莫斯科的计划。正因为希特勒的意见还不甚明了，发动莫斯科战役还是有可能的。形势也比较乐观，因为古德里安装甲兵团已经占领莫斯科公路，打开了通往莫斯科的通道。

回到司令部时，古德里安发现他的幕僚脸色都很难看，遂惊诧地问道:"怎么了?发生了什么事?"

参谋长李本斯坦中校指着地图上的一条细线,伤感地说:"第九步兵军撤离了莫斯科公路。"

"为什么?"古德里安大声道,"是谁下的命令?"

李本斯坦解释说,第九步兵军看到被包围在罗斯拉夫尔地区的苏军猛烈地向东南角突击,心生恐惧,便撤离了莫斯科公路。

古德里安大惊,慌忙研究对策。因为第九步兵军的撤离,被合围在罗斯拉夫尔地区的苏军随时可能突围,再次威胁古德里安装甲兵团的侧翼安全。届时,古德里安必须抽调部分兵力,再次攻击罗斯拉夫尔。而攻击莫斯科的计划势必会受到影响,向后推迟。

第二天一早,古德里安赶到第七步兵军,希望利用该部队把包围圈南部的漏洞修补好。第一九七步兵师师长麦尔拉丙根将军报告说:"司令官阁下,包围圈已经不完整,苏军至少可以用火力来控制莫斯科公路了。"

古德里安坚定地说:"不要惊慌,我们马上就能把漏洞补好。"

到了第四装甲师的防地,古德里安才知道第三十五坦克团已经换下去休息了。于是,他立即电令第二十四装甲军军长盖尔将军,务必保证莫斯科公路的安全。

随后,古德里安又回到第七步兵军军部,了解最新的战况。该军已经命令第二十三步兵师的装甲搜索营去防止苏军突围。古德里安对第七步兵军参谋长克利布斯上校说:"这个措施恐怕还不够!走,我们去罗斯拉夫尔看看。"

克利布斯上校和古德里安的私交颇深,是一个值得信赖的军官。两人驱车前往罗斯拉夫尔,途中遇到了第三十五坦克团的第二连。他们刚刚从前线退下来休息,但连长还在前线上与敌人周旋。一名士兵报告说,他们连已经击退了苏军好几次突围企图,并俘虏了数百人。

古德里安称赞了他们一番,命令道:"孩子们,我知道你们已经很累了,但你们必须回到原来的位置上去。苏军正在企图突破,我相信你们这支可靠的部队一定能挡住他们。去吧,孩子们!"

紧接着,古德里安又集合了留在罗斯拉夫尔地区的炮兵和高射炮单位,亲自领着他们开到前线。当他们抵达莫斯科公路的阿斯提克桥梁时,刚好发现有数百名苏军正从北面强攻过来。

古德里安命令道:"立即攻击,驱散他们。"

炮兵停车装弹,猛轰企图突破的苏军。第三十五坦克团第二连的坦克也冲了上去，机枪和火炮齐鸣，迫使苏军后退。

不久，第三十五坦克团便与第一三七步兵师取得了联系，罗斯拉夫尔方向的局势稍有缓和。古德里安趁机回到第七步兵军军部，令该军炮兵指挥官马蒂内克将军率部监视莫斯科公路一线的危险点，以防苏军突破。而后，他便回到司令部，电令第九步兵军再次开往莫斯科公路，与马蒂内克将军的战斗单位取得联系。

至此，莫斯科公路方向的危险终于解除了。战斗进行到8日，罗斯拉夫尔之战便基本结束了。此战中，古德里安装甲兵团共俘虏苏军38000余人，缴获坦克200余辆、火炮200多门。

二
奉命回师，转战乌克兰

在罗斯拉夫尔战役进行之时，古德里安和他的幕僚们便制定了攻击莫斯科的作战计划。他打算把装甲军摆在右翼，沿莫斯科公路推进，担任主攻；把步兵军摆在中央和左翼，稳步前进，并策应装甲军左侧翼安全。

但在执行这个作战之前，古德里安装甲兵团必须保证装甲军右翼的安全。现在，装甲军的右翼已经深入克里切夫地区，而其南方的米洛斯拉维特齐地区的苏军正虎视眈眈地注视着这里。如果苏军趁装甲军向莫斯科方向推进之时从侧翼发起攻击，部队必然会遭受重创。

另外，陆军总司令部还一再命令古德里安装甲兵团抽调部分兵力，回师支援第二集团军对罗加乔夫地区发起攻击。集团军群司令博克元帅与古德里安都不希望抽调部分装甲部队去支援第二集团军。因为从罗斯拉夫尔到罗加乔夫约有200公里，来回就是400公里。坦克部队长途跋涉，难免会有损失。而现在的当务之急是集中一切可用的力量，向莫斯科挺进。

就在渐成僵局之时，第二十四装甲军军长盖尔将军提出了一个两全其美的方案：攻击米洛斯拉维特齐，一劳永逸地解除装甲军右翼的威胁，同时也可策应第二集团军的行动。古德里安大喜，立即批准了这一计划，并设法说服了博克元帅。

8月9日，第二十四装甲军率先向米洛斯拉维特齐方向发起了攻击。次日，第三、第四两个装甲师便推进到了米洛斯拉维特齐西南部，第十机械化步兵师则已攻到城下。步兵单位也给第二十四装甲军提供了强有力的支援。

就在这时，陆军总司令部却突然以"不合适"为理由，否决了古德里安攻击莫斯科的战役计划。尽管他据理力争，也曾请博克元帅出面协调，但均无结果。

13日，古德里安前往罗斯拉夫尔和莫斯科公路方向视察，未参加米洛斯拉维特齐之战的部队大多都在那里进行休整。士兵们也很亢奋，虽然他们的脸上挂着疲惫。古德里安隐约听到，他们的谈论中多次提到"莫斯科"这个词。

古德里安钻出指挥车，和士兵们打招呼。忽然，他的心猛地哆嗦了一下，因为他看到这些年轻人已经做好了很多"通往莫斯科"的指路牌。

14日，第二十四装甲军攻克了米洛斯拉维特奇。在此次战役中，第二十四装甲军共击溃苏军3个师的兵力，俘虏13000余人，缴获火炮、机枪等武器甚多。

这时，陆军总司令又旧事重提，要求古德里安从第二十四装甲军中抽调一个师的兵力，向戈梅利方向推进，支援第二集团军作战。古德里安解释说，第二十四装甲军自6月22日以来，从未休息过，且不说官兵的身体吃不消，坦克的损毁情况也十分严重。一个装甲师根本无力突破苏军在戈梅利方向的防线。

无奈之下，古德里安只好令第二十四装甲军全军出动，继续向西南方向推进。对整个战争而言，这种回师攻击无异于倒退。古德里安的心里难过极了！

在随后的几天里，第二十四装甲军冒着苏军猛烈的炮火，艰难地向戈梅利推进。直到8月20日，第二集团军完全攻占戈梅利，博克元帅才命令古德里安撤退该装甲军，进行休整。而此时，第二十四装甲军建制已经七零八落，残缺不全了。

22日，第二十、第九、第七3个步兵军被划出古德里安装甲兵团的建制，交给第四集团军指挥。晚上10点，博克元帅又打电话问古德里安，直截了当地问："能否把第二十四和第四十七装甲军调到第二集团军的左翼作战？"

古德里安心里一惊，暗想："大概最高统帅部或陆军总司令部又来了新命令，想让装甲部队加入第二集团军的作战序列。"

略一沉思，古德里安回答说："元帅阁下，这样使用装甲兵团是完全不合理的。"

"好吧，你明天到集团军群司令部来开会。"博克元帅叹了口气，无奈地说，"总参谋长哈尔德也将出席。"

次日一早，古德里安来到集团军群司令部，哈尔德正在和博克元帅讨论着什么。哈尔德见古德里安走进来，招呼道："你好，海因茨，好久不见！"

古德里安回应说："总参谋长阁下，好久不见。"

哈尔德沉默了半晌，黯然道："元首已经决定暂时放弃列宁格勒和莫斯科作战，命部队全力攻占乌克兰和克里米亚。"

哈尔德上将、博克元帅和古德里安等人都力主向莫斯科进攻。所以，当他们得知这个消息时，不免颇感苦恼。

古德里安小心翼翼地说："我们大家从长计议，看看在元首这个无可挽回的决心下定之后还有什么补救办法。"

哈尔德轻轻点点头，但随即又叹了口气。众人都明白，乌克兰之战势必会使战局延长到冬季。而疲惫不堪、七零八落的装甲部队再向南开，道路和补给方面都会发生问题。与此同时，他们还得准备好在冬季来临时向莫斯科发动攻势。这个任务实在是太繁重了，装甲部队将难以胜任。

最后，博克元帅建议古德里安和哈尔德一起去见希特勒，希望能够说服他，改变想法。

当天黄昏，古德里安就和哈尔德一起飞到了东普鲁士的勒特曾机场。德军大本营就设在那里。陆军总司令布劳希奇元帅在机场迎接了哈尔德和古德里安。一见面，总司令就说："我禁止你在元首面前提到有关莫斯科的问题。向南面行动的命令都已经下达了。现在的问题只是如何执行而已。再讨论也毫无意义。"

古德里安一怔，喃喃地说："那么，请元帅阁下允许我立刻飞回去。"

"不，"布劳希奇斩钉截铁地说，"你必须去见元首，把你的部队情况报告给他听，但不准提莫斯科。"

古德里安只好硬着头皮去见希特勒。最高统帅部总参谋长凯特尔、作战部长约德尔和希特勒副官长希孟德等人都在场，但布劳希奇和哈尔德都没有出席会议（布劳希奇和哈尔德代表的陆军总司令部和希特勒的最高统帅部矛盾较深）。

古德里安把装甲兵团的情况大致报告了一番。希特勒面无表情地问："就他们过去的成就而论，你看你的部队还有能力担负另外一个更大的任务吗？"

古德里安暗示说："假如给我们的是一个主要目标，而且它的重要性是每一个士兵都能够知道的，那么我敢说他们是有这个能力的。"

希特勒马上指出："你的意思是指莫斯科而言吗？"

"是的。"古德里安毫不隐晦地回答说，"你已经提到了这个问题，那就请允许我把我的意见完全讲给你听吧。"

希特勒平静地点点头，表示同意。于是，古德里安就简明扼要地把进攻莫斯科的益处以及进攻基辅（乌克兰首都）的害处逐条讲了出来。他说，莫斯科不但是苏联的政治中心，同时也是交通和工业中心。一旦占领莫斯科，不但会对苏联人造成重大的心理打击，同时也会让全世界也为之一震。

另一方面，中央集团军群现在所处的位置非常有利，正适合向莫斯科进攻。如果调转方向，向西南方的基辅发展的话，势必会浪费时间。而且，部队的补给也会发生严重的困难。如果占领了莫斯科，切断苏联从北方向南方增兵的通道，再转而攻占乌克兰就易如反掌了。

等到古德里安说完，希特勒才缓缓道："我已下定决心，无论如何也要攻占乌克兰。那里丰富的原料和农产品是我们今后作战的有力支撑。"

凯特尔、约德尔等人在一旁默不作声，不住地点头同意。希特勒顿了顿，又接着说："克里米亚是苏联攻击罗马尼亚油田的一艘航空母舰，必须消灭掉。"

凯特尔等人又不约而同地点了点头。古德里安见状，知道自己无论再说什么都不会被接受，遂保持了沉默。

最后，希特勒又颇为不满地说："我的将军们对于战争的经济方面都是一无所知的。"

古德里安无奈地离开了希特勒的大本营，回到下榻的旅馆。时间已经是24日凌晨了。直到这时，古德里安才获知，陆军总司令部在前一天已经向中央集团军群下达了向乌克兰进军的命令。

次日上午，古德里安又去见了陆军总参谋长哈尔德上将。他把前一天夜里和希特勒的会谈报告给他听。哈尔德的情绪很糟糕，竟然迁怒于古德里安，对其恶语相向。此后，两人之间便结下了私怨，直到战争结束都未解开。

第九章 回师大战乌克兰

· 161 ·

三
陷入苦战，要求增兵

与哈尔德的会谈不欢而散后，古德里安便匆匆飞回兵团司令部，着手准备向乌克兰方向的进军事宜了。古德里安装甲兵团的第一个目标是攻占科诺托。

然而，集团军群司令部却在此时把第四十六装甲军调离了古德里安装甲兵团，摆在第四集团军的后方，驻守罗斯拉夫尔－斯摩棱斯克一线，充当集团军群总预备队。如此一来，古德里安手中就只剩下第二十四和第四十七两个装甲军了。

8月25日，古德里安向所属部队下达了作战命令。位于乌涅恰地区的第二十四装甲军的任务是攻击前进，同时掩护装甲兵团的右翼安全，以防被围困在戈梅利地区的苏军向东逃窜。

第四十七装甲军则从波普乔和苏多斯特河一线向科诺托进军，同时掩护兵团的左翼安全。实际上，该军所属的第十七装甲师已经在苏多斯特河东岸、波乔普以南的地区对当面强大的苏军集团发动了攻势。第二十九机械化步兵师也沿着杰斯纳河和苏多斯特河上游，保护着一个长达80公里的阵线。

命令下达之后，古德里安即前往第十七装甲师师部，亲自监督部队强渡苏多斯特河及其南面的支流罗格河的任务。在德、苏两军坦克部队的碾压下，道路变得泥泞不堪，非常难走。12点30分，古德里安移动指挥所的部分车辆竟在中途抛锚了。他不得不向司令部求援，调集新的装甲车指挥车、人员载运车和其他车辆。

这么一折腾，浪费了整整一个中午的时间。直到下午2点30分，古德里安才抵达第十七装甲师师部。由于兵力不足，该师推进的速度非常缓慢，更没有办法和第二十四装甲军的行军协调一致。

稍晚些时候，李美尔逊将军也到了第十七装甲师师部。古德里安对他和师长托马将军说："现在的速度太慢，必须想办法提高。"

李美尔逊为难地说："我们的兵力实在不够。"

古德里安微微叹了口气，转身离开了。他和副官布辛少校一起去了第六十三步兵团的战斗前沿，希望能够了解当面之敌的情况。战斗打得很激烈，战场上空硝烟弥漫，尘土、子弹和枯枝烂叶横飞，防不胜防。在一处阵地上，古德里安钻出指挥车，跟在士兵后面向前冲了一阵，但未能探明苏军的情况。

次日一早，古德里安又和布辛少校来到罗格河北岸的一个炮兵侦察哨所视察。从这里可以看到德军的俯冲轰炸机轰炸苏军沿江防线的场景。训练有素的德军飞行员飞行和投弹技术均十分娴熟，炮弹落点非常准确，然而破坏力却十分有限。苏军士兵大都躲在散兵坑里。

第十七装甲师趁机渡过罗格河，企图在对岸建立一块稳固的桥头阵地。就在这时，古德里安所在的哨所中走进一名军官，举手向古德里安行礼。这个微小的动作被苏军炮兵发现了。几秒钟后，一个炮弹在哨所边上爆炸了，5名军官当场受伤，其中包括古德里安的副官布辛少校。而古德里安竟然侥幸躲过了一劫，他就坐在布辛少校的身旁。

下午，部队安全渡过了罗格河，并架好了一座桥梁，以供后续的装甲部队和步兵单位通过。古德里安这才放心地离开，取道姆格林前往乌涅恰。他的司令部已经在李本斯坦中校的主持下搬到了那里。

深夜，古德里安回到司令部，看到保卢斯将军正端坐在他的办公室，情不自禁地说道："保卢斯，见到你真是太好了！"

保卢斯曾担任过古德里安的参谋长，现在是陆军总参谋部专管作战的高级参谋，直接对哈尔德负责。他奉哈尔德之命，来到前线视察战况。保卢斯对古德里安装甲兵团当前的情况了如指掌，这说明在古德里安回到司令部之前，参谋长李本斯坦中校已经向他做了全面汇报。

保卢斯建议说："鉴于当前的战况，最好把第二集团军的左翼和装甲兵团合并起来，由一个人统一指挥。同时，第一骑兵师也应迅速调回，充任装甲兵团的左翼。"

古德里安半开玩笑地说："如果真能这样，就好了。"

他很清楚，保卢斯只是总参谋部的一个幕僚人员，虽然具有高瞻远瞩的眼光，但却没有决定权。保卢斯当然也明白这一点，他喃喃地说："我已经向哈尔德上将作了汇报。"

古德里安用力摇了摇头，心想："他不会同意的。"

果然，哈尔德在回电中拒绝了保卢斯的建议，并斥责古德里安装甲兵团不应在上级作战命令范围之外调动军队。

为了加强兵力，古德里安又要求集团军群把第四十六装甲军归还给装甲兵团指挥，但也遭到了拒绝。

对一支已经苦战了两个多月，从未休整过的部队而言，得不到生力军是非常可怕的。29日，业已渡过苏多斯特河的第二十四装甲军遭到了苏联空军猛烈的轰炸。同时，右翼方面的苏军也趁机对其发动了攻势。第三装甲师和第十机械化步兵师的攻击均被迫停顿下来。负责肃清苏多斯特河西岸敌军工作的第四装甲师奉命跟在第三装甲师后面，支援该师作战。

古德里安来到第二十四装甲军军部，稍晚些时候又去了第三、第四两个装甲师的师部。他和盖尔将军等人讨论了当前的战局，并命令第二十四装甲军务必在30日之前解除右翼的威胁，以便在31日可以继续向南推进。

命令虽然下达了，但古德里安自己也明白，要在短时间内摆脱右翼苏军的纠缠并不容易。第四装甲师和第十机械化步兵师在31日强渡杰斯纳河时果然遭到了苏军的猛烈炮火。第四装甲师凭借坦克部队强大的火力，勉强在东岸站稳了脚跟，但第十机械化步兵师却不得不退回了西岸。该师把全师的兵力全部用上了，甚至连炊事兵都拿起了武器，这才保证右翼没出大乱子。

从9月1日起，第四十七装甲军也遭到了苏军两个坦克旅的猛烈攻击。第十七装甲师陷入了苦战。第二十九机械化步兵师奉命过诺夫哥罗德桥，同时掩护第二十四装甲军和第十七装甲师的侧翼安全。第十八装甲师则已进入苏多斯特河与杰斯纳河交汇地区，接防第四装甲师的防区，以便其继续向前推进，牵制敌军兵力。

面对着吃紧的战事，古德里安急得团团转，多次向集团军群司令部要求调回第四十六装甲军。博克元帅这边也是焦头烂额，无法一下子把第四十六装甲军的部队都划给古德里安装甲兵团，因为第十装甲师正在艾尔雅地区和苏军激战。所以，他只相继把"大德意志"步兵团、第一骑兵师调给了古德里安。

在焦灼的战事面前，这种一点一滴增援的"添油"战术根本不起作用，反而会增加伤亡。9月1日晚，他直接用无线电和博克元帅通话，要求调用第四十六装甲军的全部，以及第七、第十一两个装甲师和第十四机械化步兵师。他知道，第七、第十一两个装甲师和第十四机械化步兵师是集团军群的总预备队，暂时没有战斗任务。

古德里安说："如果我手里有这些兵力的话，一定能够迅速地完成基辅攻势。"

博克元帅无奈地说："根本不行。我最多只能把党卫军帝国师调给你。"

古德里安的要求非但没有得到满足，而且由于他和博克元帅的通话被陆军总司令部窃听了，哈尔德上将又大发脾气，再次强调说："除了装甲兵团之外，不准动用其他部队。"

四

发动奇袭，快速推进

古德里安装甲兵团和当面之敌的战斗仍在继续。战事最紧张的时候，连各师师长都端着枪加入了战斗。1941年9月2日，第三装甲师师长穆德尔将军、第十七装甲师师长托马将军均在战斗中挂了彩。

3日，"大德意志"步兵团、党卫军帝国师、第一骑兵师相继赶到前线，加入了战斗，战局这才稍有缓和。可是天空突然下起了大雨。东欧平原的秋季已经有些冷了，一旦下雨，气温更是会骤然降到10摄氏度以下。士兵们穿着湿淋淋的单衣，在寒风中冻得瑟瑟发抖。道路也变得泥泞不堪起来，坦克和汽车走着走着就会陷入泥潭。这一天，帝国师竟有三分之二的汽车停在原地，无法动弹。

4日凌晨，下了一天半夜的大雨终于停了下来。第二十四装甲军军长盖尔将军匆匆来到第四装甲师师部，古德里安也在这里。此时，第四装甲师正在向科罗普-克拉斯诺波利一线攻击前进。当面苏军的抵抗非常勇敢，甚至有不少苏军士兵把手榴弹绑在身上，钻到德军坦克下面去炸坦克。

战争变得越来越血腥了。古德里安和盖尔均一夜无眠，四只眼睛布满血丝，非常可怕。古德里安喃喃地说："必须想办法早日推进到科诺托。雨季已经来临，如果再往后拖的话，将对我们更加不利。"

"必须找到敌人的弱点，"盖尔将军平静地说，"否则的话，敌众我寡，很难快速推进。"

古德里安问："有什么新情况吗？"

盖尔拿出一份文件，递给古德里安，缓缓道："这是从俘房那里缴获的文件。上面显示，索斯尼察方向的防御可能比较薄弱，因为那里是苏军第十三和第二十一两个集团军的交界处。"

这时，第三装甲师的穆德尔将军也发来电报称，该师的攻势也有所进展。古德里安看完电报，扭头对盖尔说："我去第三装甲师看看。"

天刚亮，古德里安就到了第三装甲师师部。该师正在师长穆德尔将军的指挥下向谢伊姆河方向推进。将军报告说："我部已在敌军防线找到了一个漏洞。"

"哦？"古德里安半信半疑地说，"一个漏洞？"

"是的，司令官阁下。"穆德尔回答说，"至少是一个弱点。"

随后，穆德尔向古德里安解释了他的见解。古德里安赞赏地说："不错。你们渡过谢伊姆河之后，应立即向科诺托与别洛波利耶之间的铁路线发动攻击，将其切断。"

"是，司令官阁下。"穆德尔双脚一并，向古德里安行了一个军礼，"保证完成任务。"

就在战局稍有缓和之时，希特勒对装甲兵团的指挥作出了干预。不知道出于什么原因，他对古德里安把第四十七装甲军摆在杰斯纳河东岸作战极为不满。陆军总司令部也一再向中央集团军群司令部施压，要求博克元帅命令古德里安把第四十七装甲军调回西岸。

当天夜里，博克元帅亲自给古德里安打来电话，说明这些情况。古德里安大惊失措，赶紧草拟报告，把装甲兵团自8月25日以来的作战情况以及他的作战意图上呈给最高统帅部和陆军总司令部。

古德里安的报告没有起到任何作用。深夜，陆军总司令部下达了一个措施非常严厉的命令，要求第四十七装甲军立即停止攻击，并撤回杰斯纳河西岸。这个命令引起了第四十七装甲军极大的不满。自军长李美尔逊将军以下，无不义愤填膺。他们说，他们已经到了胜利的边缘，现在突然撤回，无异于前功尽弃。而且，把部队撤回西岸重新布防所用的时间，可能比攻占科诺托耗时还要多。

更让李美尔逊等人感到气愤的是，最高统帅部和陆军总司令部对他们自8月25日以来的作战成果连一句嘉奖的话都没有。11天来，这个军连续作战，已缴获火炮155门、坦克120辆，抓获俘虏17000余名。

在第四十七装甲军回撤之时，第二十四装甲军的第三、第四两个装甲师已经抵达谢伊姆河畔，并建立了稳固的桥头阵地。与此同时，党卫军帝国师也扩大了杰斯纳河上的桥头阵地，并奉命向谢伊姆河方向攻击前进，以协助第二十四装甲军渡过该河。

这时，中央集团军群又向装甲兵团下达了新命令，令其向博尔兹纳-罗姆内一线推进。南方集团军群将在那里与该兵团会师。

9月9日，古德里安奉命飞到第二集团军司令部所在地戈梅利。陆军总司令布劳希奇元帅正在那里视察。布劳希奇单独召见了古德里安，与其重点讨论了10月以后以莫斯科为目标的作战计划。

此外，元帅还特别提到了第四十七装甲军在杰斯纳河东岸作战的事情。古德里安解释说，他以该军主力向杜布齐夫斯克发动攻击的理由是这样可以早点结束战役。

布劳希奇摇摇头，反驳说："未必！如果该军在杰斯纳河东岸作战的话，你得有足够的兵力来防御左翼的苏军。但你手上已经没有可用的部队了。我也不能增援你了。你在9月1日用无线电提出的增援要求说不定已经被最高统帅部知道了。"

布劳希奇还向古德里安透露，北方集团军群所属的第四集团军、第四装甲兵团已经做好了向列宁格勒外围发动攻击的准备，围成之战马上就要打响了。

古德里安惊恐地盯着布劳希奇，眼神中充满了疑问。他实在不明白，希特勒不是说过暂时放弃攻打列宁格勒吗？如今，乌克兰战役尚未结束，为什么在北方发起规模如此之大的作战行动呢？

布劳希奇似乎看懂了古德里安眼神中的疑问，但他也无法给出答案。

离开第二集团军司令部后，古德里安驱车径直前往谢伊姆河方向。第二十四装甲军正在那里和苏军展开激战。盖尔将军告诉古德里安，第三装甲师已经突破苏军防线，正在向科诺托方向攻击前进。但情况仍然不容乐观，据苏军战俘称，苏军第四集团军正在向第十三和第二十一集团军中间的空隙地带移动。

黄昏时分，古德里安飞回设在克罗列韦茨的兵团司令部。他从集团军群司令部的通报中得知，第一骑兵师（9月5日被划出装甲兵团）已离开苏多斯特河沿岸，转而向北行动。古德里安大惊，不得不把充当预备队的第十八装甲师调到前线，以扩大第二十四装甲军在谢伊姆河上的战果。

就在这时，盖尔将军又发来一封电报。他说，他又在巴图林与科诺托之间发现了苏军防御的薄弱点，而第三装甲师的先头部队已经绕过科诺托，正在向罗姆内挺进。古德里安展开地图一看，不禁微笑起来。从地图上看，第三装甲师已经突入苏军防线的后方，已是成功在望了。

第二天下午，第三装甲师便顺利攻占了罗姆内，并且掌控了罗姆内河上的桥梁。第四装甲师和帝国师也已突破苏军防线，分别向巴赫马奇和博尔兹纳方向挺进。

古德里安大喜，立即前往设在齐门罗夫的第三装甲师师部。由于连日来阴雨连绵，路况很差，直到黄昏时分，他才到齐门罗夫。师参谋长向他报告了当天的战斗情况。随后，他按捺不住内心的激动，又在黑夜中驱车赶往罗姆内。

在罗姆内的北郊，古德里安发现那里布满了深壕和铁丝网，再加上强大的苏军官兵的顽强抵抗，原本可以挡住第三装甲师的。穆德尔洋洋得意地说："奇袭！司令官阁下。"

古德里安大笑道："对，奇袭！"

五

结束基辅战役

第三装甲师攻占罗姆内后，第四装甲师和其他部队也相继攻占了预定目标。南方集团军群的部队也已经做好了强渡第聂伯河的准备，即将在罗姆内附近和古德里安装甲兵团会师。

黄昏时分，天空又变得雾蒙蒙的，不久就下起了小雨。夜里，小雨变成大雨，"哗啦啦"下了一夜。古德里安没法返回司令部，只好在第三装甲师师部凑合了一夜。这一天，南方集团军群所属的第六集团军和中央集团军所属的第二集团军已在基辅东北方向顺利会师，对基辅的合围能否成功，就要看古德里安装甲兵团和克莱斯特的第一装甲兵团能否将基辅南部的包围圈合拢了。

11日上午8点30分左右，古德里安动身返回司令部。在泥泞中，他的装甲指挥车整整跋涉了10个小时，才走完130公里的路程。一路上，他望着外面恶劣的路况和抛锚在泥泞中的车辆，不禁心潮起伏，感慨良多。东欧平原的雨季已经来临，部队接下来面对的困难将会越来越多。但希特勒和他的最高统帅部根本无法体会到这些。他们只会在远离战场的大本营里，凭空想象，下达一些根本不符合现实的命令。

刚回到司令部，古德里安便接到中央集团军群司令部的通知，说南方集团军群所属的第一装甲兵团和古德里安装甲兵团遇到了同样的问题，都被泥泞的道路所阻，可能无法按时抵达目的地。按照预定计划，这个兵团

架设浮桥渡河前进的德国士兵

应与古德里安的第二十四装甲军在罗姆内附近会师。

但事实摆在眼前,第一装甲兵团不能按时抵达目的地也情有可原。所以,古德里安一点也不惊讶,只在回电中冷静地回答:"电报已收,知悉!"

恶劣的天气持续了好几天,一直不见好转。古德里安心焦如焚,只能不断督促第二十四装甲军奋勇向前,以便早日和克莱斯特将军的第一装甲兵团取得联系。第二十四装甲军,尤其是第三装甲师倒也不负古德里安所望,人人奋勇争先。9月14日,第三装甲师推进到罗齐维特沙地区,距第一装甲兵团的先头部队已经不远了。他们在两天前便已抵达前方的卢布内地区。

不过,越到最后关头越不能大意。第二十四装甲军军长盖尔将军报告说"侦察部队在罗齐维特沙地区发现了敌军踪迹。估计我们和克莱斯特(第一装甲兵团司令官)之间的空隙地带可能会有强大的苏军集团。"

古德里安在早些时候就得到情报,得知在罗齐维特沙以南约7公里处有强大的苏军集团驻扎。他马上命令各师迅速向苏拉河一线推进,以填充该兵团与克莱斯特所部之间的空隙。实际上,盖尔和古德里安的判断均有所偏差。

这天黄昏,古德里安来到第三装甲师设在罗齐维特沙的师部。师长穆德尔将军告诉他,他已经派出一个团的兵力向罗齐维特沙以南地区运动,并发现所谓的苏军集团不过是一支没有战斗力的补给运输队罢了。

古德里安那颗悬着的心终于放了下来。他往椅子上一坐,深深出了口气,展开地图,认真看了起来。就在这时,穆德尔将军的传令兵走进办公室,报告说:"司令官阁下、师长阁下,我先头部队与抵达卢布内,发现几十辆标有'K'字母的坦克。"

"'K'字母!"古德里安兴奋地说,"那是克莱斯特的装甲兵团。"

说完,他匆匆往地图上一瞥,喊道:"口袋终于扎住了。根据集团军群司令部提供的情报,现在至少有5个苏军集团军被困在了基辅的袋形阵地中。"

"天呐!"穆德尔简直不敢相信自己的耳朵,"5个集团军?我们要发财了!"

古德里安平静地说:"是的,5个集团军。如果情报可靠的话,这5个集团军分别是第二十一、第五、第三十七、第二十六和第三十八集团军。"

合围工作结束了，剩下的事情就是"屠杀"了。古德里安马上联系他的参谋长李本斯坦，令其督促第十机械化步兵师火速赶往罗姆内接防，以便将第三装甲师的全部兵力用于向苏军内线发展，扫荡敌军。

两天后，古德里安和克莱斯特装甲兵团司令部取得了联系。德军合围基辅的口袋阵形彻底扎牢了。次日，第一装甲兵团所属的第二十五机械化步兵师接替第三装甲师的防区，以便这支连续作战近3个月的部队撤出战斗，进行休整。

被困在包围圈来的苏军奋勇突围，以期向莫斯科方向撤退。18日，德军攻进基辅，苏军拼命外逃。古德里安装甲兵团和第一装甲兵团的结合地带——从罗姆内到卢布内一线成了苏军突围的首要目标。与此同时，从侧翼接应包围圈内苏军突围的部队也向这一线发动了攻势。

从清早起，苏军两个师的兵力便从东部对罗姆内发动了猛烈的攻势。密集的枪声吵得古德里安难以入眠。他匆匆爬起来，赶到郊外的一座监狱里。那里有一座瞭望塔，是全城的最高点。古德里安坐在瞭望塔里，居高临下地看着苏军一波接一波地向罗姆内冲过来。

第十机械化步兵师的两个营和第二十四装甲军直属的高射炮部队奋勇抵抗，总算打退了苏军的攻势。但苏军的援兵依然在源源不断地赶来。第二十四装甲军军长盖尔将军在无奈之下，只好从正在包围线上作战的党卫军帝国师和第四装甲师抽调部分部队，回守罗姆内。在此后的几天里，该地的战斗一直打得比较激烈。

包围圈内的战斗也在激烈地进行着。据第一装甲兵团和第六集团军报告，他们自9月中旬以来，分别俘虏敌军45000余人和65000余人，合起来有11万人之多。而南方集团军群在基辅周围俘虏的敌军竟高达29万人之多。德军不断向基辅方向推进，压缩包围圈，逼迫苏军投降。

20日，苏军组织了数次大规模的突围行动。在混战中，苏军西南方面军司令官基尔波诺斯上将、军事委员会委员布尔米斯坚科、参谋长图皮科夫少将先后阵亡。西南方面军陷入群龙无首之境，抵抗意志迅速降低。

战斗进行到26日之时，陷入包围圈的苏军西南方面军所部已丧失斗志，再也无法继续战斗下去了。65万苏军集体放下武器，成了德军的俘虏，其中包括第五集团军司令官波塔波夫少将。

古德里安等德军高级将领亲自审问了波塔波夫少将。古德里安问："你是什么时候知道我的坦克部队已经插入到你的背后的？"

第九章 回师大战乌克兰

波塔波夫少将平静地回答说:"差不多在9月8日的时候。"

古德里安不解地问:"那么,你们为什么不立即撤出基辅呢?"

波塔波夫少将摇摇头,也想不清楚其中的原因,只是回答说:"我们本来已经接到西南方面军司令部的命令,叫我们撤出基辅,向东面撤退。就在我们开始照办的时候,突然又来了一个相反的命令,叫我们死守在基辅地区,不准移动。"

让西南方面军撤出基辅的命令是苏军最高统帅部代表朱可夫下达的。他已从纷乱的战局中窥见德、苏的实力差距,主张暂时放弃基辅,退守莫斯科。等到反攻条件成熟之时,再出兵乌克兰,把德军赶出去。然而,苏军最高统帅斯大林却固执地命令部队死守基辅,终于导致了整个方面军被德军围歼的悲剧。

第十章
陷入苦战，图拉受挫

一
攻占奥廖尔，剑指莫斯科

基辅战役结束后，古德里安所部终于可以停下来休息一下了。但是，留给他们的时间只有3天。他们马上就要参加一场新的战役了。而这场战役的攻击目标正是他们梦寐以求的莫斯科！

为了能在冬季来临之前（最好是莫斯科地区10月中下旬的雨季之前）攻下莫斯科，德军最高统帅部制定了代号为"台风"的战役计划。据情报部门提供的消息，苏军在莫斯科正西方部署的防御部队是铁木辛哥元帅的西方方面军（情报有误，方面军司令为科涅夫）以及叶廖缅科的布良斯克方面军，两个方面军的兵力大致在70~100个师之间。

希特勒和中央集团军群司令博克元帅计划以斯摩棱斯克－莫斯科这条线为基准，兵分两路，以装甲部队为先导，在维亚济马、布良斯克两地合围歼灭当面苏军，而后从北面和南面包围莫斯科。

这是一个庞大而复杂的作战计划！为了万无一失，希特勒暂停了对列宁格勒方面的进攻，令北方集团军群转入防御，将该集团军群所属的第四装甲兵团加强给中央集团军群使用。同时，南方集团军群也抽调了部分部队，支援博克元帅对莫斯科的进攻！

这时，中央集团军群所属的3个集团军（第九、第四和第二集团军）和3个装甲兵团（第二、第三和第四装甲兵团）的兵力已接近75个师（约180万人），其中装甲师14个、机械化步兵师8个，拥有坦克1700辆、火炮和迫击炮1.4万余门、飞机1390架。

1941年9月底，古德里安的装甲兵团完成了改组工作。第四十六装甲军连同党卫军帝国师、"大德意志"步兵团一起，全部划归第四装甲兵团指挥；第一骑兵师划归第二装甲兵团指挥。

第二十四、四十七装甲军依然留在古德里安装甲兵团的建制内。肯夫上将指挥的第四十八装甲军、梅兹将军的第三十四步兵军、肯费将军的第三十五步兵军被调给了古德里安指挥。第四十八装甲军下辖第九装甲师和第十六、第二十五两个机械化步兵师，第三十五军下辖第四十五和第一三四两个步兵师，第三十五军下辖第二九二、第二六一、第二九六和第九十五共4个步兵师。各单位建制完整，兵员和装备充足，令古德里安大为满意。

至此，古德里安装甲兵团的兵力已经超过了一个集团军。希特勒也相应地给了它一个集团军的番号。到10月6日，部队便改称第二装甲集团军了。他在战役中的第一个任务是攻击前进到奥廖尔至布良斯克一线。

古德里安在9月24日就知道了"台风"战役计划的内容。那天，他参加了集团军群在斯摩棱斯克召开的战前会议。陆军总司令布劳希奇、总参谋长哈尔德和中央集团军群司令博克元帅全部在座。

古德里安的装甲兵团处在整条战线的最右端。按照预定计划，参战部队应在10月2日打响战役。但古德里安强烈要求他所在的右翼提前到9月30日发动。博克元帅望了古德里安一眼，平静地说："请说说你的理由。"

古德里安解释说，他的装甲兵团所在的右翼从9月中旬以来连降大雨，道路泥泞不堪。刚好，这几天天气好转，路况也比前一段时间稍好一些。他希望趁着另一场大雨到来之前赶到奥廖尔附近，那里的路面大多都已硬化，不用担心泥泞的问题了。另一方面，如果第二装甲集团军提前发动攻势的话，空军就可以集中全部兵力，倾力支援他们作战了。

博克元帅略一沉思，扭头看了布劳希奇元帅一眼，询问他的意思。布劳希奇面无表情地点了点头。

回到司令部后，古德里安对着作战地图站了半天，然后就命参谋长李本斯坦拟定了作战命令。战斗力最强的第二十四装甲军摆在战线的中央，直接从格卢霍夫向奥廖尔攻击前进；第四十八装甲军摆在第二十四装甲军的右翼，部署在普季夫利一线；第四十七装甲军部署第二十四装甲军的左翼，在绍斯特卡一线展开。

第三十四和第三十五两个步兵军摆在战线的两翼，纵深配置，确保装甲部队侧翼的安全。第三十四在右翼，第三十五军在左翼。

9月30日凌晨，第二装甲集团军各部向预定目标发起了攻击。古德里安匆匆赶到设在格卢霍夫的集团军司令部。3个装甲军的军长都已经在那里等候他了。

第二十四装甲军军长盖尔将军报告说，该军正以第三、第四装甲师为先导，快速向格鲁霍夫和奥廖尔之间的谢夫斯克推进。

古德里安点点头，转身对站在身后的第四十八装甲军军长肯夫将军说："要在普季夫利地区准备相当的兵力，确保盖尔将军东面侧翼的安全。"

肯夫吞吞吐吐地回答说："我部尚未抵达普季夫利，第九装甲师必须掉头往什捷波夫卡周围推进。该师的第一一九步兵团在那里遭受苏军奇袭，损失较重，丢掉了全部车辆。"

古德里安沉默了半晌，才缓缓道："你估计多长时间可以结束战斗。"

肯夫将军似乎对前线的情况不甚了解，支支吾吾地说不出个所以然来。古德里安又问："第三十四步兵军什么时候能够赶到？"

按照既定计划，第三十四步兵军应在10月1日之前与第四十八装甲军取得联系，接防该部业已占领的阵地，以便第九装甲师发挥机动性，快速向前推进。但是第三十四步兵军的先头部队也遭到了苏军的猛烈攻击，已经无法按时抵达目的地了。

了解了这些情况之后，古德里安抓起电话，拨给博克元帅。他请求集团军群司令部暂缓把尚在集团军左翼的"大德意志"步兵团调走。博克元帅同意了他的请求。

第二天，第二十四装甲军顺利攻克了谢夫斯克。古德里安大喜，立即率领他的装甲指挥车队离开格卢霍夫，驶往谢夫斯克。第四装甲师已经把师部迁到了那里。道路两旁摆着各种型号的苏制坦克，大部分都已损毁严重，无法使用了。附近的原野上横七竖八地躺着许多苏军士兵的尸体和呻吟不绝的伤兵。这说明谢夫斯克之战打得非常激烈。

汽车行驶至谢夫斯克以北约3公里的一座小山前，天空中突然传来飞机俯冲的轰鸣声。紧接着，就有几颗炸弹落在了小山脚下，发出剧烈的爆炸声。苏军正出动大批飞机轰炸谢夫斯克和正沿着道路向前推进的第四装甲师。

轰炸过后，古德里安继续向谢夫斯克前进。路上，他又遇到了第四装甲师坦克旅旅长艾贝尔巴赫上校。上校两眼通红，脸上写满了疲惫。古德里安问他："你的坦克能否一直深入到德米特罗夫斯克？"

德米特罗夫斯克位于奥廖尔西南方，是该城下属的一个区。攻占德米特罗夫斯克也就等于攻占了奥廖尔。

贝尔巴赫上校朗声回答说："这绝对有可能！"

古德里安立即命令道："好，继续前进！"

战斗打到10月3日，第四装甲师便出其不意地推进到了奥廖尔。至此，第二装甲集团军取得了第一个通往莫斯科的铁路和公路中心。

二
遭遇T-34坦克集群

占领奥廖尔之后，古德里安立即命令左翼的第四十七装甲军以及第三装甲师向布良斯克方向挺进；第二十四装甲军则沿着通向莫斯科的公路向图拉推进。这时，南方集团军群所属的第六集团军正在向哈尔科夫和别尔哥罗德一线攻击前进，有效地保障了第二装甲集团军的右翼安全。

10月4日，第二十四装甲军的先头部队攻占了奥廖尔-莫斯科公路线上的莫因市，第三和第十八装甲师已逼近奥廖尔-布良斯克公路线上的卡拉齐夫。前方部队的进展神速，但后方却出现了新情况。

当天晚上，集团军后方留守部队接连报告："驻地遭到袭击，疑似俄罗斯游击队所为。"

古德里安大吃一惊，在"巴巴罗萨"战役初期，他从未听说过部队后方有游击队活动，甚至有不少苏联居民捧着食物，夹道欢迎德军的到来。现在为什么会突然冒出这么多游击队呢？

德军现在已经进入了俄罗斯境内。不管是之前的沙俄，还是现在的苏联，奉行的民族政策都是大俄罗斯主义，得益最多的是俄罗斯族和白俄罗斯族。他们才是苏联国家的社会基础。所以，德军一旦进入俄罗斯境内便遭到了当地民众的顽强抵抗。

古德里安不解地摇摇头，便打开地图，思考当前的战局去了。沉默了一会，他命令副官布辛少校："把我的指挥车队开到德米特罗夫斯克，无论如何要在明日上午抵达，并在机场跑道边上等我。"

他打算第二天去视察第四十七装甲军的战斗情况，这个军正在向布良斯克方向挺进。为了节约时间，他先让指挥车到德米特罗夫斯克，然后乘飞机到那里与随从人员会合。

第二天上午10点30分，古德里安抵达了第四十七装甲军军部。古德里安问军长李美尔逊将军："前方的情况怎么样？"

李美尔逊将军回答说："第十八装甲师正横跨奥廖尔-布良斯克公

路，向北面攻击前进。"

"第十七装甲师呢？"古德里安追问道，"他们现在到了哪里？"

李美尔逊伸出右手食指，指着地图上的一个小圈，微笑道："这里。"

古德里安往地图上扫了一眼，微笑着点了点头。原来，第十七装甲师已经逼近布良斯克，正设法奇袭。

下午，古德里安又乘坐小型联络机，飞回德米特罗夫斯克。现在，第二十四装甲军的军部已经迁到了那里。古德里安抵达军部的时候，该军军长盖尔将军正焦急地在办公室里踱来踱去。

"怎么了？"古德里安问道，"我想知道是什么事情让我最勇敢的军长变得如此沉住气了。"

"汽油！"盖尔将军没好气地冲着古德里安喊道，语气中充满了埋怨之意，"我们的汽油马上就要用光了。"

古德里安一脸期待地问："从苏军那里缴获的汽油有多少？"

盖尔将军摇摇头，回答说："非常有限。"

古德里安沉思了一会，抓起桌上的电话，要了第二航空队司令凯塞林空军元帅的号码。他还没开口说话，凯塞林元帅就嚷嚷道："将军，我知道你要什么，我正在想办法。说吧，你要多少？"

古德里安回答说："10万加仑，德米特罗夫斯克机场。"

凯塞林沉默了一会，回答说："好，我答应你。"

古德里安又说："这里到处是苏联人的飞机，我们的飞机在哪里？"

古德里安所指的是苏军对奥廖尔周围的空袭行动。那天下午，苏军俯冲轰炸机多次出动，轰炸了德米特罗夫斯克机场。第二十四装甲军司令部也遭到了空袭，军长办公室窗户上的玻璃被炸得四处飞散。

"6日，等到6日就可以出动比较强大的战斗机群了。"凯塞林回答说，"你知道，整条战线都在要求空军增援。"

古德里安放下电话，小声嘀咕道："但愿如此！"

各装甲军急需的汽油运到了，但凯塞林承诺的战斗机掩护却迟迟没有兑现。10月6日，第二装甲集团军司令部迁到了谢夫斯克。古德里安刚到新司令部，第四装甲师师长郎格曼就发来紧急电报，称该师在们曾斯克南面遭到苏军T-34坦克集群的袭击，损失惨重，已无力继续向图拉方向推进了。

古德里安喃喃地说："T-34，可怕的T-34！"

古德里安正伤感之时，第十七装甲师方面传来了消息。他们已经占领了布良斯克以及它在杰斯纳河上的桥梁。这样，第十七装甲师便和沿杰斯纳河西岸向前推进的第二集团军取得了联系。整个装甲集团军的左翼也得到了有效的保障。

夜间，气温骤降，突然下起了大雪。这时，冬服供应的问题再次被各部队提了出来。在此之前，古德里安已向集团军群请求过一次。军需部门的回答是："到时候自当发放，以后不得再做这种不必要的要求。"

如今，气温骤降，天降大雪，前线的士兵正穿着单衣，在雪地里冒着严寒前进。古德里安不得不再次向军需部提出冬服的问题。军需部门也急得团团转。相当一部分工人被征召到了前线，剩下的工人也大多被安排到兵工厂，生产坦克、枪支和弹药去了，轻工业品的供应奇缺，他们一时间根本无法筹措到数百万件冬服。

幸运的是，第二天就放晴了，气温快速回升。但这又带来了新的问题，融化的雪水使得道路立即变成了污泥河，大大降低了部队的行军速度。更为要命的是，车辆在这种路面上行使极易损坏。

10月7日，第二装甲集团军右翼的南方集团军群所属部队已经推进到什捷波夫卡，左翼的第五十三军则从西面迫近布良斯克。布良斯克附近的苏军防线有所松动，开始向东撤退。更北面，第四和第九两个集团军已将约45个苏军师合围在维亚济马地区。

陆军总司令部对各部队的推进速度非常满意。不过，为了阻止苏军在莫斯科以西地区再建立一道新的防线，陆军总司令布劳希奇元帅还是命令第二装甲集团军应迅速占领图拉，并继续向前挺进，占领奥卡河上自科洛姆纳到谢尔普霍夫之间的各渡口。

这是一个非常艰巨的任务，因为苏军在门曾斯克附近部署的T-34坦克集群已成为第四装甲师的克星。古德里安决定亲自到前线去看看第四装甲师的情况。

途径第二十四装甲军军部时，盖尔将军报告说："第四装甲师当面之敌已获得增援，现已发现一个装甲师和一个步兵师的番号。"

古德里安问："战斗情况如何？"

"不容乐观。"盖尔将军回答说，"我75毫米口径火炮只有从后面射击，且命中引擎盖时才能摧毁敌军的T-34坦克。这需要非常有利的射击位置和娴熟的操作技巧。而且，敌军已采用新战术，总是先从正面用步兵突击，然后用坦克从侧翼发动进攻。前线官兵反映说，他们对这种苦战普遍感到吃不消。"

古德里安沉默了半晌，喃喃地说："看来情况对我们非常不利。"

"是的，司令官阁下。"盖尔将军接着说，"部队的过冬物资奇缺，尤其是军靴、衬衫和袜子。一旦战役时间后延到隆冬时节，后果不堪设想。"

随后，古德里安驱车沿着公路到了第四装甲师的前线。经过连日的苦战，第四装甲师损失惨重，道路两旁摆满了损坏的坦克，其中大部是德制坦克。看来，盖尔将军所言不虚，苏军的损失确实比德军小得多！

三

在严寒中陷入苦战

第四装甲师在门曾斯克受阻,第三十四和第三十五两个步兵军也陷入了苦战。被合围在布良斯克以南的苏军部队拼命冲击,意在突破并向东方撤退。

到了10月中旬,气温又突然降到了冰点以下。寒风夹裹着鹅毛般的雪花,肆意地下了起来。身着单衣的德军士兵抵挡不住寒冷,战斗力大为减弱。被合围在布良斯克以南的苏军有一部突破德军的包围圈,向东撤离。

在一个大雪纷飞、寒风肆虐的晚上,古德里安率领他的司令部前往德米特罗夫斯克。现在,战斗已经推进到了更前方,那里已经安全了。但恶劣的气候和道路却成了他们新的敌人。一路上,不断有现在泥潭中的车辆突然熄火,再也发动不起来了。履带式车辆顿时成了抢手货,那些陷入泥泞中的车辆全靠它们拖着前进。

然而,履带式车辆的数量有限,无法满足所有部队的需求。此外,用于拖曳的钢索和链条也很缺乏。集团军群只好调用空军,空投一批较粗的绳索。但用飞机空投后勤物资显然不是长久之计。

种种迹象表明,想要在冬季之前结束莫斯科战役已经不可能了。现在,就是想全身而退都成了奢望。为了减轻第二装甲集团军的重负,中央集团军群司令博克元帅根据希特勒的指示,把第二集团军调到了古德里安的左翼,并接管了第三十四和第三十五两个步兵军。同时,古德里安也接管了该集团军的部分部队。博克

在莫斯科以西风雪中的德军士兵

元帅如此安排的目的非常明显，就是为了让第二装甲集团军能快速向东北方向推进。

可是，连日来的大雪已使装甲部队完全丧失了机动性。古德里安也被困在德米特罗夫斯克，竟日枯坐在房中，望着门外的烂泥，等待着天气好转。其实，整条战线的基本停了下来。第十三集团军停在了卡卢加一线，第三装甲兵团停在了斯塔里察一线。

到了10月14日，天气终于转晴了，但路况依然很糟糕。第二十四装甲军花费了九牛二虎之力，终于把第三和第四两个装甲师集中起来，摆在了门曾斯克西北部，准备越过苏夏河作战。第四十七装甲军已经完成了对布良斯克以南、以北两个苏军集团的合围工作，现在集中到阿左夫-卡拉齐夫-布良斯克公路沿线。第四十八装甲军向法捷日进攻，并准备从西北方进攻库尔斯克，而第三十四军则由西面向该城进攻。

库尔斯克地区驻有一支强大的苏军集团，正密切关注着德军第二装甲集团军的右翼。古德里安想，即便是不能拿下这座城市，至少也要把他们困在城里。否则的话，集团军将很难安心地攻打莫斯科。

两天后的10月16日，古德里安又来到了门曾斯克。第三、第四两个装甲师依然被苏军挡在这个小城外围，无法通过。惨烈的战斗一直打到22日，第三装甲师才从西北方向攻进城里。苏军迅速向切尔尼方向撤退。古德里安亲自指挥部队，紧追不舍，次日即占领了切尔尼。

此时，被围困在布良斯克以北、以南和维亚济马一带的苏军集团终于在弹尽粮绝之下放弃了抵抗。苏军西方方面军和预备队方面军被俘66余人，损失火炮5470多门、坦克1200多辆。至此，苏军在莫斯科以西的第一道防线彻底瓦解了。

10月25日，布良斯克周围的战斗基本结束了。集团军群对右翼部队进行了重组。第三十四和第三十五两个步兵军、第四十八装甲军（第二十五机械化步兵师除外）被划归第二集团军指挥。第一骑兵师被调到东普鲁士，改编为了第二十四装甲师。海利希将军的第四十三步兵军（下辖第三十一和第一三一步兵师）和魏森贝尔格将军的第五十三步兵军（下辖第一一二和第一六七两个步兵师）则划归第二装甲集团军指挥。集团军群司令部作出这一调整，正是为了让古德里安能够安心地向图拉推进，继而快速合围莫斯科。

然而，"快速合围"已成为遥远的梦想了。在德苏车辆的碾压和苏军后撤部队的破坏下，通向图拉的唯一一条公路已经千疮百孔，不成样子了。即便是作战英勇的第二十四装甲军的机动部队，也只能偶尔达到20公里的时速。

另外，燃料的供应和后勤物资的补给都成了很大的问题。换句话说，现在决定部队实力的因素已经不是兵员和装备了。没有汽油和食物，人数再多也没用，反倒会成为累赘。古德里安干脆把第二十四装甲军的坦克集中起来，交给英勇的坦克旅旅长艾贝尔巴赫上校统一指挥，让其与"大德意志"步兵团担任开路先锋的工作。

在全体官兵的努力下，艾贝尔巴赫上校的战斗单位终于在10月29日接近图拉了。但他们立即遭到了苏军的顽强抵抗。从火力强度来看，德军在短时间内不可能突入城中。

就在这时，古德里安又获得情报：一支强大的苏军集团正从东部来袭。古德里安大惊，如果消息属实，成南北方向展开第二十四装甲军势必会遭受重创。于是，他立即命魏森贝尔格将军率第五十三军沿奥廖尔-图拉公路推进，以确保装甲部队右翼的安全。

10月30日，第二十四装甲军军长盖尔将军和古德里安讨论了图拉方向的战况。他说："从现在的情况来看，想要突入城中已经不可能了。唯一的办法就是绕道而行。"

"取道哪里？"古德里安追问道，"东部，还是西部？"

盖尔军长走到地图前，手指连点图拉东部的几个小圆圈，口中道："这里，这里，还有这里。"

古德里安轻轻点了点头，同意了他的建议。

盖尔将军又说："现在的情况对我们很不利，我们的机械化部队全都动弹不得。只有等到道路结冰了，才有应用它们的可能。"

"你的看法是正确的。"古德里安说，"但我们的士兵就要受罪了。"

11月1日，第二十四装甲军绕过图拉，抵达了第罗夫以西地区，等待降温，以便从冰上渡过夏特河。

就在这时，沿奥廖尔-图拉公路向前推进的第五十三步兵军突然与苏军强大的战斗集团遭遇。据报，该部分苏军实力强劲，约2个骑兵师、5个步兵师和1个坦克旅。他们正沿着叶夫列莫夫-图拉公路一线前进，企图攻击第二十四装甲军的侧翼和后方，没想到会遇到第五十三步兵军。

这场混战从11月3日开始，一直打到13日。第五十三军奋勇作战，死死地把苏军钉在了乔普洛耶地区。然而，由于实力差距过大，第五十三军虽未溃退，但亦不能取胜。直到艾贝尔巴赫上校的坦克部队赶来增援，才把苏军赶回叶夫列莫夫。

就在第五十三军和苏军在乔普洛耶地区开始激战的那天夜里，气温突然降到了冰点以下。道路结冰了，德军的机械化部队终于可以行动自如了。这个时候，第四十八装甲军也占领了库尔斯克。

面对着艰难的战局和越来越冷的天气，古德里安心中充满了忧虑。在给一位朋友的信中，他如是写道："我们的计划一再延期，而今严冬将至，我们竟然坐令敌人争取到了更多的时间，这对于我军的官兵而言，才真是一个殊堪痛惜的事情。一切发展都使我十分伤心。虽有满腔的热情，但是却无补时艰，那个具有决定性攻击的时机已经错过了，今后能否再有这样的机会，更是不可知之数。未来的局势将会怎样的发展，恐怕只有天知道。我们只有存着一线希望，奋勇前进，但是困难重重，真是不知如何才能度过……"

然而，最高统帅部和集团军群司令部却盲目地认为，苏军在顿河以西地区已经在有计划地撤退。胜利已经在向德军招手了。听到集团军群司令部的判断，古德里安只能暗暗地摇头叹息！

11月7日，第二装甲集团军司令部第一次发现了严重的冻伤。随后的几天里，随着气温从摄氏零下15度一下子降到了零下22度，士兵被冻伤的情况愈发普遍了，甚至出现了伤兵被冻死在病床上的惨剧。

尽管古德里安想尽了办法，把集团军本部所储存的冬服全部下发了下去，但依然是杯水车薪。他在前线考察的时候，发现很多士兵在零下22度的气温下依然身着单衣。无奈之下，士兵们只好扒掉苏军阵亡士兵的棉衣和皮帽，穿戴在身上。如果不是戴着德军的帽徽，任谁都会把这些人当成苏联人的。

四
建议取消攻击莫斯科的命令

在彻骨的严寒中，第二装甲集团军各部不但要想尽办法向前推进，还得随时防备苏军在两翼随时可能发动的反攻。在重重打击之下，部队重型装备损耗严重，士兵伤亡或失踪也非常惊人。艾贝尔巴赫上校集中了第二十四装甲军所有的坦克。按照编制来算，3个师至少应该有600辆坦克，但现在仅剩下60辆。第二装甲集团军装备损毁状况由此可见一斑。

这仅有的60辆坦克还经常启动不起来。一旦关掉引擎，要不了一个小时，水箱就会结冰，必须在车身底下架起木柴，烧几十分钟才能启动。还有几次，油箱里的汽油都冻住了。其实，这也不是什么大问题，只要加一点防冻液就可以了。但因为气温太低，公路结冰太过严重，德军后勤补给单位的汽车又没有防滑装备，根本不敢贸然往前线开。而铁路大都被撤退的苏军拆毁了，派不上用场。

步兵单位的情况也好不到哪里去，且不说他们的运输车一样无法启动，就连射击的精度都大大降低了。这主要是因为气温太低，使得瞄准器产生的偏差太大，无法远距离瞄准。总之，包括第二装甲集团军在内的中线部队，在寒冷的冬季里无时无刻不在忍受着供应匮乏的折磨。到11月中旬之后，前线部队连最基本的食物定量都无法满足。乌克兰的食物倒是非常充足，但由于道路不通，根本无法运抵前线。几乎每个团都有500人以上因饥饿、冻伤而丧失了战斗力。

与此相反的是，苏军和莫斯科民众的抵抗热情空前高涨。数万工人、学生自告奋勇地拿起了武器。仅仅3天，他们便组织了25个工人营、12万人的民兵师和169个巷战小组。除此之外，几十万市民不分昼夜构筑环绕首都的防御工事。在那段时间里，仅参加构筑防御内线的市民就达25万人，其中绝大部分是妇女和少年。他们用自己的双手挖出了300多万方地土，构筑了7.2万米长的防坦克壕、近8万米崖壁和断崖，设置了5万多米长的桩砦和其他障碍物，挖掘了近13万米长的战壕和交通壕。

这时，苏军预备队方面军、布良斯克方面军的番号已被撤销，所有部队全部编入西方方面军。最高统帅部副统帅朱可夫元帅亲自担任西方方面军司令官，指挥莫斯科外围的阻击战。

此外，朱可夫还从西伯利亚方面调来了一支生力军。这支部队原本是打算用于抵抗日军可能从西伯利亚地区发起攻势的。但现在已经查明，日军的主要目标是美国，而不是苏联。所以，朱可夫元帅便放心地把这支生力军调到了苏德战场。

莫斯科妇女在莫斯科周围修筑反坦克壕沟

这支长期驻扎在西伯利亚地区的部队无论是兵员素质，还是装备，都是专门为在严寒气候下作战而设计的。他们从叶夫列莫夫方向迅速机动到乌兹洛瓦亚地区，准备从东南方向攻击第二十四装甲军的侧翼。

古德里安大惊，立即把第五十三军所属的第一一二步兵师调往乌兹洛瓦亚地区，迎战从西伯利亚方面增援而来的苏军。甫一接火，第一一二步兵师就撑不住了，纷纷后退。直到古德里安把第五十三军的第一六七步兵师也调到该地区，局势才稳定下来。

结果，部队中产生了一种莫名的恐慌，并迅速向其他单位传递。这是德国发动第二次世界大战以来，第一次出现这种情况。古德里安暗想："这足以证明德军的实力已经到了山穷水尽的地步，不能再指望他们承担困难的工作了。"

尽管困难重重，但最高统帅部和陆军总司令部还是一再催促各单位奋勇向前。这些远离战场的军政领袖们不可能对前线部队面临的困难一无所知。只不过，他们现在陷入了骑虎难下的两难境地。继续进攻，部队必定损失惨重；后退，也要付出沉重的代价，可能还会比进攻付出的代价更大。

11月18日，第二装甲集团军再度发动了全面攻势，并取得了不小的战果。得到加强的第二十四装甲军正率领第十七、第三、第四3个装甲师、"大德意志"步兵团和第二九六步兵师从东西两翼向图拉发动猛烈的攻击。其他各军也在各自的战斗区域内给当面之敌造成了沉重的损失。

到11月下旬，第二十四装甲军已攻克了图拉两翼的地第罗夫、波罗乔夫、维尼奥夫等地；第四十七装甲军攻下了叶皮凡；第五十三军全面占领了乌斯罗维尼亚；第四十三军也已突破苏军防线，向乌帕河方向挺进。

这时，身心疲惫的古德里安情绪越来越低落。11月21日，他在日记中写道："身处这种天寒地冻、衣住维艰的环境，再加上人员装备的严重损失和油料的备感缺乏，真使一个指挥官对于他的责任感到吃不消。时间愈长，我就愈感到压力沉重，身负如此重大的责任，即使全世界意志最坚强的人，也会感到难以承当……"

几天后，他又如是写道："我已经在前线奔走了三天，目的是想认清当前的实际情况。若是战况许可的话，我想在星期天到集团军群司令部去，看看在最近的将来到底是以什么为目标，这是我们一直不知道的。那些人究竟打些什么算盘，我也猜不出来。同时也更不知道在开春之前，战局将如何演变……"

11月23日下午，古德里安再也忍受不了了。他飞往集团军群司令部，觐见博克元帅，要求修改作战命令。因为他已深深地感到，不管是他个人，还是第二装甲集团军都已无力再完成从南面合围莫斯科的战略目标了。

博克元帅看上去也十分疲惫。他坐在椅子上，静静地听古德里安汇报前线的情况。他等古德里安说完，才缓缓道："我早已把你之前的报告内容上报给了陆军总司令部。他们似乎也明白战场上的真实情形。"

说着，元帅拿起电话，拨通了陆军总司令部的号码。在等待电话接通的瞬间，元帅抓起一个耳机，递给古德里安，让他在一旁听两位元帅的通话。

博克元帅原原本本地把古德里安的汇报转述给陆军总司令布劳希奇元帅听，然后要求他修改第二装甲集团军的作战任务，准许古德里安所部在冬季结束前选择有利的位置，转攻为守。

布劳希奇显然没有做最终决定的全权。他支支吾吾地说："办法总是会比困难多，我无法同意古德里安将军的要求，部队必须继续攻击前进。"

这时，古德里安终于忍不住了，拿起话筒，几近哀求地说："总司令阁下，你知道我们的士兵是在什么情况下作战的吗？你知道我们每前进一公里要付出多大的代价吗？"

布劳希奇回应说："你说的困难，我都明白，但现在还不能停下来。"

古德里安又请求道："那么，请总司令阁下至少给我一个在冬季可以达到的目标，然后再采取守势。"

布劳希奇沉默了几秒，才缓缓道："好吧，我们再研究一下，然后给你回复。"

古德里安放下话筒，摘掉耳机，默默地离开了集团军群司令部。在同一天，陆军总司令部驻第二装甲集团军联络官卡尔登中校也在古德里安的要求下，向陆军总参谋长哈尔德上将请求取消攻击命令，但也被拒绝了。

回到集团军司令部不久，古德里安就接到了博克元帅转发的陆军总司令部的命令。布劳希奇指定米凯罗夫–扎赖斯克一线为第二装甲集团军的目标。但命令同时强调，部队要彻底破坏莱山至科洛姆纳之间的铁路，以迟滞苏军的增援速度。

无奈之下，古德里安只好硬着头皮，命部队继续攻击前进。24~27日之间，第十机械化步兵师攻占了米凯罗夫。第十七装甲师的先头部队已经接近卡希拉。第五十三步兵军正在图拉东南方向的丹斯克地区与苏军西伯利亚单位激战。第四十七装甲军所属的第二十九机械化步兵师亦在同一地区，从东面攻击该战斗单位，并将其合围在了狭小的包围圈内。不过，由于第二十九机械化步兵师的战斗兵力极其薄弱（每个连队仅剩下五六十人），苏军这支勇猛的西伯利亚战斗集群竟从正面突出了包围圈。在战斗中，该师第七十一步兵团遭受重创，损失惨重。

五
图拉苦战，险些要命

隆冬已经降临，原野上的积雪将近1米厚，所有的目标都已被掩埋。饥寒交迫的德军正在死亡线上挣扎！饥饿、冻伤、疾病和苏联人随时可能发起的反攻，时刻都在威胁着他们的生命。

到11月28日，中央集团军群终于放弃了最高统帅部和陆军总司令部规定的长期目标，命令各部队迅速结束当前的战斗，转入守势。博克元帅给第二装甲集团军下达的命令简洁明了地指出："赶紧把图拉方向的战斗胜利地结束。"

这天，古德里安乘坐他的装甲指挥车，沿着压路机开出的通道赶往第二十四装甲军军部。道路两旁堆的积雪高达两三米，根本无法看到四周的情况。他在无人区走了好几个小时，才遇到正在冰天雪地里瑟瑟发抖的德军部队。

这时，他甚至有些羡慕苏联军队了。不管怎么说，苏军至少吃得饱、穿得暖，并且已经做好了充分的冬季作战的准备。

巴尔克上校现在在陆军总司令部中服役，主要工作是参与制订装甲部队的作战计划。这一天，他刚好奉命来到第二装甲集团军，视察前线的战斗情况。

巴尔克上校默默地点了点头。

攻占图拉任务非常艰巨。和莫斯科方向的情况差不多，这里的军民抵抗意志非常顽强。图拉居民在很短的时间内就组建了一支民兵队伍，协同西方方面军的五十集团军在图拉以及外围英勇地阻击敌军。此外，苏军正从莫斯科及其以西地区抽调兵力，以加强这一地区的防御力量。

在和各军军长讨论了当前的战局之后，古德里安决定采用双包围的战术攻打图拉。第二十四装甲军从东面和北面进攻，第四十三军从西面进攻。在作战时，第五十三军掩护着北面侧翼，以对抗从莫斯科及其以西地区增援的苏军；第四十七装甲军则面向东方展开，以阻止苏军西伯利亚集团的增援。

就在古德里安准备攻占图拉之时，苏军最高统帅斯大林在朱可夫元帅的建议下向西方、加里宁、西南方面军下达了反攻命令。苏军的反攻是从东线战场的最南端开始的。德军南方集团军群抵各部与苏军展开了激烈的战斗。11月30日，南方集团军群撤出罗斯托夫，第一装甲集团军也撤到了米乌斯一线。第二天，该集团军群总司令龙德施泰特元帅被解除了指挥职务，由赖兴瑙元帅接任。到任后，赖兴瑙查明了情况，直言不讳地说，罗斯托夫的撤出和第一装甲集团军撤回米乌斯之线都是无可避免的。

为了方便指挥图拉之战，古德里安把前沿指挥所搬到了图拉以南约6公里的亚斯纳亚波利亚纳。这里是俄国伟大作家托尔斯泰的故居。古德里安的办公室就在托尔斯泰的别墅里。他虽然是个军人，但却十分敬重文人。他命令士兵小心翼翼地把托尔斯泰的藏书以及遗物妥善保存，不得破坏。办公桌椅全部使用粗木制造的临时家具，取暖用的木柴也必须到远处的森林去砍伐，以免破坏托尔斯泰故居的风格。古德里安还抽空来到托尔斯泰的墓地，亲自凭吊这位俄罗斯的文化巨人。

12月2日，第二十四装甲军军长盖尔将军来电，请示古德里安是否按时发动攻击。按照预定计划，攻打图拉的战斗应于这一天和左翼的第四集团军发动的攻势同时发起。但古德里安在前一天得知，第四集团军尚未做好战斗准备，他们的攻势要等到4日才能开始。

古德里安倒很愿意再延迟几天，以便与第四集团军同时行动，减轻侧翼的压力。但盖尔将军认为，将一个疲惫的装甲军摆在狭窄的攻击区域内太过危险，最好立即反动攻势。

古德里安同意了他的请求。这一天，第三、第四装甲师和"大德意志"步兵团从南北两面向图拉发起了猛烈的攻击。驻守图拉的苏联守将鲍尔金将军没有料到德军会在极端不利的情况下主动发起攻击，被打了个措手不及。

第二天，第四装甲师切断了图拉通往莫斯科的铁路和公路，部分苏军向北撤退，余部仍固守图拉。古德里安命该师沿图拉-谢尔普霍夫追击，但坦克部队的燃料已经耗尽，再也无法动弹了。

当天夜里，向北退却的苏军与从莫斯科方向赶来的援军会合，沿图拉-谢尔普霍夫公路两侧发起反攻。第四装甲师奋起抵抗，战斗陷入僵局。与此同时，在图拉东部森林地带作战的第三装甲师和在南部作战的"大德意志"步兵团均陷入苦战。

如此一来，第四十三军和第四集团军的攻击力度将直接决定这次战斗的胜负。如果从西面发起攻击的第四十三军能压住苏军的火力，并顺利和第四装甲师建立联系的话，图拉之敌必将失去反攻之机。如果第四集团军能够在莫斯科以西的正面给苏军造成相当之压力，苏军将无法从该方面抽调兵力增援图拉。

然而，现在的情况还不甚明了。12月4日清晨，古德里安抵达第四十三军所属的第三十一师。和其他部队一样，第三十一师也已筋疲力尽，部分连队的战斗兵员甚至只剩下了二三十人。怀着沉重的心情，古德里安从师部下到第十七步兵团团部，然后又从那里下到第三轻步兵营。

这个营对古德里安的军事生涯来说，意义非凡。在1920到1922年之间，他一直担任该营第十一连连长。官兵们热情地欢迎他们的老长官。古德里安发表了简短的讲话，然后就召集各连连长，做最后的动员。

古德里安直截了当地问："你们是否还有力量发动进攻？"

连长们没有掩饰他们的焦虑，凄然回答说："我们再进攻一次，应该可以把敌人赶跑了。"

古德里安从他们的语气中听出了话外之音。在冰天雪里中连续苦战的官兵们，无论是身体上，还是心理上，都已经到了他们所能承受的极限。

黄昏时分，古德里安乘车返回他的前沿指挥所。雪越下越大，气温也越来越低，回程的路显得异常漫长。气象官在此前已经向他报告："未来两天的气温可能会达到今冬以来的最低值。"

古德里安的装甲指挥车在茫茫雪原上缓慢地移动着。突然，车身一震，引擎熄火了。司机高声喊道："糟糕……"

司机的话音还没落，车身就慢慢向积雪中陷去。原来，车子开进了一个已被积雪填满的深坑。幸运的是，车子的速度较慢，没有给车上的人员和设备造成伤害。

古德里安挣扎着推开车门，爬出深坑。外面的气温非常低，雪花刚落到地上就被冻结在了一块。他向四处看了看，除了茫茫雪原，什么也看不到。司机和其他随从人员也纷纷钻出车子，忧郁地站在古德里的身旁。

一名参谋掏出随身携带的温度计，打开电筒，静静地瞅了一会，惊讶地喊道："天呐，零下31度（德国使用华氏度，华氏零下31度相当于摄氏零下35度）！看来，我们都要被冻死在这里了。"

古德里安没有说话，但他的心里非常认同这个说法。在这个冰天雪地的黑夜里，很难把笨重的装甲车从雪坑里弄出来。就在这时，远处有一个亮点正缓慢地朝着他们移动。

"汽车！"有人兴奋地喊道。

但马上就有人给他泼了一盆冷水："说不定是俄国人！"

亮点越移越近，越来越大，果然是一辆通信车。令众人感到高兴的是，这是第二装甲集团军司令部的车。司机认出了古德里安一行，赶紧把他们拉回司令部。

第十一章
违令撤退,被迫离职

一
违令撤退，惹恼希特勒

古德里安离开第四十三军不久，该部就向图拉发起了攻击。但除了第三十一步兵师在战斗刚打响之时出其不意地向前推进了一段距离外，其他各部均被苏军钉在了原地，毫无进展。第四集团军所部在莫斯科正西的攻势也被苏军遏制住了，而且很快就遭到了苏军的反攻。他们已经自顾不暇，再也无力配合第四十三军的行动了。

图拉北部和东部的第二十四装甲集团军已经完全丧失了机动性。因为气温已经降到摄氏零下55度，缺少防冻设施的坦克被冻在了雪地上，步兵手中的枪支也因枪栓结冰而无法使用了。

第四十七装甲军和第五十三军方面的情况也不容乐观。据空军侦察机报告，一支强大的苏军部队正向卡西拉以南方向移动。此前已逼近卡西拉的第十七装甲师不得不向后撤退。

由于两翼和后方均遭到严重的威胁，而且持续的低温天气又使部队丧失了机动性，古德里安决定暂且放弃图拉，把最前线的部队撤到上顿河-夏特河-乌帕河一线。参谋长李本斯坦和第二十四装甲军军长盖尔将军都支持他的决定。这是自第二次世界大战爆发以来，古德里安第一次在困难面前主动撤退。

1941年12月5日夜间，古德里安把他的决定告诉了博克元帅。博克元帅没有说什么，算是默认了。随后，古德里安便向所属各部下达撤退命令。第二十四装甲军按照预定计划，缓缓向南撤退。第二装甲集团军对图拉长达一个多月的围攻至此结束。

次日凌晨，苏军西方方面军在朱可夫元帅的指挥下对莫斯科南、北两面之敌发起了反攻。霍普纳尔将军指挥的第四装甲集团军、赖因哈特将军指挥的第三装甲集团军已经开到了距离莫斯科约20公里处，但面对着苏军猛烈的反攻，也不得不放弃即将到手的胜利，全面转入防御。

在这种情况下，古德里安认为，德军只有全线撤退，在一条可守的防线后面过冬，等到春天来临时再考虑反攻之事。但希特勒和他的最高统帅部却还在命令部队发动进攻。

就在这时，日本联合舰队偷袭了美国太平洋舰队的海军基地珍珠港，太平洋战争爆发了。兵员充足、工业生产能力强大的美国被卷入第二次世界大战极大地改变了战争的格局。至此，第二次世界大战中的阵营结构最后形成了。德国、意大利、日本三大轴心国及芬兰、匈牙利、罗马尼亚等国为一方，美国、英国、苏联、中国等反法西斯同盟和全世界反法西斯力量为另一方，在全球范围内进行了一场规模浩大的战争。

古德里安认为，日本对美国宣战似乎让希特勒看到了一丝击溃苏军希望。日本是德国在亚洲的盟友。他希望日军在向美国的宣战的同时出兵西伯利亚，从东线对苏联用兵。然而，日本的兵力单是对付美国和中国都已捉襟见肘，根本无力再对苏联动武了。

太平洋战争的爆发让古德里安更加清醒地认识到，击败苏联的时机已经丧失（按照"台风"计划的规定，德军应在10月攻占莫斯科），继续拖下去只能对德国越来越不利。他甚至已经开始怀疑德国能否在这场战争中立于不败之地了。他坦言："……我并不是为我个人打算盘，我所忧惧的是我们德国的前途。"

从12月中旬开始，德军在苏军猛烈的反攻下开始全线溃退。第二装甲集团军所属的各部队也渐次向西南方向退却。12月10日，古德里安写信给希特勒的副官长希孟德和陆军人事处处长小凯特尔（凯特尔的弟弟），告诉他们该集团军所处的真实情形。他希望这两个人能分别向希特勒和布劳希奇陈情，放弃他们坚持的那个不切实际的幻想。

同一天，古德里安在给妻子玛格丽特的信中说："我希望我的两封信都能够到达它们的适当目的地，因为即令在目前，若能有明确的思想和坚定的决心，则仍然还可以挽救大局的一部分。我们对于敌人的天时地利人和，都完全估计得太低，所以现在自食其恶果……事实上我唯一满意的好事，就是我至少在12月5日曾经负起责任来停止再行攻击，假使我不这样做，那么一个大悲剧就绝无可避免。"

在随后的几天里，第二装甲集团军所有战线均出现危机。退守叶皮凡的第十机械化步兵师、驻守叶夫列莫夫的第十八装甲师等部队无一例外地遭到了苏军猛烈的攻击。与此同时，该集团军右翼的第二集团军也在苏军的压迫下不断后撤，使得古德里安所部的右翼出现了空隙。如此一来，斯大林诺戈尔斯科–夏特河–乌帕河一线便守不住了，第二装甲集团军必须撤过普拉伐河，重新组织防线。

12月14日，古德里安驱车到罗斯拉夫尔，觐见陆军总司令布劳希奇元帅。第四集团军司令官克卢格元帅也在那里。他简单地介绍了第二装甲集团军所面临的困难，并提出："请总司令官阁下准许我把部队撤到苏夏河-奥卡河一线。"

布劳希奇元帅的情绪比较低落。他对着地图沉思了一会，然后命令道："第二集团军暂时受第二装甲集团军的指挥。两个集团军退守库尔斯克-奥廖尔-普拉夫斯克-阿列克辛一线，必要时可以撤到奥卡河。"

古德里安知道，布劳希奇是做不了全权决定的，他的命令会经常遭到希特勒的反对而中途撤销。他暗暗祈祷，陆军总司令最好能和最高统帅达成一致。

返回前线的途中，古德里安获悉，第二集团军各部的撤退几乎已经成了溃逃。苏军反攻部队已从利夫内径直开向奥廖尔。第二集团军所属的第四十五步兵师陷入包围，损失惨重。第二装甲集团军所属的第四十七装甲军亦和第二集团军所属的第二九三步兵师也已放弃叶夫列莫夫，正向奥廖尔方向撤退。

就在这时，希特勒发布了一道死命令："不许后退……坚守阵地至最后一名士兵战死！"

这说明布劳希奇并没有把他向古德里安下达的命令转告希特勒。元首甚至直言不讳地宣布说，如果出现溃逃的情况，他将枪毙负有领导责任的师长。不能不说，这道命令起到了一定的作用，至少使德军的撤退从溃逃变成了有序撤离，且巩固了防线。第四集团军参谋长布鲁门特里特后来在《致命决策》一书中写道："希特勒已经意识到，部队在雪地上的撤退将导致整个战线的崩溃，我们的军队将重蹈拿破仑军队的覆辙。"

事实情况也是如此，冻死、冻伤在雪地里的德军士兵确实比死在苏军枪炮之下的要多。如果不有效制止溃退的话，德军还真的重蹈拿破仑全军覆没的覆辙。

12月16日，希特勒的副官长希孟德在古德里安的强烈要求下来到奥廖尔机场。古德里安的集团军部已撤到了那里。两人在机场的跑道旁会谈了30分钟左右。古德里安再次把当前的战局讲给希孟德听，并请他如实向希特勒转达。

从与希孟德的谈话中，古德里安惊悉，陆军总司令正在酝酿大改组，布劳希奇元帅很可能会被撤职。他惊讶地盯着希孟德，半天说不出一句话。

深夜，古德里安接到了希特勒的电话。很明显，希孟德已经向元首做了汇报。元首命令说："必须坚守原阵地，不准再退却了。"

古德里安喃喃地说："部队伤亡惨重，阵地已经无法坚守。"

希特勒大声嚷嚷道："我马上给你空运……援兵……"

由于敌军的轰炸和无线电干扰，电话的信号很差，古德里安没有听清希特勒打算给他空运多少援兵，便问道："你说什么。"

希特勒重复道："我马上给你空运500援兵。"

古德里安心里一沉，觉得这实在是一个荒唐的数字。他沉默了几秒，郑重地说："说到我们的撤退，自我与布劳希奇元帅在罗斯拉夫尔会晤以后就开始了，现在根本无法制止了。"

二

与希特勒产生战略分歧

虽然希特勒一再严令，不准撤退，但撤退一旦开始就不可能再停下来了。博克元帅、克卢格元帅和古德里安等人一边组织部队且战且退，一边不断向希特勒和布劳希奇陈情，请求他们允许部队撤到一条相对稳固的防线，但始终毫无结果。

12月17日，博克元帅召见古德里安。博克直截了当地进入主题："鉴于书面报告和电话都不起作用，我希望你能面见元首，把我们面临的困难讲给他听。"

古德里安略一沉思，答应了博克元帅的要求。随后，博克与最高统帅部方面做了沟通，安排古德里安于12月20日谒见元首。

两天后，博克元帅称病辞职。第四集团军司令克卢格元帅被希特勒任命为中央集团军司令。陆军总司令布劳希奇元帅亦被免职，希特勒亲自兼任总司令之职。这让古德里安心里感到非常不快。且不说临阵换将是兵家之大忌，在当前兵败如山倒的形势下换掉最高指挥官，难免让前线官兵感到寒心，因为这明显是在"寻找替罪羊"。

古德里安飞往位于东普鲁士的大本营时，参谋长李本斯坦等人面色凝重地到机场为他送行。众人引用一句古老的典故，对他说："小修道士，小修道士，你有一段艰难的路程要走啊！"

这是1521年，宗教改革领袖马丁·路德前往法庭接受会审时，人们对他说的话。古德里安微微一笑，心想："这句话的确很合题。"

每个人心里都非常清楚，想要说服希特勒，那可不是一件容易的事情。但为了挽救大局和数百万德军的生命，甚至是德意志的前途，古德里安决定拼尽全力试一试。他甚至还抱有几分侥幸心理，认为："我们的最高统帅对于一个来自前线、身经百战的将领所说的一切，总能听进去几成。"

12月20日下午3点30分，古德里安乘坐的飞机在拉斯滕堡机场着陆。

两个多小时后，他得到允许，走进了希特勒的办公室。

希特勒看到古德里安进来，起身迎了过来，冷冷地说："你好，海因茨！"

古德里安向元首行了一个纳粹军礼，道："你好，元首阁下！"

这时，古德里安突然发现希特勒的眼神生硬，脸上的表情也非常不友好。他的心猛地一沉，心想："完了，我的对头们一定在他的面前事先进了谗言。"

会谈在压抑的气氛下开始了。古德里安先讲述了前线部队，尤其是第二装甲集团军和第二集团军所面临的状况，然后说他打算把部队撤到苏夏河–奥卡河一线。

希特勒突然大声喊道："不，我禁止撤退！"

古德里安争辩道："撤退早已开始，而且中途无险可守，势必要撤到那两条河边不可。如果元首认为保全我们的勇士的性命，暂取守势过冬的观念是正确的，你就只能允许我们撤退。"

"如果是这样的话，"希特勒冷冷地说，"那么他们就应该原地掘壕固守，不准放弃尺寸的土地！"

"这完全不可能。"古德里安解释说，"因为在多数的地方，地面都已冻结到5英尺（约合1.5米）的深度，我们那些可怜的筑城工具根本不可能掘动冻土。"

希特勒又说："在那种情形之下，他们可以用重榴弹炮打出一些弹坑来。第一次世界大战时我们在佛兰德平原上就曾经采用过这种办法。"

古德里安又解释说："在第一次世界大战的时候，我们驻在佛兰德平原上的每一个师，平均所防守的地区不过3~5公里宽，每一个师都有两三营重榴弹炮的支援，而且弹药的供应也极充足。现在我们每一个师所要防守的前线都有40~60公里的宽度，而每一师只有4门重榴弹炮，每一门炮又仅有50发炮弹。假使我们来制造弹坑，则一共只能在地面上打成50个浅浅的空洞。每一个大小、深度都和一个浴盆差不多大，这又有什么用处呢？更何况，在佛兰德平原从来没有碰过这样的冷天……我们还要保留炮弹去打苏联人。"

希特勒想要说什么，但古德里安没有给他机会，继续道："有时候，我们想竖一根电话杆都办不到，因为这必须要使用高威力炸药。我们又从哪里去寻找那么多炸药，用来炸出你心中所想象的防御阵地呢？"

希特勒毫不客气地打断了古德里安的话，冷冷地说："无论如何，必须守在现在的位置，不准再退。"

古德里安以几近哀求的语气说："那么就是说要在一个不适宜的地形上，采取阵地战的战术，正好和第一次世界大战中西线的情形一样，结果我们就会消耗同样多的资源和牺牲同样多的生命，而却毫无获得决定性胜利的希望。假使是采取这样的战术，那么我们在一个冬天里面，就要把我们的官兵消耗殆尽。这种牺牲不仅是毫无用处，而且也无法弥补。"

希特勒吼道："你难道以为菲德烈大帝的掷弹兵都是自己想死吗？他们当然也想偷生，但是国家却有权要求他们牺牲自己的生命。我也相信，我有权要求任何德国军人牺牲生命。"

"所有的德国军人都知道，在战时他们是应该为国捐躯的，而且截至目前为止，事实上也可以证明我们的士兵确实都是视死如归的勇士。"古德里安见希特勒发狂了，语气倒平和了下来，"但不能白白地让他们去死，否则怎么对得起他们？按照目前的计划，不过是要他们枉自送命罢了。在部队没有撤到苏夏河-奥卡河一线之前，我们是不可能抵抗苏联的天气和苏军双重压力的。我请你注意这一点，就是天气比苏联人更可怕。严寒给我们造成的伤亡比敌人造成的多一倍还多。任何人只要到医院去看看，看看那些躺在病床上、不能动弹的被冻伤的士兵，就能明白这些。"

希特勒摇摇头，说道："我知道你素来愿意和手下的官兵同甘共苦，也花了不少时间和他们在一起生活。对于这一点，我表示嘉奖。但是正是因为你离得太近，对士兵的痛苦产生的印象太深，才陷入了当局者的迷思，才会觉得他们太可怜。你应该站远一点看，哪怕稍微远一点。相信我，当在较远的距离观察时，事实反而可以看得更清楚。"

古德里安诧异地盯着希特勒，朗声道："只要在我能力许可的范围之内，我有义务尽最大的努力减轻士兵的痛苦。但你知道吗？甚至直到今天，士兵们还没有收到冬服。我们的勇士，尤其是步兵还穿着单衣在零下几十度的冰天雪地里作战。军靴、背心、手套、羊毛帽子等等不是完全没有，就是已经磨得稀烂。这叫我又有什么办法？"

"那完全不对！"希特勒高声叫道，"军需总监报告我说，冬服早已经发过了。"

古德里安平静地解释说："我敢说发是发过了，但从来没有送到前线。作为指挥官，我有责任弄清楚这些事情的真相。目前，它们还留在华沙车站，已经有好几个星期了！因为运输出了问题，一直到现在都无法转运。"

说到这里，古德里安顿了顿，又补充道："我们本来要求在9、10月间即行运往前线，但是挨了一顿官腔，现在却已经太迟了。"

"军需总监，"希特勒喊道，"军需总监在哪里？"

军需总监闻声赶来，向希特勒承认，古德里安所说的一点也没错。希特勒这才沉默了下来。

随后，古德里安又谈到了战斗损耗和兵力补充等问题。希特勒、希孟德和凯特尔等人都觉得他是在夸大其词。这让他感到颇不耐烦。他认为，这些远离战场的"老爷"们根本没有准确地了解前线指挥官的报告。于是，古德里安建议从前线调回一些有战斗经验的参谋，到最高统帅部和陆军总司令部充当幕僚。

古德里安的这个建议立即引起了凯特尔等人的恐慌。希特勒也觉得古德里安是在挑战他的权威，怒吼道："现在我不能离开我的私人幕僚们。"

古德里安解释说："并不是要更换你的亲信助手，完全不是这个问题。只不过是建议你把前线有作战经验，尤其是对冬季作战有经验的参谋调到统帅部充当重要的幕僚人员而已！"

希特勒粗暴地挥挥手，拒绝了他的建议。两人长达5个小时的会谈结束了，但根本没有达成一致。

古德里安离开的时候，希特勒小声对凯特尔说："我还是没能说服这个人！"

三
被迫离职，转入预备役

由于意见分歧，希特勒与古德里安之间出现了一道深深的裂痕，再也无法弥补。这非常容易理解。希特勒这位举世无匹的独裁者大概认为古德里安不再是他忠诚的"奴仆"了，继而冷落他，也是很自然的事情。

古德里安离开大本营后并没有立即飞回前线。这主要是因为他还没有见到最高统帅部的作战部长约德尔将军。次日上午，他打电话给约德尔，把他对希特勒讲过的话又讲了一遍。

约德尔支支吾吾，不愿正面回答他的问题。看来，他已经和希特勒达成了一致，禁止部队撤退。

放下电话，古德里安怅然若失地登上飞机，飞回了奥廖尔。根据希特勒的指示，古德里安立即重新部署各单位，并把左翼移到了希斯德拉河与奥卡河交汇点。如此一来，第二装甲集团军和第二集团军的防御正面不但没有收缩，反而延长了。

12月22日，古德里安前往战线左翼，视察第四十七装甲军所属各部。此行的目的乃是向各单位解释这种新变化的原因。他在第十机械化步兵师、第十七、第十八装甲师师部转了一整天，直到深夜才回到奥廖尔。气温依然很低，低到能把人冻僵。但他的心更冷，因为他知道这个装甲军在未来的几天会遭到更沉重的打击。可是，他又无能为力。他唯一能做的就是向官兵们解释清楚，这一切都是最高统帅的安排。

23日，古德里安又到了第二十四装甲军和第五十三军（第四十三军在不久前已改隶第四集团军）所属各师。

24日，古德里安又访问了战地医院，去看望那些曾经在战场上流血负伤的士兵们。他企图给这些孤独的伤病员带去一点安慰和温情，但他的内心却比任何人都痛苦。黄昏的时候，他把自己关在办公室里，静静地坐了很久。孤独、寂寞、凄凉、委屈，千百种感情一下子涌入心头，让他不堪重负。

稍晚些时候，参谋长李本斯坦，两位副官布辛和卡尔登推开门，走了进来。古德里安抬起头，看了众人一眼，苦涩地说："平安夜快乐！"

李本斯坦等人苦笑了一下，说道："司令官阁下，快乐是属于别人的，我们快乐不起来。"

古德里安闻言，内心激起了一股暖流。在这个世界上，至少还有人了解他内心的痛苦。实际上，他的心里已经产生了离职的念头。这两天，他频繁地到部队和医院去，有3个方面的原因：其一，向众人解释希特勒的意图；其二，祝贺大家圣诞快乐；其三，再见一见那些和他并肩战斗过的战友！

24日夜间，苏军对第二装甲集团军的正面展开了猛烈的攻击。由于防线太宽，兵力不足，各单位抵挡不住，纷纷后退。第十机械化步兵师在切尔尼与敌军苦战数小时，在最后关头丢掉了阵地。该师一部在切尔尼陷入苏军的包围圈，凶多吉少。

集团军群司令克卢格元帅立即来电，粗暴地指责古德里安说："一定是你命令第十机械化步兵师撤出切尔尼的。从战斗情况来看，他们至少在24小时以前就已经撤退了。"

古德里安气愤极了，立即反驳道："司令官阁下对我的指控是不公正的，我早已向该师下达了死守该城的命令。"

然而，在这种情况下说什么都是多余的。实际上，他确实在23日向该师师长罗普尔将军说过，根据希特勒的命令，一定要死守切尔尼，战斗到最后一兵一卒。

平安夜里，古德里安一直在提心吊胆地等待着第十机械化步兵师的消息。直到天亮，罗普尔将军才来电称，被围在切尔尼的部队已经突围，而且还抓到了几百名俘虏。

古德里安深深舒了口气。管他什么最高统帅，管他什么集团军群司令，官兵的生命才是最重要的。他抓起电话，立即命令各部向苏夏河–奥卡河一线撤退。

随后，古德里安把当天的战斗情况向克卢格元帅作了汇报。黄昏之时，克卢格突然打来电话，指责古德里安说："海因茨，你的报告有问题。苏军绝对没有能力发动如此规模的攻势。我看一切都是你故意要和集团军群司令部和元首作对。"

古德里安大惊，慌忙解释，但越解释越糟。挂电话的时候，克卢格元帅恶狠狠地说："我要把你的情形报告元首。"

古德里安马上吼道："我受够了！"

说着，他"啪"一声，挂断了电话。沉默了几分钟后，古德里安又抓起电话，拨通了集团军群参谋长沃勒尔将军（中央集团军群的参谋长已几度更换，沃勒尔在"台风"计划破产后才上任）的号码。

·205·

古德里安直截了当地说:"我再也不想干了!我要求集团军群立即解除我的职务。"

沃勒尔大吃一惊,极力挽留,但古德里安心意已决。随后,他便向集团军群司令部发了一个正式的辞职电报。

不过,克卢格已经抢在他前头向陆军总司令部递交了报告,要求希特勒(此时的希特勒已身兼最高统帅和陆军总司令之职)解除古德里安的职务。

第二天上午,陆军总司令部的命令就到了第二装甲集团军。命令上说,希特勒已把古德里安调回总司令部,另候任用。第二集团军司令施密特将军接替古德里安,统一指挥第二装甲集团军和第二集团军。

古德里安如释重负,立即向参谋长李本斯坦等人话别,并以每日命令的形式发表了告别书。告别书的内容如下:

第二装甲集团军的全体官兵们:
　　元首兼三军最高统帅已在今天解除了我的职务。
　　当我要离开你们的时候,我不禁回忆起这6个月以来我们并肩作战的情形。我们是为国家的荣誉和陆军的胜利而战!我对那些已经为了祖国而流血捐躯的勇士们,更是不胜感念。从我的内心深处,我向你们表示极诚恳的感谢。在这个长期的作战中,你们是尽了最大的努力,发挥了最大的力量团结在一起。我们曾经安危与共,只要能够帮助你们和保护你们,就是我最大的快乐。
　　祝你们鹏程万里!
　　我知道你们还会和过去一样英勇作战,尽管必须在严寒的冬天和优势的敌军作战,但我相信你们一定可以克服这些困难。当你们在艰苦作战之时,请不要忘记,我的心永远和你们在一起。
　　为德意志而战!
　　希特勒万岁!

古德里安

1941年12月27日,古德里安正式卸任第二装甲集团军司令之职,离开了前线。他经由罗斯拉夫尔、明斯克、华沙、波森,一路向西,回到了柏林。

在古德里安离开之后,克卢格又和第二集团军参谋长李本斯坦发生了冲突。冲突是由古德里安的告别书引起的。他暗示李本斯坦不要公开告别书,因为他担心古德里安会批评或讽刺包括希特勒在内的高级长官。李本斯坦毫不示弱,终于顶住压力,让第二装甲集团军的官兵们看到了他们最优秀的司令官离开前的肺腑之言。

四

盟军反攻，战局逆转

希特勒在古德里安的免职命令中说要他"另候任用"，但实际情况并不是这么回事。回到柏林之后，古德里安便退为预备役，在委屈中度过了长达两年多的时间。据古德里安在回忆录中所述，希特勒曾派人监视他的一举一动。也就是说，古德里安被软禁了！

凄苦的生活和郁闷的心情让古德里安患上了心脏病。为了疗养，更为了躲避柏林的政治空气，他曾带着妻子到德国南部居住数月。后来，他甚至请求国内训练军总司令弗洛姆将军，允许他迁居南部。但由于希特勒出面干涉，未能成功。

在此期间，古德里安曾要求组织军事法庭，审理他被免职的原因。但报告递上去之后便被希特勒扣押了。此外，希特勒还渐次对军队的高级将领进行了"大清算"。凡是反对他，或对他表现出不满的将领均被免职，其中包括盖尔、弗斯特、霍普纳尔等人。北方集团军群司令李布元帅不愿同流合污，主动请辞了。

1942年4月26日，德国国会通过了一条法律，准许希特勒绕过国会，以命令的形式改变一切法律。这就意味着，这位独裁者的权力到了无以复加的地步。

6月28日，德军在东线战场发动了斯大林格勒战役，保卢斯将军的第六集团军深入到伏尔加河流域，与苏军展开了激战。与此同时，克莱斯特的第一装甲集团军也向高加索山地发起了攻击。这次攻势的规模虽然很大，但由于德军已经在莫斯科会战中已经伤了元气，而苏军也已从战争初期的慌乱中走出来，所以打得十分艰苦，而且毫无效果。

古德里安这位曾经的第二装甲集团军司令和希特勒的亲信，已经完全被排挤出了德军指挥系统。他无法从最高统帅部或陆军总司令部那里获得有关前线的任何消息（其实，即便获得了也未必准确）。他对东线战场的了解，仅限于纳粹在报纸和广播中公开的消息。只有在极少数情况下，才

铁甲悍将 古德里安

蒙哥马利与隆美尔

会有一两位来自前线的朋友，冒险把前线的情况描述给他听。不过，这些残缺不全的信息就已经足以让他对整个战局有了比较清醒的认识——局势正在逆转。照着这种形势发展下去，德国的败局已定。

8月初，英国著名将领蒙哥马利将军被任命为第八集团军司令，赶赴北非战场。这位被后人称为"沙漠跳鼠"的勇将与素有"沙漠之狐"之誉的隆美尔在北非的沙漠上展开了厮杀。北非战场有逆转之势。

9月中旬，隆美尔元帅因病归国疗养。离职前，他向希特勒建议由古德里安接任该集团军司令之职。希特勒毫不犹豫地拒绝了。这说明，希特勒并未消除对古德里安的戒心。

不久，弗洛姆来见古德里安，问他是否考虑到再被召用的情形。

古德里安惆怅地说："我想，不会再有这种机会了。"

后来，弗洛姆又电召古德里安，和他见了一次面。这次，弗洛姆很有把握地说："我曾和希孟德讨论过你的问题。他（指希孟德）说，你被召出山应该不会有太大的问题。"

古德里安沉默了半晌，静静地看着弗洛姆。弗洛姆又说："我曾向元首提起过你打算迁居南部的念头。元首说，他知道你的祖籍是西普鲁士，并希望你在那里定居。元首透露说，他准备对所有获得橡树叶骑士铁十字勋章的人都赠与一些地产。我想，你到西普鲁士去找一处合适的产业也不错。"

古德里安心头一震，不知道是喜还是悲。他已经做好了最坏的打算——脱去军装，做一介平民。但内心深处呢？他不愿去想，也不敢去想。

这年9月25日，陆军总参谋长哈尔德上将也遭到了免职处分。总参谋长之职由库尔特·蔡茨勒上将接任。与此同时，希特勒还对总参谋部的职权做了限制，总参军官的任免权被划归陆军人事处。而陆军人事处又直接受希特勒的指挥。蔡茨勒立即抗议，但毫无效果。至此，希特勒终于完全掌控了陆军军权。不过，他和陆军高级将领们之间始终缺乏互信精神。实际上，这位有些神经质的独裁者不再可能信任任何人。

古德里安很希望蔡茨勒能够改变这种状态，给陆军指挥工作带来一些有益的变化。因为这关系着整个德意志的命运。可惜的是，尽管这位新任总参谋长不遗余力地把自己的意见上呈给希特勒，有时候甚至不惜据理力争（蔡茨勒在任期内曾5次提出辞呈），但希特勒却从未采纳过。

1942年的秋季，古德里安的心脏病再次发作，且有转重的趋势。到了11月，情况更加严重了。有一次，他一连昏迷了好几天，多亏医生多马拉斯全力救治，才把他从死神的手里拉回来。这一次，他在病床上了躺了好几个月，直到1943年2月才完全恢复。

战争进行到1943年初之时，战局已经非常明朗了。在北非，盟军已掌握战略主动权，开始全面反攻。1942年11月3日，英国第八集团军在蒙哥马利的指挥下，在阿拉曼一线重创隆美尔的北非装甲集团军，取得了阿拉曼大捷。阿拉曼大捷是第二次界大战的一个重要转折点，他完全扭转了北非及地中海南部的战局。英国首相丘吉尔后来说："阿拉曼战役之后，我们再没有打过一次败仗。"

阿拉曼战役结束5天后，即11月8日，以美军为主力的盟军在盟军总司令艾森豪威尔将军的指挥下发起了代号"火炬"的战役计划，在法属北非的卡萨布兰卡、奥兰、阿尔及尔登陆。

1943年1月14日到23日，美国总统罗斯福与英国首相丘吉尔在北非的卡萨布兰卡举行会晤，讨论今后的战局，并第一次公开提出"德国必须无条件投降"的要求。

在苏德战场上，德军更是遭遇了前所未有的损失。1943年2月2日，长达200余天的斯大林格勒战役结束了。德军第六集团军自司令保卢斯元帅以下，30余万人全部被俘。希特勒对德军在斯大林格勒如此惨重的失败痛心疾首，更对保卢斯的投降恨之入骨。他在一次最高统帅部的会议上咒骂道："他们已经在那儿投降了——正正式式、完完全全地投降了。他们本来应该团结一致、顽强抗击，然后用最后一粒子弹自尽……保卢斯应该举枪自杀，正像历来的司令官眼看大势已去便拔剑自刎一样。"

为了欺骗舆论，也是为了自欺欺人，希特勒在保卢斯投降后的第三天，发布了一份特别公报："斯大林格勒战役已经结束。第六集团军在保卢斯陆军元帅的卓越领导下，忠实地履行了他们打到生命最后一息的誓言，没有被优势敌人和不利于我军的条件所压倒。"

在斯大林格勒战役中，德军总共损失了约150万人，3500辆坦克和强击火炮，12000门火炮和迫击炮，约3000架飞机及大量的其他技术兵器。

这些兵力和兵器的损失对希特勒德国的整个战略地位产生了极大的影响并彻底动摇了其整个战争机器。斯大林格勒战役是第二次世界大战最重要的转折点。从此苏军掌握了战略主动权，开始了全面反攻。

在兵败如山倒的形势下，希特勒急需重新启用一批战略、战术专家，以便扭转战局。这时，最高统帅部中一些头脑比较清醒的幕僚开始劝希特勒重新阅读古德里安在战前撰写的一些文章，并再次召用他。

2月中旬，即古德里安刚刚康复之际，希特勒终于暂时放下了对古德里安的成见。17日，陆军人事处副处长林纳尔兹将军突然打电话给古德里安，命他立即赶往位于文尼察的大本营，觐见希特勒。

古德里安不免大吃一惊！他曾和陆军人事处处长小凯特尔将军进行过一次长谈。从小凯特尔谈话的语气中，他推测自己不但复职无望，而且还可能遭到更严重的排挤。

第十二章
艰难应付战局

一
接任装甲兵总监

匆匆收拾了一下,古德里安便在副官贝克中尉的陪同下登上火车,前往东普鲁士的拉斯滕堡,然后再从那里飞往文尼察。

1943年2月19日下午,古德里安抵达文尼察,在一家旅馆住了下来。此时,他已猜到希特勒召他前来的目的,但还不甚肯定。而负责接待的工作人员,其中包括凯特尔的副官魏斯少校,也不清楚希特勒的真正意图。看来,一切只能等见了希特勒或者他的亲信之后才有分晓。

第二天上午,希特勒的副官长希孟德将军来到古德里安下榻的旅馆。希孟德向古德里安简单介绍了德国装甲部队近两年的发展状况,以及在战场上的表现。古德里安静静地听着,其实他对这些都已有了大致的了解。

然后,希孟德才郑重其事地说:"我们的装甲兵已经到了非重新改革不可的阶段。为此,总参谋部和军需部之间已经发生了多次争执。更重要的是,装甲部队已对最高统帅部丧失了信心。看得出,无论是指挥官,还是普通士兵,都希望能有一位真正的内行来控制这个兵种。所以,元首才决定由你来担负这个重大的责任。"

古德里安默不作声地看着希孟德,一副了然于胸的样子。希孟德见状,忙问:"将军对这个任命有什么看法?"

古德里安略一沉思,缓缓道:"这是国家和装甲兵种的需要,我愿意接受元首的任命。不过,必须有一些先决条件,否则我大病初愈,出任装甲兵总监的话,只能是徒劳无功,徒费精力。"

"什么条件?"希孟德赶忙问道,"将军不妨明言,我会如实向元首转达。"

古德里安说:"首先,我不接受总参谋长和训练军总司令指挥,而直接向元首负责;其次,有关兵器装备方面的发展,兵工署和军需生产部也应尊重我的意见,否则装甲兵的战斗效率还是无法提高;最后,党卫军和空军所属的装甲部队,尤其是在组织和训练方面,我也应该具有同样的监督权。"

说完,古德里安又强调说:"请将我的意见转达元首。除非他同意,否则就不必召见我了。如果那样的话,还是让我回柏林的好!"

希孟德离开不久,大本营就来了通知,说希特勒将在下午3点15分召见古德里安。古德里安大喜,这说明希特勒已经同意了他的要求。

召见最初在希特勒的办公室进行,除了他和古德里之安外,希孟德也陪同在侧。但不久,希特勒就引着古德里安走进书房,单独见面了。

经历3年多紧张的战时生活,希特勒已经老了很多。古德里安注意到,他的左手一直在微微颤抖,讲话也没有过去那么流利了,而且明显中气不足。

希特勒让古德里安坐下,然后说:"从1941年12月20日以来,我们一直没有见过面。那次见面,我们之间产生了很多误会,这让感到非常抱歉。现在,我需要你的帮助。"

古德里安回答说:"只要环境许可,能够让我真正做一点有益的事情,我愿意接受元首的任命。"

希特勒已同意古德里安提出的要求,并让他拟定一个职掌大纲。古德里安点了点头,表示同意。

这时,元首又说:"我已把你战前所写的文章重读了一遍。现在看来,你对战局发展的许多预言都是正确的。"

一种前所未有的凄凉之感突然涌上古德里安的心头。如果希特勒能在战前,甚至"台风"战役计划注定失败之时说这番话该多好啊!如今,古德里安终于获得了全面实践他的军事理论的机会,但是不是太晚了一些呢?

下午4点,会谈结束了。古德里安怀着复杂的心情离开大本营,回到下榻的旅馆。

第二天,古德里安与总参谋长蔡茨勒、最高统帅部作战部长约德尔、希孟德和希特勒的另外一位副官英格尔举行座谈,讨论装甲兵总监职权草案的大纲。

22日,古德里安飞到拉斯滕堡,先后与最高统帅部总参谋长凯特尔元帅和国内训练军总司令弗洛姆就草案的内容交换了意见。很快,一份草案出炉了。

28日，希特勒签字批准了古德里安等人拟定的装甲兵职权大纲。草案的内容完全符合古德里安事先向希特勒提出的要求。就这样，古德里安取得了对德国装甲兵的最高控制权（当然，应除去希特勒本人）。

3月初，古德里安飞回柏林，开始调整装甲兵总监部的人事部署，并且准备着手工作。具有丰富实战经验的老装甲兵托马勒上校出任参谋长，费尔中校主管组织工作，考夫曼少校主管人事工作（不久即为福尔华兹所代替），马克斯中校则担任古德里安的副官。

为加强与前线部队的联系，古德里安在每个部门都安排了正副两名主管，其中必有一位具有丰富的战斗经验且刚从战斗部队回来不久的军官。这些人要么年龄较大，要么身负重伤，需要在后方好好休息一段时间。当他们身体康复后，就可以重新调往前线工作了。

为加强装甲兵的训练工作，古德里安与弗洛姆达成了一致意见，在训练军中设立了装甲兵监，由经验丰富、作战勇敢的艾贝尔巴赫将军（就是古德里安任第二装甲集团军期间，第二十四装甲军的坦克旅旅长）负责。而艾贝尔巴赫将军的参谋长则由训练军司令部装甲兵科主管兼任。

另外，古德里安对装甲兵学校的组织和训练，教材的发行等方面均进行了改革。

在繁重的工作中，古德里安不忘抽出一点时间，去拜访一些老朋友和纳粹的实权人物，其中包括宣传部长戈培尔、党卫军司令希姆莱和军需生产部长史贝尔。

3月3日，古德里安拜见了戈培尔。这是两人第一次单独会谈。戈培尔的态度很友好，两人从战局谈到政局，又从政局回到战局，一共谈了两个多小时。古德里安发现，戈培尔很理性，而且他知道希特勒素来重视戈培尔的意见，所以便不顾一切地把他的意见和盘托出了。

古德里安说，在现有的最高指挥系统当中，不仅组织不够健全，而且到处都有人事上的冲突，最高统帅部、陆军、海军、空军、党卫军和军需生产部都可以各自为政。为了统一这种混乱不堪的情形，希特勒必须事无巨细，一一过问。然而，希特勒本人并没有接受过正规参谋业务的训练（希特勒的最高军衔是一战时期获得的下士），所以难免心有余而力不足。到了最后，他就不得不指派一个能力较佳之人来担任最高统帅部参谋长。

古德里安还暗示说，将来的最高统帅部参谋长，在能力上一定要比凯特尔元帅高明。言下之意，他希望希特勒能够改组最高统帅部，以适应战局的发展。

离开的时候，古德里安说："希望博士能把我的意见以一种合适的方式转达元首。我想，这些话由你来说，比我说有用得多！"

戈培尔坦白地说："这是一个很难处理的问题。不过，我答应你，一旦时机成熟，我会向元首转达你的这些意见。"

二

秘密会晤戈尔德勒

古德里安整日忙碌着，工作效率也非常高。正式上任一周后，他便拿出了一个改组装甲师和装甲步兵师（由原先的机械化步兵师改编而成）的方案。在该方案中，古德里安强调，德军装甲部队应尽快更新武器和战术，以最少的兵员和装备发挥最大的战斗力。

此时，德国已研制成功"虎"式重型坦克和"豹"式轻型坦克。这两种坦克无论在火力上，还是在装甲厚度上在当时都首屈一指。以"虎"式坦克为例，火炮口径达88毫米，正面装甲厚度102毫米，侧面装甲厚度82毫米，均比苏制T-34坦克优越。不足的是，"虎"式坦克车身过重，达56吨（战争后期达57吨），速度较慢（最高时速38公里，T-34为55公里），行程较短（110~160公里，T-34为468公里），而且没有装备机枪，缺乏近战能力。不过，就对付坦克而言，这是绝对是一种卓越的武器！

1942年8月，"虎"式坦克第一次出现在战场上。刚开始的时候，由于机械故障和操作等问题，它并未显示出卓越的优越性。但到了9月初，他的优势就体现出来了。9月3日，德意志近卫独立重型坦克第七十二团在列宁格勒附近的梅尔斯堡地区与苏军一个重型坦克旅遭遇。激战中，"虎"式坦克击毁、击伤苏军坦克137辆，而自身损失仅为两辆。

由此可见，"虎"式坦克的性能和战斗力是何等的优越。不过，由于这种坦克造价过高、费工费时，产量不

古德里安视察"虎"式坦克

高。当时，德国军需生产部每月只能提供25辆。很明显，这根本无法满足前线部队的需要。是故，古德里安强烈要求提高新型坦克的生产量，并尽快装备到一线。

3月9日，古德里安与他的参谋长一起飞到文尼察，当面向希特勒汇报改组方案的内容。一进会议室，古德里安惊呆了！最高统帅部的全体人员、总参谋部的代表、步兵总监和炮兵总监全都在场。很明显，他们都想看一看古德里安复出后的第一次登台表演。

古德里安小心翼翼地向众人解释着方案的内容。但他的发言很快就被一片议论之声淹没了。在七嘴八舌的讨论中，这次会议一直开了4个小时才结束。最后，除了装甲兵总监可以控制全部突击炮单位这一点以外，他所提出的意见在原则上获得了通过。

会议结束后，大病初愈的古德里安拖着沉重的脚步，缓缓走出会议室。在一个拐角处，他突然摔倒在地，晕了过去。他这次晕倒的时间比较短，没人发现。

第二天，古德里安便带着病体，飞回柏林，重新投入了紧张的工作之中。他走访工厂，视察部队，看望装甲兵学校的学生，参加兵器展，忙得不可开交。在3月19日的兵器展上，他看到了"古斯塔夫"列车炮、"虎"式坦克和附加装甲侧裙Panzer-Ⅳ型坦克。

"古斯塔夫"列车炮吸引了很多人的目光。古德里安和希特勒等人都观看了它的射击表演。这种列车炮的口径达800毫米，威力确实大得可怕，但必须有双轨铁路才能运动，而且每装一颗炮弹需要耗时45分钟。

表演结束后，古德里安转身离开。这时，希特勒突然叫住他，大声道："你听呀！米勒博士（'古斯塔夫'的设计者）刚刚向我说，'古斯塔夫'也可以射击坦克。你认为怎样？"

想到希特勒可能会命令大量生产这个庞大的怪物，古德里安鼓足了勇气，回答说："射击当然是可以的，但是我敢说，却是绝对打不中。"

古德里安的回答让希特勒和米勒都感到十分不快。米勒博士还和希特勒争辩了一番，最后甚至变成了对骂。不过，米勒后来也承认，他当时不过是信口一说罢了，没想到希特勒会当真。

当时间来到3月底，装甲部队的改组工作终于取得了一定的进展。这时，他的老朋友拉本那将军突然带着卡尔·戈尔德勒博士来到他的寓所。戈尔德勒原是莱比锡市的市长，后因与希特勒政见不合愤而辞职。

这次会谈是在极其秘密的情况下进行的。戈尔德勒说："因为希特勒已经无法胜任德国的总理兼三军统帅的重责，所以最好还是设法停止他的职权。"

古德里安闻言，大吃一惊，几乎瘫坐在地。戈尔德勒安慰他说："不用害怕，我们不会谋杀希特勒！"

古德里安稍稍平静之后，戈尔德勒博士才继续说，他们已经制定了一个改组政府的方案，而且颇有价值。但现在，单凭他们的实力还无法使其成为现实。所以，他需要军方的介入。

古德里安问："如何去限制希特勒的权力呢？"

戈尔德勒回答说："应该把希特勒圈禁在一个安全的地方，使他只担任名义上的元首。"

"那么，如何对付那些纳粹的要人呢？"古德里安又追问道。

戈尔德勒说："这要让国防军来决定。"

古德里安明白，戈尔德勒口中所说的改组实际上就是发动政变。他个人也认为，由于希特勒个人的错误和纳粹的弱点，确实应该推翻第三帝国，但现在还不是时候。斯大林格勒战役结束后，德军在各条战线上均已陷入被动。而盟国提出的无条件投降的要求，似乎并不是旨在消灭希特勒和他的纳粹党，而是要毁灭整个德意志。

戈尔德勒见古德里安不说话，以为可以把他争取过去，便说："请将军访问前线的时候，顺便把这个意见提出来，征得其他高级将领的同意。"

古德里安没有正面回答，而是问道："到底是谁在领导这个运动？"

戈尔德勒沉默了一会，似乎在考虑古德里安是否值得信任。古德里安微微一笑，说道："说还是不说，这个随你的便！但我绝对不会出卖你们的。"

戈尔德勒小声道："前陆军总参谋长贝克将军。"

"哦！"古德里安恍然道，"原来是他！"

古德里安对贝克将军的印象素来不佳。他认为，这个人一向优柔寡断，做事情畏首畏尾，根本不适合干这种秘密工作。更何况，这个人在陆军中的威望不足以服众，并不是一个合格的领袖。古德里安对他的评价是："他是一个哲学家，而不是一个革命者。"

"怎么样？"戈尔德勒询问道，"是否考虑加入我们。"

古德里安坦言道："从当前的情况来看，你的计划绝对有损无益，而且根本上不可能成为事实，所以我拒绝参加。"

戈尔德勒惊诧地说："这是为了德意志的未来！"

古德里安回应说："是的，我也是为了德意志的未来。何况，和陆军中其他的将领一样，我们都曾宣誓效忠于希特勒。所以，我劝你趁早放弃你的计划吧！"

"好吧！"戈尔德勒说，"请将军代我征询其他将领的意见。"

古德里安想了想，回答道："我可以照办。但你应该有心理准备，我想军中采取我这种态度的人绝不止我一个。"

不久，戈尔德勒博士又和古德里安见了一次面。古德里安说："在陆军中，没有一位高级将领同意你的看法。他们的理由不仅是他们曾宣誓效忠希特勒，更是因为当前的战况极为危险。"

戈尔德勒笑了笑，不再强求。他只是要求古德里安对他们的谈话内容保密。古德里安答应了。从此之后，古德里安再也没有见过戈尔德勒，也没有听说过他的任何消息。这很正常，因为戈尔德勒的政变失败，被希特勒秘密绞死了。

三
反对发动1943年夏季攻势

1943年2月19日~3月15日，德军南方集团军群在时任司令官曼施坦因元帅的指挥下充分发挥坦克集群的作用，在第三次哈尔科夫战役中重新占领该城。这是德军自斯大林格勒战役失败之后所取得最大的战术胜利之一。

为了弄清楚"虎"式坦克在战斗中的攻击效果，古德里安于3月29日飞往设在扎波罗热的南方集团军群司令部。该集团军群所属的第四装甲集团军司令霍斯将军负责接见了古德里安。

古德里安和霍斯是多年的老朋友了。两人除了讨论了"虎"式坦克的战斗力之外，还就陆军的人事安排与希特勒的个性弱点交换了意见。霍斯将军告诉他，像曼施坦因这样优秀的指挥官在德国陆军中是绝无仅有的，但希特勒却容不下他。

古德里安恶狠狠地说："真应该把那个软弱无能的凯特尔踢出最高统帅部，让曼施坦因接任三军总参谋长（即最高统帅部总参谋长）。"

霍斯无奈地摇摇头，说道："这不太可能。凯特尔很会逢迎拍马，他不等希特勒吩咐，就能把希特勒伺候得很舒服。曼施坦因是一位真正的军事天才，他敢于把自己的意见高声说出来。我想，这对具有高度幻想力和意志力的元首来说是无法容忍的。"

随后两天，古德里安又先后视察了"大德意志"步兵师（在原先的"大德意志"步兵团基础上扩编而成的战斗单位）、党卫军近卫师等单位，调查研究"虎"式坦克的作战性能以及战术编组等问题。最后，他又折回扎波罗热，与曼施坦因举行会晤。

就这样，古德里安出任装甲兵总监之后的第一次前线视察之旅结束了。这次视察除了让他对"虎"式坦克的作战性能有了比较清晰的认识之外，还加深了他与希特勒之间的裂痕。因为他从来没有想到，希特勒的心胸竟会如此之狭隘！

返回柏林之后，古德里安又投入了紧张的工作之中，其中最重要的就是"虎"式坦克和"豹"式坦克的生产问题，党卫军装甲部队的组织和使用问题，但效果均不佳。前者主要是因为物资紧缺，劳动力匮乏，无法将战斗力强劲的新型坦克源源不断地生产出来。而后者则是因为希姆莱和希特勒的阻挠。希特勒从来就没有信任过陆军，所以才要组织一支私人军队，作为他最后的资本。他怎么可能让这支部队白白地去送死呢？

这时，北非的局势也进一步恶化了。隆美尔元帅的北非装甲集团军已被盟军逼到突尼斯一线。古德里安就这个问题于4月13日和希孟德做过一次长谈。他说："非洲的情况已经毫无希望了。所以我请求你帮我把那里许多优秀的坦克人才设法抢救回来，尤其是那些具有多年经验的指挥人员。这些都是我们的无价之宝！"

孟希德答应尽量劝说希特勒。但事与愿违，希特勒非但不同意把北非装甲集团军撤出北非，反而还向那里增兵，其中包括新成立的"虎"式坦克营。对此，古德里安痛心疾首，但又毫无办法。

4月底，古德里安飞往西线总司令龙德施泰特元帅的司令部。他想看看这条战线的装甲部队，以及正在建设中的"大西洋壁垒"是否能挡住盟军两栖登陆坦克的冲击。他这次西线之行并没有看到所谓的"大西洋壁垒"。因为他刚到第八十一军军部，希特勒就发来电报，让他赶往慕尼黑开会。

5月3日到4日，最高统帅部和陆军总司令部要员、南方集团军群司令曼施坦因、中央集团军群司令克卢格、第七集团军司令穆德尔、军需生产部长史贝尔和古德里安等，在慕尼黑召开了一次重要的军事会议。

这次会议的主题是，东线的两个集团军群能否在1943年夏季发动一次新的攻势。总参谋长蔡茨勒制定了一个代号"卫城"的作战计划，企图用双重包围的战术攻击在库尔斯克以西突出地带的苏军，消灭苏军的有生力量，从而使德军摆脱被动地位。

在会议开始之前，穆德尔将军便提出了反对意见。这位集团军司令是所有与会人员中距离前线最近的人。他从战术的角度出发，明确指出："空中侦察的结果表明，苏军在我军准备进攻的区域中已经配置梯次纵深防御体系，所有的阵地都非常坚固。而且，他们早已把大批的装甲撤出了该区域。为了预防我们的钳形攻势，他们可能早已在可能的突破点上配置了强大的炮兵和战防部队。"

穆德尔的结论很简单，即苏军早已对德军可能发起的攻势了如指掌了。那么，想要获得成功，就必须采取一种全新的战术，否则还不如放弃的好。

古德里安也对这个战役计划不置可否。他从战略角度出发，分析道：

"因为刚刚经历斯大林格勒的失败，而且战线南翼一再受挫，敌我双方的兵力和装备对比早已发生逆转。在这种情况下，想要发动规模的攻击似乎不太可能。"

然而，蔡茨勒却认为，"虎"式坦克和"豹"式坦克的出现可以弥补这种差距。只要战术发挥得当，即可取得决定性的胜利，从而重新获得东线战场的主动权。

会议正式开始后，讨论更加激烈了。希特勒针对众人的意见，逐一发表了讲话。从他说明穆德尔意见时的姿态来看，他很重视穆德尔的说法，而且明确指出他不赞成蔡茨勒的主张。分析完之后，他扭头转向曼施坦因，郑重地说："下面请曼施坦因元帅谈谈看法。"

说来也奇怪，曼施坦因这个聪明绝顶之人一旦在希特勒面前，就会变得黯然失色，就连谈话也常常出现词不达意的现象。他说："如果在4月间发动这个攻势，成功的希望颇大。但现在已经丧失了最佳时机，胜算不大。除非最高统帅部能给我部增加两个师的生力军。"

希特勒直截了当地说："生力军是绝对无法筹措到的。"

曼施坦因张了张嘴，想说什么，但终于什么没说，便黯然坐了下去。

希特勒沉默了几秒，扭头看了看克卢格元帅，问道："克卢格元帅有什么看法？"

卢格元帅的发言含糊其辞，并没有明确表明他的意见。不过，稍一分析便可得出结论，他大体上是赞成蔡茨勒计划的。

这时，会场上出现了令人尴尬的沉默。古德里安向希特勒投去恳求的目光，想要发言。希特勒点了点头。他站起来，平静地宣布："这个攻击根本毫无意义。从装甲部队的角度来说，我们不希望发动这次攻势。因为我们刚刚完成东线战场部队的整编工作，如果此时发动大规模的攻势，坦克部队必定会遭到严重的损失。而我们的生产力在1943年一年中根本无法弥补这个损失。"

众人静静地听着，似乎在思考古德里安的话。古德里安顿了顿，又接着说："从种种迹象来看，盟军很可能会在1944年登陆法国。为了对付他们，我们的新产量应该用来成立西线战场上的装甲总预备队，而不是拿到东线去消耗。"

最后，古德里安还指出，蔡茨勒似乎对"豹"式坦克的期待过高。实际上，这种坦克存在的技术问题还比较多，不知道能否彻底解决。

这时，军需生产部长史贝尔也站了起来，明确支持古德里安的意见。

其实，明确而坚决反对蔡茨勒意见的就只有古德里安和史贝尔。其他人要么像克卢格一样支持总参谋长，要么就像曼施坦因和穆德尔一样，虽然反对，但并不坚决。

会议快要结束的时候，所有人都把目光投向了希特勒，似乎在等待着他的裁决。但希特勒明显有些犹豫不决。所以，直到散会，众人也未达成一致意见。

散会之后，古德里安抬脚向外走去。突然，克卢格走过来，对他说："将军，请随我来。"

古德里安跟在克卢格身后，来到会议室旁边的一间屋子里。克卢格板着脸，颇为不满地说："将军为何对我如此冷漠！"

古德里安明白，克卢格所指是会议开始前的事情。这是两人自1941年12月以来第一次见面，他们显然还没有忘记那段不愉快的经历。打招呼的时候，两个人的态度都非常冷淡。

古德里安看了克卢格一眼，坦白地回答说："这是因为元帅对1941年12月的那次误会始终没有给我一个满意的解释。"

克卢格一怔，没再说话。就这样，两人最终还是不欢而散了。

回到柏林后，希孟德把克卢格写给希特勒的一封私人信件拿给古德里安看。克卢格在信上说，他准备和古德里安按照中世纪的传统，举行一场决斗。

古德里安笑了。希特勒早已命令禁止他的将军们在战时举行决斗。对这一点，克卢格不可能不知道。他这样说，只不过是故作姿态，为自己找一个台阶罢了。

希孟德说："元首让我代表他向你致意，希望大事化小，小事化了，把这个误会的一页揭过去。"

古德里安不情愿地点了点头。不久，他便给克卢格写了一封信，其中说道："假如我在慕尼黑的行为有对不起你的地方，希望你能原谅。"

古德里安虽然主动道歉了，但他的心里从未释然。

四

拒绝参加政变集团

1943年5月10日,古德里安奉命到总理府与希特勒讨论"豹"式坦克的生产问题。会议的氛围非常沉重,因为德国捉襟见肘的工业生产能力根本无法满足生产需要。

会议结束之后,古德里安又把话题转到了"卫城"计划上。他抓着希特勒的手,问道:"元首,我能不能坦白地向你说几句话?"

希特勒做出一副诚恳的样子,说道:"古德里安上将,有什么话不妨直说。"

古德里安又重新把他反对"卫城"计划的理由说了一遍,然后说:"请元首考虑放弃东线战场的攻击计划。"

希特勒没有回答。古德里安以几近哀求的语气说道:"你到底为什么今年一定要在东线进攻呢?"

这时,凯特尔在一旁搭腔说:"我们因为政治上的理由,必须进攻!"

古德里安不解地说:"请你想想看,有几个人知道库尔斯克是在什么地方?我们攻下了库尔斯克与否,对于全世界而言,都是一件无关痛痒的事情。你为什么一定要在今年发动攻势呢?"

希特勒终于搭腔道:"你说的一点都不错。我一想到这个攻势,就不免要作呕。"

古德里安趁机道:"你对这个问题的反应一点都不错。所以就搁置它吧!"

希特勒顿了顿,缓缓道:"我并没有决定要实行这个计划。"

古德里安终于放心地离开了总理府。在随后的一段时间里,他忙于视察各种型号的坦克生产工作以及新型坦克营。给他留下印象较深的是"鼠"式坦克。这种坦克装备有150毫米口径的火炮,正面装甲厚度达150毫米。按照以往的惯例,如果希特勒再加以干涉的话,这种坦克最终定型时的重量可能会达到200吨。如此之重的重量，势必会使得它的机动性和最大行程遭受严重的削弱。更为致命的是，这种坦克和"虎"式坦克一样，都没有装备机枪，缺乏近战能力。

5月12日，盟军攻占了突尼斯，隆美尔元帅和他的北非装甲集团军退守西西里岛。以艾森豪威尔为首的盟军紧追不舍，立即制定了代号为"郝斯基"的作战计划，准备登陆西西里，继而攻占意大利本土。

战局正在迅速恶化，但却没能阻止希特勒罪恶的脚步。6月16日，他突然在贝希特斯加登的别墅里举行高级指挥官会议，宣布实施"卫城"作战计划。古德里安大吃一惊，但却已无力改变事实了。他实在想不明白，希特勒为什么一定要实施这个从一开始就注定要失败的战役计划。

7月5日，代号"卫城"的战役（苏联方面称第四次哈尔科夫战役，为库尔斯克会战的一部分）打响了。从别尔哥罗德地区起，德军在南面摆了10个装甲师、1个装甲步兵师和7个步兵师；在奥廖尔以西地区，德军集中了有7个装甲师、2个装甲步兵师和9个步兵师，从北面发动攻击。这一次，希特勒押上所有的能够调动的力量。正因为如此，德军在这次战役中的损失也就特别严重。

从7月10日到15日之间，古德里安亲临战场，视察装甲部队的战斗情况以及新型装备的弱点。在这次战役中，"虎"式坦克缺乏近战能力不足的缺点充分暴露了出来。穆德尔将军的集团军装备有90辆"虎"式坦克。在坦克对战中，它们犹如神兵利器，猛冲直突，但推进到苏军步兵阵地之后，却因没有机关枪，缺乏弹药等因素，无法摧毁敌军的火力网。结果，德军的步兵根本无法与其协同作战，只能远远地跟在后面。

等到攻到敌军的炮兵阵地时，它们立即成为了苏军炮兵的活靶子，被一一摧毁。就这样，穆德尔的集团军仅仅向前突进了10公里，便被迫停顿下来。在南面战场，德军的攻击虽然比较成功，但却无力封锁整个突出地带。

战斗打到7月15日时，苏军开始集中优势兵力发动反攻，德军被迫后撤。8月初，苏军解放了战略重镇奥廖尔和别尔哥罗德两地。德军后撤至苏夏河-奥卡河一线——正是古德里安在1941年12月所选择的防线。

由于"卫城"作战计划的失败，德国装甲部队遭到了沉重的打击。那些刚刚改组完毕的装甲师几乎无一例外地受到重创，而且在很长一段时间内都无法恢复元气。苏军抓住时机，不断扩大战果，将战线向西推进。与此同时，盟军已经登陆西西里岛，一步步逼近意大利本土。

铁甲悍将 古德里安

贝尼托·墨索里尼

7月22日，盟军攻克西西里的首府巴勒莫。这一消息传到罗马之后，疯狂的墨索里尼自知走到了穷途末路，但为了扭转局势，他决定孤注一掷，再次动员100万人，强迫14岁到70岁的男子参加军队，14岁到60岁的妇女为国家服役。但意大利人民厌倦了战争，军队士气涣散，反战情绪普遍增长。意大利国内掀起了一股反对墨索里尼的运动，人们纷纷要求墨索里尼下台。

24日下午5点，意大利法西斯最高委员会开会。这是一次与墨索里尼摊牌的会议。该党的元老、前外交部部长和驻英大使迪诺·格兰迪提出了一项决议案，内容包括要恢复宪制，国王应掌握更大的权力，指挥军队；墨索里尼只是党的领袖，不应再主持国务等。

25日凌晨2点30分，最高委员会以19票赞成，8票反对，1票弃权的结果通过了这项决议。墨索里尼愤怒地说："你们挑起了政权的危机。简直糟糕透了！"

让墨索里尼没有想到的是，这场会议结束了他在意大利长达21年的独裁统治。当天下午5点，意大利国王埃曼努尔在萨沃伊宫接见了墨索里尼，宣布废黜他的一切军政职务，由巴多格利奥组织新政府。随后，墨索里尼被强行送上了一辆早已等在王宫门前的救护车。这个统治了意大利长达21年的独裁者被秘密押往附近的一所警察局监禁了起来。

得到这个消息之后，希特勒立即陷入了极度的恐慌之中。一方面，他对墨索里尼遭到这种待遇非常恼怒；另一方面，他也不相信意大利国王和巴多格利奥会继续忠于法西斯联盟。他要把推翻墨索里尼的那些人都抓起来，帮助墨索里尼复辟，将意大利继续绑在他的战争坦克上。然而，一切情报都表明，意大利新政府倒向盟国的可能性很大。

墨索里尼政府垮台之后，巴多格利奥政府便开始与盟国秘密接触了。不过，由于在停战条件上分歧，巴多格利奥未能与盟国达成协议。英国首相丘吉尔在议会上愤怒地宣布说："意大利人是在自作自受。"

得到这一信息之后，希特勒的心里踏实多了。这至少说明意大利的新政府暂时还不会倒向盟国。但任谁都明白，在这种形势下，意大利退出轴心国，倒向盟国是迟早的事情。

就在这时，古德里安又病倒了。到东线视察时，他便染上了痢疾，但由于适逢德军兵败如山倒、各级指挥官乱成一团麻之时，并未予重视。不料，现在竟突然发作，躺在床上起不来了。到了8月初，其心脏病病情转重，不得不动一次手术。

动手术前几天，有一个叫托瑞斯寇的将领从东线来到柏林，看望古德里安。托瑞斯寇乃是克卢格元帅的亲信，现任中央集团军群作战处长，和古德里安素来没什么交情。古德里安听说他到医院来看自己，心下不免犯起了嘀咕："他来干什么？"

出于礼貌，古德里安还是接见了托瑞斯寇。两人寒暄完毕，古德里安问："将军此来，有什么要紧的事情吗？"

托瑞斯寇回答说："奉克卢格元帅之命，特来看望你。"

古德里安礼节性地回复道："元帅近来可好？"

"元帅身体康健，"托瑞斯寇回答说，"但一直对将军和他之间的误会而耿耿于怀。他希望和将军化干戈为玉帛，重修于好。"

古德里安强忍着疼痛，微笑着说："这也是我所希望的。"

托瑞斯寇又说："元帅希望能与将军合作。"

"合作？"古德里安不解地问，"合作什么？"

"一件涉及德意志未来命运的大事，"托瑞斯寇神秘兮兮地说，"共同限制希特勒的统帅权！"

古德里安闻言大惊，半晌没有再说一句话。他心里暗想，难道克卢格也参加了戈尔德勒博士的秘密组织？又或者，他真的是为陆军和德意志的前途着想？但不管如何，这是一个性格不稳定且反复无常之人，与他合作的风险太大。

"请转告元帅，"古德里安郑重地说，"我拒绝接受这项建议。"

托瑞斯寇还想说什么，但看到古德里安坚决的目光，终于什么也没说，默默地退了出去。

五

左支右绌，险象环生

从1943年8月开始，盟军对德国的战略轰炸便扩展到了柏林。柏林上空的防空警报整日响个不停，街道上的爆炸声更是不绝于耳。为了静养身体，古德里安和妻子玛格丽特在史贝尔的安排下，于9月初搬到了奥地利的一家小旅馆中。

古德里安夫妇搬到奥地利的第二天，柏林方面就传来消息说，他们在柏林的家遭到轰炸，已经成为了断壁残垣。古德里安伤心极了！一颗炸弹，就葬送了他经营多年的家！他和妻子商量说："柏林是回不去了，干脆就定居奥地利吧！"

玛格丽特在原则上同意了丈夫的建议，但还是有些不甘心。

就在这时，希孟德发来电报称，政府已将位于东普鲁士第芬霍夫的一处房产赠予了古德里安。古德里安立即接受了。到了10月，他便带着妻子搬到了新居。

10月底，古德里安病愈归队，立即投入到了新型装甲武器的研究之中，其中最重要的是防空坦克、"虎王"坦克等。此时，德军装甲部队的战略尽失，充分发挥装备方面的优势已成为取胜的唯一机会。

关于防空坦克，古德里安的设想是，先将现有的20毫米口径四连装高射炮安装在"豹"式坦克上，使其成为可移动的防空作战塔，以便增强装甲部队的防空能力。然后再陆续生产37毫米口径的双连装高射炮。希特勒批准了建造37毫米口径高射炮的计划，但却否决了将20毫米口径四连装高射炮安装在"豹"式坦克上的建议。如此一来，德军装甲部队最重要的防空武器一再被拖延。结果，盟军凭借强大的空中优势，给德军造成了极其惨重的打击。

到10月底，德军在东线战场已呈现出全面溃败之势，A集团军群（1942年7月，南方集团军群被拆分为A、南方两个集团军群）、中央集团军群都已被苏军赶过了第聂伯河。德军仅在尼科波尔附近和齐尔逊地区以南还保留着两个脆弱的桥头阵地。

11月上旬，苏军解放了基辅，全力向日托米尔方向推进。希特勒勃然大怒，立即决定实施反攻。他主张集中在基辅以南地区的一切装甲师，通过别尔季切夫向基辅发动反攻，重新占领乌克兰的心脏和第聂伯河防线。

古德里安和陆军总参谋长蔡茨勒研究了希特勒的反攻计划，均认为这是"送羊入虎口"的错误决定。11月9日，古德里安向希特勒建议，把防守尼科波尔桥头阵地的装甲师撤出，再加上现在齐尔逊地区扼守第聂伯河的A集团军群的装甲师合兵一处，以加强装甲部队的战斗力。

希特勒静静地听着古德里安的陈述，神情很专注。古德里安以为他听进了自己的意见，强调说："只准集中，不准分散。"

这是他一向惯用的口头禅。然而，希特勒并没有改变原先的计划。结果，德军在别尔季切夫的反攻中损失惨重，非但没有前进一步，反而被苏军于12月底发起的反攻逐退出了别尔季切夫，退守文尼察城外。

在反攻中，由于前线兵力不足，战事一再吃紧，希特勒竟然把本土和西线一些尚未改组完毕的装甲师调到东线作战。原本驻守在法国的第二十五装甲师便是在这种情形下被送到别尔季切夫的。

抵达前线时，第二十五装甲师只有一个新式坦克营，其他单位所装备的车辆全是陈旧的法国货。再加上集团军群方面指挥不利，该师在战斗中几乎全军覆没。希特勒勃然大怒，立即把该师师长希尔将军撤职查办，并打算撤销第二十五装甲师的番号。

后来，他虽然接受了古德里安的建议，暂时保留了第二十五装甲师的番号，但希尔将军——一个天才的指挥官再也没有被启用过。

由于不少部队被调到了东线，西线兵力变得异常薄弱。而此时，盟军已达成一致意见，准备开辟欧洲第二战场了。1943年11月28日至12月3日，苏联领袖斯大林、美国总统罗斯福和英国首相丘吉尔三大巨头在德黑兰举行了一次国际会议。第二次世界大战爆发以来，盟国中力量最为强大的3个国家的首脑第一次聚在了一起。会上决定，盟军将于1944年5月在法国西部的诺曼底登陆，实施"霸王计划"，在欧洲开辟第二战场。与此同时，斯大林也郑重表示，苏联红军会在同一时期发动强大攻势，以牵制德军在东线的兵力，减轻盟军的压力。

陆军总司令部似乎并没有意识到西线的潜在危险。实际上，他们也确实没有精力去考虑西线的事情，东线的溃败已足以让各级指挥官焦头烂额了。再说，西线一直是由希特勒和他的最高统帅部直接指挥的，陆军总司

铁甲悍将·古德里安·gudelian·

斯大林、罗斯福和丘吉尔在德黑兰

令部也不大愿意去过问。

作为装甲兵总监，古德里安此时意识到，盟军定会于次年春季登陆法国。为了加强西线的防守，他采取了两个措施。一方面，他把各装甲兵学校的训练单位全部集中起来，编成了1个装甲训练师，开赴西线充当预备队。这支生力军由古德里安的老朋友拜尔林将军指挥。他曾长期担任古德里安的作战处长。

另一方面，古德里安一再要求陆军总司令部把东线战场那些疲惫不堪的装甲部队撤回，加以整编和补充，但总参谋长蔡茨勒却一再暗中阻挠。结果可想而知，两人之间产生了激烈的冲突，一直闹到希特勒那里才稍稍有所缓和。

在古德里安的坚持下，西线战场总算勉强凑了10个装甲师和装甲步兵师。古德里安费了很多口舌，又说服希特勒把它们交给盖尔将军指挥，头衔是西线装甲集群司令。古德里安任第二装甲集团军司令时，盖尔是他手下第二十四装甲军的军长，两人指挥风格相近，配合非常默契。这些工作对今后阻止盟军登陆、迟滞其推进速度起到了不小的作用。

第十三章
大势已去，无力回天

一

企图改组最高统帅部

当1944年的钟声敲响之时，任谁都看得出，法西斯德国已经走到了穷途末路。希特勒的情绪越来越坏，性格缺陷和指挥能力不足的问题也愈发凸显了出来。戈尔德勒博士的政变集团（最高组织者乃是贝克上将）以及陆军中的一大批高级将领，无不意识到，如果不能把希特勒赶下台，悬崖勒马，德意志必将走向毁灭的深渊。

作为装甲兵专家，古德里安早在1941年底就意识到了这个问题。不过，和戈尔德勒的政变集团相比，古德里安的态度还是比较温和的。他只是主张改组最高统帅部，由一名才华超群的参谋长（古德里安倾向于曼施坦因）掌控军事指挥权，而希特勒只对一般的战略问题作出指导。

自1943年3月3日与戈培尔第一次单独会谈后，古德里安又找了他几次，讨论如何限制希特勒的权力问题。这位纳粹宣传部长比古德里安还心焦。在一次会面时，他悲观地说："当想到有一天苏联人会进入柏林，我们不得不毒死我们的妻儿，以免落在他们的手里之时，你所提出的问题就好像山一样的重，压在我的心上。"

遗憾的是，这个聪明的人虽然能够洞悉时局，但却缺乏足够的勇气直面希特勒。后来，苏军攻入柏林时，他果真与妻子一起毒死了5个年幼的孩子，然后双双自杀了。

戈培尔这条路走不通，古德里安转而试探党卫军司令希姆莱和最高统帅部作战部长约德尔等人。希姆莱的态度比较恶劣，直截了当地把他赶出了家门。约德尔的态度稍稍温和一些，但也不友好。当古德里安向他提出改组最高统帅部时，这位作战部长打断他的话，反问道："你能找出比希特勒更优秀的最高统帅吗？"

古德里安一愣，默默地把改组方案塞进公文包，起身离开了。

1944年1月的一天，希特勒叫人交给古德里安一张便条，上面写着："有人送了一只野鸭给我，你知道我是吃素的。所以你能不能来陪我吃早餐，代我享受这只野鸭？"

第二天一早，古德里安飞到大本营，和元首共进早餐。室内很暗，因为整座建筑都位于地下，只有一个很小的窗户透进一点可怜的光线。希特勒和古德里安坐在小圆桌边上，希特勒的爱犬则趴在桌子底下。

略事寒暄之后，两人的话题便转向了当前的战局。古德里安说："从当前的形势来看，盟军春季可能会在西面登陆，但我们现在的兵力根本不够用。为了能从东线抽出更多的兵力，所以东线似乎有建立一条坚固防线的必要。"

希特勒一边吃着面包，一边听着古德里安的陈述，不时顺手扯两片面包喂他的爱犬。

古德里安继续说："前线的后方并没有一条防线能够作为支撑骨干，这实在是一种非常不合理的做法。"

希特勒微微抬头看了看古德里安，似乎在询问："你有什么好办法？"

古德里安顿了顿，终于鼓起勇气，说道："我觉得若是能够把过去德苏边界（指瓜分波兰后的边界）上的要塞加以修复，其效用一定比目前随意选定任何村镇当作据点的办法好得多……"

古德里安的意思再明显不过了，他建议把德军撤到苏德战争爆发前的布格河一线。他还没有说完，希特勒便不耐烦地插话道："请你相信我！我是有史以来最伟大的要塞工程师。我建筑了西墙（即齐格菲防线），我又建筑了大西洋壁垒，我曾经用了无数吨水泥。我懂得一切有关要塞工程的问题。在东线方面我们现在缺乏劳工材料和运输工具。甚至于到今天，铁路所能运输的物资，都还不足以满足前线上的需要。所以我无法调出火车来装运建筑材料，用来供给东线作建筑的用途……"

希特勒滔滔不绝地讲了十几分钟，其中夹杂着许多数据。且不管这些统计数据是否可靠，但就希特勒能一口气背出这么多数字，证明他在智力上还是有过人之处的。

古德里安几次想插嘴，但都没有机会。直到希特勒停下来，他才有机会表达自己的意见。他说："我不能同意元首的意见。据我所知，我们的铁路运输一直到布列斯特-里托夫斯克都是畅通的，只有再往东才开始出现壅塞不通的情形。所以，要塞的建筑绝不会影响到前线上的物资供应，铁路的负荷力不会构成问题。而且，当地并不缺乏建筑材料和劳力。"

希特勒惊诧地盯着古德里安，连声道："不，不，你所知道的这些都不是事实。"

古德里安好不容易得到表达意见的机会,并没有停下来。他继续说:"从战略层面来看,如果未来要面临两线作战的情况,势必在其中一线实行固守。现在,元首已在西线做好了准备(实际上并未准备好),为何东线却不做任何准备呢?"

"古德里安上将,事情并没有你想的那么简单。如果我在后方修好了防线,前线的将领们就只会想着不战而逃了。"希特勒摇了摇头,语气中似乎充满了无奈。

古德里安心里一惊,暗想:"他终于还是不肯相信我们的将领。"

早餐快要结束的时候,古德里安又把话题转到了最高统帅部的改组问题上。他本不打算在希特勒面前讨论这个问题,但他觉得自己有为陆军,乃至整个德意志请命的责任。

结果可想而知,希特勒冷冷地盯着古德里安,突然说:"上将。我不得不告诉你,我离不开凯特尔元帅。而且我觉得,你是在设法限制我的权力。"

古德里安连忙解释说:"不,元首。我只是为战局着想。"

希特勒不耐烦地说:"好了,就到这里吧!我想上将应该已经吃饱了。"

古德里安无奈地站起来,向元首道别。他突然发现,自己真是太幼稚了。像希特勒这样的独裁者怎么会允许别人来分散他的权力呢?更何况,除了凯特尔之外,又到哪里去找一个他完全信得过的总参谋长呢?

东线的战局在继续恶化。1月中旬之后,苏军集结111个步兵师和63个装甲师,对德军乌克兰南、北两个集团军群(由A、南方集团军群改编,4月5日正式改称新番号)发动了猛烈的攻势。德军抵挡不住,纷纷溃退。到3月初,战线南部的两个集团军群已退至布格河一线。

中央集团军群和北方集团群的状况稍好一些,但在苏军凌烈的攻势下损失惨重。恼羞成怒的希特勒每打一次败仗都要找几个替罪羊。这一次,自然也不例外,克莱斯特元帅、耶尼克上将等人纷纷在希特勒的盛怒之下被撤职查办了。

与此同时,西线的情况也不容乐观。2~4月间,古德里安多次奉命前往西线,考察装甲部队的部署问题。盟军的空军十分活跃,整日在德军的头顶上盘旋。士兵们的士气十分低落,因为他们看不到自己的飞机,而又不知道盟军飞行员会在什么时候把炸弹投到自己的头上。

西线总司令龙德施泰特元帅和B集团军群司令隆美尔元帅正在紧张地部署部队，准备迎击盟军的登陆行动。古德里安惊讶地发现，隆美尔竟然将装甲部队部署在海岸附近。古德里安向隆美尔指出："如此一来，一旦盟军同时在几个点登陆，德军将缺乏足够的机动兵力。"

隆美尔自认为自己曾在北非和地中海同美、英盟军作战，对付盟军的经验比长期处于东线的古德里安要丰富得多。而他对战场形势的了解也比在柏林工作的古德里安要多得多！他解释说，海岸防线是对付盟军最主要的防线。所以在防线前布置了许多的水底障碍物，在防线后方，凡是他认为空降部队可能着陆的地区也都布置了广泛的障碍物。自隆美尔接任B集团军群司令以来，整个部队除了训练的时间以外，无不忙于修筑工事。

尽管如此，由于时间过于仓促，所谓的"大西洋壁垒"依然十分空虚。他把装甲部队放在海岸附近也是无奈之举。

此外，隆美尔坚定地认为，盟军一定会选择索姆河口以北的加莱地区为登陆地点。因为这里距英国本土的距离最近，而这种大规模的渡海登陆战十分困难，滩头阵地的选择一定要与上船基地愈近愈好。另外，盟军在加莱登陆还可以使空中支援最大化。

出于自信，隆美尔认为将装甲部队摆在离海岸较远的地方，以保持机动性的做法完全没有必要。再说，西线可用的装甲部队本就不多，即便放在离海岸较远的地方也未必会发挥作用。

古德里安沉默了。他只能把自己的意见上报给西线总司令龙德施泰特和最高统帅希特勒。遗憾的是，希特勒并没有采纳他的建议。其实，就算采纳了也没有多大的意义。对这一点，古德里安自己也心知肚明。在当前情况下，解除西线危机的唯一办法就是把最高统帅部控制的预备队全部调到西线，然后再从东线调一部分装甲部队过去。但这是不可能的，因为东线随时有全线崩溃的可能。

二
盟军实施"霸王"计划

1944年6月5日，盟军开始实施代号为"霸王"战役计划。盟国陆军出动23个步兵师、10个装甲师、3个空降师共153万人；海军出动了包括13艘战列舰、47艘巡洋舰、134艘驱逐舰在内的1200艘战斗舰艇，4126艘登陆舰艇和5000余艘运输船；空军出动作战飞机13700架，其中轰炸机5800架，战斗机4900架，运输机滑翔机3000架，向诺曼底海岸发起了攻击。

与盟军强大的兵力相比，德军的兵力显得有些微不足道。西线德军共计59个师，其中32个是海防师和野战航空兵师、17个步兵师、10个装甲师。隆美尔的B集团军群是西线德军的主力部队，下辖第十五和第七集团军，负责防守海岸。隆美尔把拨给他的3个装甲师分别配置在他的集团军群北翼、中央和南翼。

G集团军群辖第一和第十九集团军，前者防守卢瓦尔河口到比利牛斯山脉之间的沿岸地区，后者防守法国南部沿岸地区。G集团军群共21个步兵师和海防师。力量要比隆美尔的B集团军群小很多！

海军兵力为驱逐舰5艘，潜艇49艘，远洋扫雷舰6艘，巡逻舰116艘，扫雷艇309艘，鱼雷艇34艘，炮艇42艘，总共才561艘中小军舰，实力非常弱小。空军为第三航空队，作战飞机约450架，其中战斗机160架。与盟军作战飞机数目相比，处于1比30的绝对劣势。

在诺曼底地区守军为第七集团军所属的第八十四军。该军拥有6个师外加3个团的兵力，其中3个海防师，战斗力较弱；2个步兵师，1个装甲师，战斗力稍强；3个团是2个独立步兵团和1个伞兵团，总兵力约9万人。

盟军攻击开始时，隆美尔恰好不在前方。6月4日早晨，他见盟军迟迟没有发动攻势，而接下来几天的天气和水文又不利于登陆，便放心地告了假，回柏林给妻子过生日去了（6月6日刚好是他的妻子露西的生日）。B集团军群参谋长斯派达尔奉命留守司令部。

6月5日，隆美尔觐见了希特勒。他发现希特勒对西线的战事十分担忧。最高统帅部指挥参谋部的参谋们根据各种情报判断，盟军进攻目标肯定在诺曼底。他们查看了潮汐表，并提醒希特勒说："6月5日至13日将是适合进攻的日子。"

希特勒忧心忡忡地思索着战局。德军在东线已经现出全面失败的迹象了。如果能在短时间内击溃盟军，迫使英、美单独与法西斯德国媾和的话，德军或许还有机会集中全部兵力击退苏联红军的全面反攻。

而此时，盟军的庞大进攻舰队已经离开英国海岸，悄悄地向诺曼底海岸驶来。由于当天的风浪太大，德国海军将全部的船只都撤到了军港里。如此一来，盟军的登陆船只便可以大胆地通过英吉利海峡驶向诺曼底海岸了。

在盟军的船只离港之时，德军B集团军群参谋长斯派达尔正在给巴黎的反希特勒分子打电话，邀请他们晚间前来参加酒会。斯派达尔也是戈尔德勒博士反纳粹集团的一员。他曾暗示隆美尔，希望这位方面大员也能加入进来，但被拒绝了。

晚上，斯派达尔的客人们很快就全都到齐了。他们起草了推翻希特勒之后拟发布的和平宣言。深夜10点，一阵急促的电话铃打断了斯派达尔等人的窃窃私语。电话是隆美尔的情报官施道布瓦塞上校打来的。施道布瓦塞上校说，第十五集团军的情报官报告，他们截获了英国广播电台播发给法国地下组织的一组密码，这意味盟军马上就要登陆了。施道布瓦塞上校还告诉斯派达尔说："第十五集团军司令撒尔穆斯将军已向所属部队发出了戒备令！"

斯派达尔放下电话，立即赶到了施道布瓦塞上校的办公室。他让这位情报官给西线总司令伦斯德打电话，问他是否应该让在诺曼底的第七集团军也进入戒备状态。施道布瓦塞上校奉命给伦斯德的司令部打了一个电话。伦斯德的副官告诉他，让B集团军群自己定夺。

斯派达尔没有向隆美尔请示，而是以B集团军群参谋长的身份向第七集团军下达了一道致命的命令：第七集团军不必处于戒备状态。

送走秘密客人后，斯派达尔和他的大部分参谋都上床睡觉去了。第七集团军司令多尔曼将军此时也不在他的指挥所，而在布列塔尼的雷恩。他打算天一亮就在这里召开一次集团军指挥官会议。配置在诺曼底附近的第二十一装甲师师长弗希丁格将军也不在指挥位置上，他背着斯派达尔，跑到巴黎寻欢作乐去了。

整个第七集团军，只有第八十四军军长马尔克斯将军预感到盟军的进攻已经开始了。6月6日凌晨，马尔克斯和他的参谋们进入了地下指挥所。此时，盟军的庞大舰队已经驶抵了第七集团军防守的西海岸。美军第一集团军和英军第二集团军编成的第一梯队马上就要以塞纳河为分界线，分别在西、东两侧登陆了。

凌晨1点，英军进攻部队的6名士兵被空投到了瑟堡半岛上。与他们同时被投下的还有数以百计的稻草人。随后，盟军伞兵和滑翔机开始在诺曼底地区实行真正的空降着陆。2个美国空降师和1个英国空降师在德军第七集团军的防地安全着陆了。

凌晨1点11分，马尔克斯向他的部队发出了戒备命令。1时35分，第七集团军在集团军司令多尔曼将军不在的情况下向各部队发出了全面警报。第七集团军参谋长马克斯·贝姆塞尔少将立即拨通了B集团军群司令部的电话。

在B集团军群司令部内，一位值班的上校正津津有味讲述着布劳希奇、哈尔德等人是如何被希特勒赶下台的。其他值班人员都在饶有兴趣地听着，任凭电话响了好一阵也没有去接。正在吹牛的那名上校终于极不情愿地拿起了话筒。贝姆塞尔少将要他立即叫斯派达尔接电话。

斯派达尔从床上爬了起来，接过话筒，迷迷糊糊地问："谁？请讲，我是斯派达尔。"

贝姆塞尔少将报告说："报告参谋长，我是马克斯·贝姆塞尔。第七集团军防地出现大批敌军的伞兵，看起来像是一次大规模的进攻。"

斯派达尔根本不相信盟军已经发动了进攻。他放下电话后，立即拨通了伦斯德司令部的电话，向伦斯德报告了此事。伦斯德同样对此事表示怀疑。

几分钟后，斯派达尔又接到报告说，在诺曼底发现了大量稻草人。与此同时，第十五集团军也打来电话报告说，他们的防区也发现了盟军伞兵的踪迹。盟军巧妙的安排让斯派达尔相信，盟军在诺曼底实施的是一次"局部攻势"，其主攻方向在其他海岸。

盟军发动攻击的消息很快传到了大本营。和往常一样，希特勒那天睡得很迟。他有一个习惯，即上床之后绝对不允许把他叫醒。作战部长约德尔将军最先接到西线打来的电话，但他也不能断定盟军在诺曼底的行动是主攻，还是佯攻。

直到6日上午，盟军庞大的舰队出现在第二十一装甲师官兵的视野中，德军各级指挥官才确定：盟军真的在诺曼底登陆了。

正向内陆推进的盟军士兵

隆美尔马上返回前线，指挥战斗，但一切都已经晚了。盟军已在诺曼底海岸近150平方公里的一连串桥头堡阵地上布下了15.5万人的部队。德军第二十一装甲师的反攻也被打退了。希特勒大肆宣扬的"大西洋壁垒"被盟军轻而易举地突破了。德军的空军和海军在盟军强大的海空优势下被迅速击溃了。

到6月9日，盟军已经完全掌握了诺曼底战场的主动权。6月10日，德国海军总司令邓尼茨悄悄向他的参谋人员说："盟军的入侵已经成功。组织第二战线已是既成事实。"

随后，整个西线的战局迅速恶化。到6月12日之时，连德军大本营的参谋们都已经认定，德军在西线的败局已定。当然，他们在表面上依然对希特勒的计划装出一副信心满满地样子。在6天的战斗里，盟军已经初步在80公里宽的正面上建立了统一的登陆场，并在同一时期输送了32.6万名官兵、5.4万辆车辆和10.4万吨军用物资上岸。虽然从登陆场的纵深来看，盟军的登陆场纵深为13~19公里，平均每昼夜的前进速度仅为1.9~2.7公里，但盟军已立住了脚。

三
"七·二〇"事件

西线的迅速溃败让希特勒震怒不已。西线总司令龙德施泰特元帅、装甲集群司令盖尔将军和空军司令斯贝尔勒等人被集体免职。正深受希特勒宠信的克卢格元帅接替龙德施泰特，当上了西线总司令。

德军在西线惨遭失败，在东线也面临着灭顶之灾。6月22日，斯大林践行在德黑兰会议上对罗斯福和丘吉尔的承诺，出动189个师的强大兵力，其中步兵师146个、装甲师43个，向德军中央集团军群防线发动了总攻。在短短的几天之中，中央集团军群的损失竟达25个师之多。

希特勒立即下令，把一切可以调动的兵力全部送到东线，并把中央集团军群司令恩斯特·布施元帅撤职查办。北乌克兰集团军群司令穆德尔元帅兼任中央集团军群司令之职。在1941年时，穆德尔还是古德里安麾下第三装甲师的师长。仅仅不到3年的时间，他便一跃成为集团军群司令。当然，这和他个人的军事才华有着直接的关系。但也可以看出，在短短的几年时间里，有多少元帅成了希特勒的替罪羊。

穆德尔精力有限，实在无法兼顾两个集团军群的指挥工作。希特勒便把北乌克兰集团军群的指挥工作交给了哈尔培上将。这两个人冷静、坚强，勇敢，可以算得上是德军指挥系统中一等一的人才。他们同心协力，总算勉强度过了难关。但要想稳定局势，还得付出更大的努力。

但偏偏在这个时候，"七·二〇"事件爆发了。7月18日下午，一位来自西线的空军指挥官打电话给古德里安，小心翼翼地问："将军，我是否可以去看望你？"

古德里安回答说："当然可以。"

见面之后，两人简单寒暄了几句，即转入正题。古德里安问："前线有什么最新消息？"

那人沉默了半晌，似乎在思考着什么。古德里安催促说："有什么话不妨直接说出来。"

那人这才缓缓道："克卢格元帅正秘密与西方国家（指英、美）接触，准备和他们缔结一个停战协定。"

古德里安大吃一惊，叫道："天呐，多么危险啊！克卢格的这个举动会使我们在东西两线同时陷入总崩溃。从此，苏联的红浪，就会无情地把我们都淹没了。"

和大多数西方将领一样，古德里安素来把共产主义视为洪水猛兽。所以，在对苏作战中，他从不手软。不过，直到这个时候，他还不大相信克卢格会在领兵作战时和敌方接触，直接反对自己的国家元首。他问："是否可以把这个消息的来源告诉我？"

那人盯着古德里安，看了半晌，终于没有开口。看来，他并不信任古德里安。

古德里安又问："好吧，既然你不愿说，那就算了。这个行动是否会在不久的将来成为现实？"

那人不大肯定地回答说："那大概不一定吧！"

这是一个非常严重的事件，一旦处理不好，可能葬送整个德意志的前途。古德里安决定暂时离开纷杂不已的装甲兵总监部，假装到前线视察部队，以便静下心来考虑对策。

第二天，古德里安乘车到阿伦施泰因、托伦和霍恩沙查等地视察。一路上，他反复思考着这一消息的可靠性。如果这个消息属实，将其告诉希特勒，自然能够暂时挽救德意志的命运。但如果消息不实的话，贸然将其告诉希特勒，势必会使元首和前线将领之间产生极大的嫌隙。要知道，克卢格可是希特勒当前最宠信的将领之一。但要是秘而不宣，而结果真发生了，后果就不堪设想了。

古德里安反复掂量着，始终拿不定主意。这时，参谋长托马勒将军打来电话，称国内训练军副总司令欧伯里希特将军要求暂缓将装甲示范部队调往东普鲁士。两天前，古德里安曾下令把装甲兵学校所有能够参战的示范部队集结一处，开赴东线增援。

古德里安问道："理由是什么？"

托马勒将军回答说："副总司令说，明天要举行一个代号为'战婵'的演习，所有柏林地区的预备部队都要参加。如果装甲示范部队在此时调走，那么就要影响整个演习计划。"

古德里安焦急地说："东普鲁士怎么办？"

托马勒将军说："那边的情况似乎还没有那么严重，晚三天和早三天并没有多大的区别。"

古德里安略一沉思，回答说："知道了。请按国内训练军的意见办。"

7月20日上午，古德里安按计划视察了驻守霍恩沙查的部队。黄昏时分，他独自一人到野外散步。突然，一个骑着摩托车的传令兵停在他面前，报告说："上将，最高统帅部来电，请你立即回去。"

古德里安回到驻军司令部，立即有人告诉他："无线电广播刚刚播报了刺杀希特勒的消息。"

"啊！"古德里安惊叫一声，心里嘀咕道，"他们居然这么快就行动了。"

深夜，古德里安和他的参谋长托马勒将军通了电话，并从他口中知道了整个事件的经过。原来，这天中午12点45分，在东普鲁士大本营的地下避弹室里，一颗英制定时炸弹突然爆炸了。参加德军最高统帅部军事会议的大部分人或死或伤，但希特勒却躲过了一劫，仅仅只是擦破了点皮。这便是第三帝国历史上著名的"七·二〇"事件。策划这次事件的正是以前总参谋长贝克上将为首的政变集团（即戈尔德勒参与的秘密组织）。

托马勒还告诉他，最高统帅部要求他次日飞往大本营，接任总参谋长之职。古德里安没想到希特勒会任命他为陆军总参谋长，遂问："怎么回事？"

托马勒回答说："我下午奉命觐见元首。他说他已打算免去蔡茨勒的职务，由布勒将军接任陆军总参谋长。但布勒将军在事变中受了重伤，不知道什么时候才能康复。所以他想让你在过渡期间兼任总参谋长之职。"

古德里安终于弄明白了。希特勒已经到了无人可用的境地，否则绝对不会任用他的。因为两人自从1941年12月之后，关系一直非常冷淡。要不要接受这个任命呢？当前，东西两线的战局均已危如累卵。在这个时候接任总参谋长，很可能会落个吃力不讨好的下场。

第二天，古德里安登上了飞往东普鲁士的飞机。他已决定接受希特勒的任命，担负起指挥整个陆军的职责。他以为，如果能在危境中拯救德意志，正可证明自己的过人之处。更何况，为了德国和几百万德意志人，他应该这样做。

凯特尔元帅、约德尔将军和布格多夫将军（希孟德已在爆炸中殒命，布格多夫接替他担任希特勒的副官长兼陆军人事处长）到勒特曾机场迎接了古德里安。他们简单地向古德里安介绍了事变的经过，然后说："陆军总司令部的幕僚几乎全部要更换。因为有一部分在爆炸中受伤；有一部分因有作案嫌疑，已被批捕；有一部分自动去职了；还有一部分从来没有上过前线。"

古德里安点了点头，立即决定先到陆军总司令部去一趟，并迅速拟定新任人员名单，而后再去面见希特勒。

四

接任陆军总参谋长

7月21日中午,古德里安在"七·二〇"事件后第一次见到了希特勒。希特勒的样子很狼狈,右手吊着绷带,一只耳朵还在流着血。两人围绕着总参谋部的新任人员名单以及当前的战局简单讨论了几句,希特勒便在提名名单上签了字。

这时,古德里安趁机建议说:"现任西线战场总司令对大装甲兵团的指挥,完全是个外行,所以我建议把他调职……"

古德里安还没说完,希特勒突然插口说道:"而且他事先已知道这个暗杀阴谋。"

凯特尔、约德尔和布格多夫等人在一旁轻声道:"克卢格元帅现在是西线的依靠,暂时不宜调离。"

古德里安突然明白,希特勒对政变集团的了解远比他要多。很快,希特勒便在军队中实施了一次大清洗。贝克上将、军需总监瓦格纳和特瑞斯寇将军等人均服毒自杀,施陶芬贝格、欧伯里希特、戈尔德勒等人则被实施了枪决。8月17日,希特勒解除了克卢格元帅的职务,并任命穆德尔元帅接任西线总司令之职。两天后,克卢格在返回德国的途中服毒自杀。

克卢格在留给希特勒的遗书中写道:"我的元首:当您接到这封信时,我已经不在人世了……德国人民已经忍受了无数难言的痛苦,快下定决心制止这场毫无希望的战争吧!"

信件送到希特勒手中,但元首未做任何表示,只是命令悄悄将克卢格的遗体埋葬。德国官方的新闻广播声称,克卢格元帅因脑溢血而不幸去世。

纳粹对"七·二〇"事件的追查一直持续到德国战败前夕。希特勒和他的帮凶们捕风捉影,竟然把许多与此事毫无关联的人送上了绞刑架。

在接任陆军总参谋长最初的几个星期里,古德里安像一个陀螺似的,一天到晚转个不停。他必须尽快让总参谋部正常运转起来。东西两线的战局正在迅速恶化，尤其是东线，如果不能力挽狂澜，迎面而来的必将是苏军漆黑的枪口。

如今，苏军已经将德军全部驱逐出了乌克兰和白俄罗斯。战线已经被推进到了波兰的维斯瓦河流域。苏军乌克兰第一方面军在朱可夫的指挥下强渡了维斯瓦河，并且在桑多梅日登陆场上牢牢地站住了脚。这就意味着，苏军已经为向德国本土，乃至柏林推进奠定了基础。

由于南、北乌克兰集团军群和中央集团军群的溃败，北方集团军群的侧翼出现了极大的隐患。古德里安立即向希特勒建议，将罗马尼亚境内一切可以调动的部队全部填充到中央集团军群和北方集团军群的空隙地带。

希特勒马上同意了这一方案。可是，远水救不了近火。更何况，罗马尼亚部队无论是装备，还是单兵素质，均不能与德军同日而语。把他们调到前线，也不过是聊胜于无罢了。

种种迹象表明，在南方和中部战场获得巨大胜利的苏军马上就要向东普鲁士发动攻击了。为重建中央集团军群与北方集团军群联系，北方集团军群必须撤出波罗的海国家，收缩战线，保护本土。

北方集团军群司令夏纳尔将军奉命拟定撤退计划。他在报告中指出，集团军群大致需要3~4个星期的时间才可以完成这个撤退。

古德里安心焦如焚，这个行动无论如何不能再拖延了。他严令夏纳尔将军，部队必须在7天之内全部撤出爱沙尼亚和拉脱维亚。然后，在里加占领一个桥头阵地，把所有的装甲和机械化部队全部集结在孝仑以西的地区中。古德里安判断，苏军的下一次攻势势必从那里开始。但夏纳尔将军居然抗命不遵，并没将装甲部队集结在孝仑以西，依然保留在了米陶。

与此同时，盟军在诺曼底登陆之后也长驱直入，迅速席卷法国。到8月下旬，第一、第三集团军已逼近巴黎。巴黎是一块磁铁，吸引着每一个人。每个师、军和集团军的指挥官都想得到解放巴黎的光荣。出于政治上的考虑，盟军总司令艾森豪威尔将军于8月21日命令雅克·勒克莱克将军所统率的法国第二装甲师和美国第四步兵师进入巴黎。

8月25日，勒克莱克将军奉命光荣地接受了德军的投降。从此，被德国占领达4年之久、有法兰西荣誉之称的这一伟大城市解放了。

巴黎的解放标志着"霸王"行动的结束。德国第七集团军和第五装甲集团军遭到决定性的失败，第一和第十九集团军大部分战斗力也被击溃。从盟军登陆之日算起，德军高级指挥官中有3个陆军元帅和1个集团军司令被撤职或被打伤，1个集团军司令、3个军长、15个师长和1个要塞司令被击毙或被俘。西线德军已损失近50万人，其中多半成为了盟军的俘虏。盟军共缴获或击毁敌人坦克1300辆，军车2万辆，迫击炮500门，野炮和重炮1500门。法西斯德国在西线的失败已经无可挽回了。

德军西线部队一直由最高统帅部直接指挥，古德里安虽然一直密切关注着那里的战局，但却无法插手。实际上，他也没有余力插手，东线的烂摊子已经够他头疼的了。9月16日到26日，古德里安指挥中央集团军群和北方集团军群同时发动反攻，总算取得了一次战术上的进展，使两个集团军群重新建立了联系。

这时，古德里安再次命令夏纳尔将军，趁胜利之机收缩兵力，守卫本土。夏纳尔将军依然无动于衷。古德里安非常纳闷，这条命令上有希特勒的签名，夏纳尔为什么会抗命不遵呢？难道他已经获得了希特勒的批准？

按照希特勒以往的指挥风格，这是极有可能的事情。因为，夏纳尔和希特勒之间一直保持着直接联系。结果，到了10月间，苏军便向孝仑地区发动强大的攻势，经由默默尔和利包之间的通道推进到了波罗的海海岸。德军中央集团军群和北方集团军群之间的联系再次被切断了。

为了重建两个集团军群之间的联络，德军于10月间又沿着海岸发动了一次攻势，但终因兵力不足而宣告失败了。如此一来，北方集团军群便彻底陷入了苏军的半包围之中，而未被包围的一面则是绵长的海岸线。该集团军群的一切物资补给只能依靠海路来运输了。

正当古德里安为北方集团军群的撤离工作焦头烂额之时，华沙又出事了。此时，苏军已经逼近华沙。8月初，中央集团军在司令员穆德尔（8月17日后由莱因哈特接任）的指挥下，总算将战线暂时稳定在华沙以东地区。

不甘心被德国人奴役的波兰人在波尔·科莫罗维斯基将军的率领下在华沙城内掀起了轰轰烈烈的抵抗运动。如此一来，中央集团军群腹背受敌，压力陡增。

古德里安惊慌失措，立即觐见希特勒，要求将华沙并入军事作战地区之内。因为一旦波兰人的抵抗运动与苏军会合，后果不堪设想。希特勒有些犹豫不决，后方地区一直是由各地官员和党卫军负责管辖的。如果野战部队介入的话，局势会不会更难控制呢？如果不引入野战部队，党卫军能否平定叛乱呢？

这时，波兰总督法兰克和党卫军司令希姆莱向希特勒保证说："党卫军有能力平定叛乱。"

这刚好符合希特勒的预期。于是，他拒绝了古德里安的建议，把平叛之事全权交给希姆莱处理。这个恶贯满盈的纳粹头子调集大批党卫军和秘密警察，开进华沙。许多党卫军都是临时拼凑起来的，成分复杂，其中甚至有许多从监狱里提出来的囚犯。在混乱的巷战中，这些身着党卫军军服的流氓恶棍抛弃了一切军纪，为非作歹，横行无忌。

有一次，总指挥官巴赫将军向古德里安诉苦说："这是一支什么部队啊！我已无法控制他们了。"

本来，这事并不归古德里安管辖。但为了避免激起波兰人的反抗情绪，他决定插手管一管。他向希特勒报告，要求把两个纪律最坏的旅撤出东线。

希特勒诧异地盯着古德里安，绝不相信他的私人部队军纪会如此之差。恰好，希姆莱的联络官费格莱恩准将经过大本营。他主动承认说："我的元首，这是真的，那些家伙全是混蛋！"

希特勒勃然大怒，这才开始整饬党卫军的军纪。但一切都已经太晚了，德军在波兰人心目中的恶劣形象已经形成，再也无法去除了。结果，就使得更多的波兰人自发地拿起了武器。要命的是，由于他们大多没有制服，很多人穿着德军物资库中取出来的德军制服，德军无法分辨敌我，常常在毫无防备中遭受袭击。

另外一部分人则穿着平民服装，在街道上大摇大摆地行动。因为无法分辨他们和平民的区别，镇压被无限制地扩大化了。希特勒甚至向党卫军下令，把华沙夷为平地。这场规模浩大的起义直到10月上旬才被基本镇压下去（零星的反抗直到华沙彻底解放才宣告结束），为此德军付出了惨重的代价。

五

德军的最后一次反攻

战争进行到1944年深秋时节的时候，摆在希特勒和古德里安等人面前最迫切的任务已经不是稳定现有战线了，而是如何守卫德国本土。苏军和英、美、法等国盟军正从东西两个方向迅速向德国境内推进。

古德里安敏锐地意识到，德军的失败已经不可避免了。由于盟国已经提出无条件的要求，所以单独或全面谈判已经不可能（实际上，他是倾向于单独与西方盟国媾和的）。完全采取守势是唯一的办法。虽然这也无法避免失败的命运，但总可以多拖延一些时候。

由于意识形态方面的原因，不少德国陆军军官都希望守住东线，在西线与美、英、法媾和。然而，希特勒并不相信西方国家有单独媾和之可能，所以他拒绝采取这个办法。他的意见是，在盟军尚未抵达莱茵河一线，至少在他们正强渡莱茵河时发动一次强有力的反攻，彻底击败敌人。

古德里安认为，希特勒的这一主张无异于痴人说梦。要实现这一目的，必须达成以下先决条件：首先稳住东线，抽调兵力参加西线的反攻；在西线发动小规模的战役，以不断的胜利为集结兵力、发动攻势赢取时间；短期内，尤其要在冬天的冰冻期来临之前结束西线战役，重新把兵力调往东线。

从当前的形势来看，这几个先决条件很难实现。稳住东线？拿什么去稳住呢？在西线不断取得小胜利？用什么去取胜？短时间内彻底击败盟军？这更是天大的笑话！

然而，希特勒和他的最高统帅部却认为，德军在11月中旬定能发动反攻，到12月就可以把兵力重新调往东线了。1944年的秋季特别温暖，气象官预测，冬季的冰冻期也会来的比较迟。那么，苏军也许要到1945年初才会发动新的攻势。

作为东线战场的最高负责人，古德里安对希特勒的这个方案极为不满，但却又无可奈何，只能尽最大的努力，以求暂时稳住东线。除了在后方构筑工事（这是第二次世界大战爆发以来，德军首次在东线大规模地构筑防御工事）以外，古德里安又令部队尽可能地攻占一些据点。被合围在波罗的海沿岸的德军也接到了命令，应设法尽快撤回本土。

12月中旬，古德里安把东线的装甲师和装甲步兵师全部撤回，编成4个装甲兵团，充当机动预备队。另外，他还抽调了1个步兵师，暂时驻扎在克拉科夫地区，准备随时增援西线的行动。

对东线而言，这是非常危险的事情！进入12月以来，苏军在维斯瓦河畔的攻势越来越凌烈。华沙现在虽然还在德军手上，但随时可能丢掉。朱可夫元帅指挥白俄罗斯第一方面军和乌克兰第一方面军，正有意识地给德军造成集中兵力突击华沙的假象，吸引德军有生力量，而后予以歼灭。

更糟糕的是，希特勒拒绝收缩战线。出于政治上的考虑，他始终不同意把留在波罗的海沿岸、亚平宁半岛、巴尔干半岛和斯堪的纳维亚半岛上的德军撤回本土。这样一来，留在这几个地方的参军除了作垂死的挣扎之外，已毫无战略价值了。

12月16日，决定孤注一掷的希特勒发动了代号"莱茵河卫兵"的阿登战役。拂晓，在密集炮火准备后，德军兵分三路，突然向盟军阵地发动突袭。总攻前，德军还实施了两个特别行动以配合正面进攻。一是代号"鹰"的空降作战行动，目标占领美军后方的公路交通枢纽；另一代号"格里芬"行动则由德军特种部队——第一五〇装甲旅执行。他们装扮成美军，在德国大部队到来之前潜入盟军阵地，尽可能地制造混乱和破坏，占领战略要地。

阿登战役打响的第二天，美军第一〇六师的两个团7000多人被德军包围了，而后投降，成为美军在欧洲战场上遭到的最严重失败。第三天，中路德军第五装甲集团军逼进公路交通枢纽巴斯通；右翼党卫军第六装甲集团军占领了莫兹河渡口；左翼第七集团军渡过奥尔河。

到12月20日，德军已撕开美军防线，形成一个宽约100公里、纵深30~50公里的突出部。22日，德军交给坚守巴斯通的美军第一〇一空降师一封劝降信，希望他们放弃抵抗。第一〇一空降师代理师长麦考利夫准将只回答了一个字："呸！"

12月25日，盟军在总司令艾森豪威尔将军的指挥下对德军发动了反攻。美军第二装甲师在塞勒斯与德军第二装甲师展开了激战。一战下来，德军阵亡2500人，被俘1050人，所有坦克损失殆尽。美军第二装甲师由此获得了"活动地狱"的绰号。

12月26日，美军第四装甲师先头部队终于杀出一条血路，冲进了巴斯通，加强巴斯通的防御力量。由于天气转好，盟军空军也开始支援地面作战，给德军第五装甲集团军以致命打击，德军强渡莫兹河的希望落空了。

　　希特勒迅速击溃盟军的计划破产了，而大量有生力量尚被牵制在西线，东线又重新出现了危机。为了扭转战局，疯狂的希特勒于1945年1月1日出动1000多架飞机，对法国、比利时和荷兰境内的盟军机场进行空袭，炸毁盟军飞机260架。与此同时，德军的地面部队趁机向阿尔萨斯北部发起了进攻。

　　3日，盟军加强了攻势。巴顿的第三集团军和坚守阿登地区的第一集团军同时出击。从这一天开始，双方在阿尔萨斯展开了阿登战役中最激烈的一场战斗。经过数日的血战，盟军终于击退了德军，并给其造成了惨重的损失。

　　6日，丘吉尔向斯大林求援。第二天，斯大林就复电，表示要加紧准备工作，尽早从东线发动进攻。

　　12日，苏联红军提前发动了维斯瓦-奥德河战役。5天后，苏军解放了华沙。华沙失守，希特勒已经有些抓狂了。他又故伎重演，将责任推到了指挥作战的将领身上，再次撤换了一批高级将领。但是德军已经失去了抵抗意志，根本不是撤换几个高级将领就能解决的。朱可夫指挥白俄罗斯第一方面军，接连攻占了罗兹市、比得哥什等重要战略要地，推进到了波兹南附近。

　　22日，希特勒将原本在西线战场的党卫军第六装甲集团军调往东线。如此一来，盟军的压力就大大减轻了。与此同时，艾森豪威尔下令盟军发动反击战。在德军党卫第六装甲集团军调往东线之后，盟军的追击速度明显加快。到28日，德军被全部赶回了阿登战役发起前的位置。至此，整个阿登战役结束。

　　阿登战役是西线规

阿登战役中的美国士兵

模最大的一次阵地反击战，有60多万名德军、近65万名盟军参战。美军伤81000人、亡19000人，英军伤1400人、亡200人，德军则有超过10万人伤亡、被俘或失踪，损失了1600架飞机、6000辆汽车、600辆坦克和重炮。阿登战役使德国消耗了最后的精锐部队，再也没有后备力量可以补充，因而成为在西线德军发动的最后一次进攻。

  法西斯德国在阿登战役中的失败不仅使西线的失败成为不可避免，而且也葬送了东线的德军，因为希特勒将他最后的后备力量投入到了这场战役之中。在东线战场上，苏联红军以占绝对优势的兵力和装备迅速向西推进。到27日，朱可夫元帅率领的白俄罗斯第一方面军已经抢占了奥得河的登陆场，在20天内连续向前推进了500多公里，已经推进到德国本土，离柏林只有150公里了。德国法西斯的灭亡就在眼前了。

  与此同时，德国曾经的"盟国"意大利、匈牙利、捷克斯洛伐克也趁机掀起了轰轰烈烈的抵抗运动。各国游击队的活动日趋激烈，外出旅行的德国军人，尤其是军官，常常不明不白地暴尸荒野或失踪。德军立即采取激烈的报复手段，于是仇恨愈结愈深，各国民众的反抗也愈发激烈。

  各国游击队在后方的抵抗运动有力地配合了西方盟军和苏军的攻势，敲响了德意志第三帝国的丧钟。

第十四章
第三帝国落下帷幕

一
主张在西线实现停战

1945年1月20日，苏军在霍恩沙查以东地区突入东普鲁士。古德里安的妻子玛格丽特匆忙离开别墅，前往措森与丈夫会合。德军的大本营早已搬到了那里。

在兵败如山倒的形势下，无论是最高统帅希特勒，还是陆军总参谋长兼装甲兵总监，均已无力控制前线部队了。前线一片混乱，后方的军政官员也都惶惶不可终日。

23日，外交部派驻陆军总司令部的新任联络官巴兰登来到古德里安办公室。两人的神情都很凄然。古德里安提议说，德国现在应利用极有限的外交关系，在西线获得休战的机会，以便集中兵力对付东线的苏军。他认为，现在时机已经成熟。因为德国战败已经不可避免，而一旦苏军占领德国，共产主义势必会在战后迅速席卷欧洲。这恰恰是西方盟国不愿意看到的事情。英国首相丘吉尔便是一个地地道道的反共产主义者。

巴兰登问："原则是什么？"

古德里安叹了口气，缓缓道："原则？现在已经谈不上原则了。我个人只是希望能与西方国家先签订一个休战协定，或者至少达成一个非正式的默契，单方面向他们投降，使我们可以把全部的兵力都用在东线方面抵抗苏联人。"

巴兰登沉默了半响，凄然道："这是最后的希望了。"

古德里安轻声道："是的，这也只是一个极微弱的希望！一个将要溺死的人，看见一根水草也一定想把它抓住。我总希望能尽最后的努力，减少无谓的流血，并使德国和整个西欧不至于从此沉沦下去。"

巴兰登点点头，说道："我来安排上将和外长进行一次私人会晤。"

古德里安回应说："这是一个好主意。外长是元首的主要政治顾问，和他谈谈或许有用。"

两天后，古德里安在外长官邸中见到了里宾特洛甫。由于巴兰登已为两人的谈话做了铺垫，也就不用遮遮掩掩了。里宾特洛甫吃惊地问："上将的话是否属实？当前的局势真有这么严重吗？"

古德里安郑重地说："是的，已经到了生死存亡之际。"

里宾特洛甫不以为然地说："我看你们总参谋部的人员似乎都有一点神经质！"

古德里安无奈地苦笑了一下，再次详细地把当前的战局解释给这位"德国外交政策的拟定者"听。他说了很多，里宾特洛甫似乎也听得很认真。最后，古德里安说："外长阁下是否可以和我一同去见元首，设法使至少有一个战场可以停战——我的想法是以西线为主。"

里宾特洛甫耸了耸肩，回答说："我不能这样做。我是元首的忠实信徒，事实上，我知道他不愿意和敌人做任何种类的外交谈判，所以我无法同意你的提议。"

古德里安平静地追问道："如果在未来的三四个星期内，苏军的铁骑开始敲打柏林的大门，你会有什么感想呢？"

里宾特洛甫突然吼叫起来："你以为真会有这样的可能吗？"

古德里安坦白地说："不仅有此可能，而且这也是我们这种政治领导的必然后果。"

里宾特洛甫脸上的肌肉微微抽搐了一下，似乎有些动摇。不过，当古德里安再次邀请他一同去见希特勒的时候，他还是拒绝了。

古德里安发现多说无益，便起身告辞了。里宾特洛甫把他送到门旁，轻声道："听着，我们最好对今天的谈话保守秘密。"

古德里安瞅了一眼里宾特洛甫，坚定地说："我可以这样做。"

古德里安保守了秘密，但里宾特洛甫却没有践行诺言。当天夜里，古德里安前往大本营，参加每天例行的"夜间汇报"。刚走到会议室门口，他就听到希特勒在里面大发脾气，隐约可以听到他在说："……一定要绝对的遵守，对那些与业务毫无关系的人，不准和他商谈自己的工作。"

古德里安走进会议室时，希特勒喊得更高了，似乎就是专门说给他听的。希特勒说："当总参谋长跑去见外长，告诉他东线的情形是如何严重，并且主张设法在西线求得休战的时候，那么他多少已经犯了卖国的重罪！"

古德里安静静地盯着希特勒，一言不发，脸上的表情一如往常，毫无变化。既然事情到了这个地步，害怕、惊恐都已毫无意义了。希特勒发现自己的话对古德里安不起作用，这才讪讪地停了下来。

后来，古德里安又企图通过希特勒的另外两名亲信劝说德意志第三帝国的元首，以达成与西方盟国停战的目的，但均无果而终。

到了2月，东西两线的战局急转直下，苏军和西方盟军迅速向第三帝国的心脏地区柏林推进。德国已经丧失了所有的工业区和军工生产企业。军需部长史贝尔以此为根据，向希特勒提出了一个备忘录。他开门见山地说："这场战争是已经失败了！"

希特勒只瞅了一眼，便马上命副官把它锁进了保险柜。史贝尔不甘心，趁着一次"夜间汇报"的机会，向希特勒提出："请元首允许我同你进行一次单独谈话。"

希特勒气急败坏地拒绝了他，还说："你所要告诉我的话不过是说战争已经输定了——要我赶紧设法结束它罢了。"

几天后，史贝尔又派人给希特勒送了一份报告。但希特勒连看都没看，就对他的副官说："把那份文件放进我的保险柜里。"

古德里安恰好在希特勒的办公室里。他惊愕地盯着元首，心里嘀咕道："像希特勒这样讳疾忌医，德意志真的完了。"

这时，希特勒突然转身，对古德里安说道："现在你应该知道我为什么拒绝和任何人单独谈话了吧。我很清楚，他们要求和我单独谈话的时候，原因是他们一定有一些不愉快的话要说给我听。我已经受够了！"

古德里安明白，希特勒的这句话主要是针对他说的。在过去的几个月里，两个人单独会谈时，已经吵了无数次。但只要战争还在继续，争吵就得进行下去。为了加强柏林的防御，古德里安计划把巴尔干、意大利、挪威，尤其是波罗的海的库尔兰等地的德军全部撤回，重新整编。

当古德里安把这个计划上呈给希特勒的时候，迎接他的是一次更加激烈的争吵。无论古德里安怎么说，希特勒就是不同意撤兵。古德里安大声争辩道："你应该相信我之所以坚持撤出库尔兰的守兵，绝不是为了意气之争，我并不是那样的蠢货。现在，除了撤兵之外，已经找不到可用的预备兵力了，而没有预备兵力就绝不可能保卫我们的首都。我可以向你保证，我完全是为了国家的利益！"

希特勒气得脸色发紫，身体剧烈地抖动着，跺着双脚，向古德里安狂吼道："你怎么敢对我说这样的话！难道你以为我不是为了德国而战吗？我这一生都在为德国而奋斗！"

帝国元帅戈林见状，赶紧上前，把古德里安拉出了会议室。海军元帅邓尼茨也跟了出来。古德里安转向邓尼茨，几近哀求地说："元帅阁下，当我下次再提出这个撤退问题时，请从旁支持我。如果我们放弃重武器，应该还有足够的船只把部队撤回国……"

邓尼茨还没来得及回答，希特勒又把古德里安叫回了会议室。两人继续讨论当前的战局。当古德里安再次提到撤出库尔兰的计划时，希特勒再次大发雷霆，竟向他直挥老拳。

托马勒将军见状，赶紧拉着古德里安的袖子，急匆匆地退了出去。

二
被希特勒解除所有职务

1945年2月中旬以后，前线的形势越来越恶劣，古德里安和希特勒的争吵也越来越频繁。到了3月中旬，连里宾特洛甫都站到古德里安这一边。据说，他曾秘密派人前往瑞典，企图通过这个中立国与西方盟国建立联系，但并没有什么结果。

不过，古德里安却从这件事中看出了希望。他立即决定和巴兰登一起去见党卫军司令希姆莱，建议他尝试利用他手中掌控的一些全国性的组织，尤其是国际红十字会，与西方国家取得联系。

古德里安匆匆赶到党卫军司令部。党卫军参谋长拉墨丁神情忧郁地在门口，迎接他的到来。古德里安刚要和他打招呼，拉墨丁率先开口道："你有没有方法把我们这个司令弄走？"

古德里安讪讪地说："这是党卫军内部的事情，我无权过问。"

拉墨丁沉默了半晌，轻轻叹了口气。古德里安问："希姆莱元帅呢？"

现在，希姆莱已经升为元帅，身兼党卫军司令和维斯瓦河集团军群（1945年1月组建）司令两个要职，但他既缺乏指挥才能，又没有什么责任心。在大战正酣之际，他却因小小的流行感冒跑到霍亨林青疗养去了。

古德里安立即驱车赶往霍亨林青。希姆莱的身体状况并无大碍，但精神却非常颓废，往日的那种自信已经不见了。古德里安毫不客气地说："元帅阁下身兼许多重要的职务，不管你的能力如何高强，事实上也无法兼顾……你应该辞去维斯瓦河集团军群司令的兼职，专心致力于其他事情。"

希姆莱本就军事指挥外行，近几个月来的惨败更是让他身心俱疲。沉默了一会，希姆莱吞吞吐吐地说："我不便去向元首开口，他也不会批准我这个要求。"

古德里安趁机道："那么，你能够授权我代为你请求吗？"

希姆莱无可奈何地点了点头。

当天夜里，古德里安就向希特勒汇报了此事。起初，希特勒并不同意，但经不住古德里安的苦劝，最终勉强批准了。维斯瓦河集团军群司令之职由第一装甲集团军司令海因里希上将接任。

第二天（3月21日），古德里安又在总理府的花园中见到了希姆莱。他本就不严重的感冒已经痊愈，正陪希特勒在满是瓦砾的花园里散步。希特勒看到古德里安，高声问："总参谋长有什么事情？"

古德里安回答说："我想和希姆莱元帅讨论一个问题。"

希特勒没有说话，独自走开了。古德里安上前，直截了当地对希姆莱说："这场战争已经绝无胜利的可能。现在唯一的问题就是如何赶紧结束这一场毫无意义的屠杀。除了里宾特洛甫以外，只有你在中立国还有一些接触的途径。因为外长不敢向希特勒开口，所以我要求你和我一同去见希特勒，要求他赶紧开始做休战的安排。"

希姆莱回答说："我亲爱的上将，这似乎还早了一点吧。"

古德里安又说："我真不了解你的心理。现在已经不是12点差5分，而是12点过5分了。假使现在我们还不开始谈判，那么以后就不会再有机会了。难道你还不知道我们今天的情况已经坏到什么程度了吗？"

古德里安看着希姆莱那张木然的脸，知道再说下也没有用了，便默默地离开了。

当天夜里，例行的"夜间汇报"结束后，希特勒突然走向古德里安，轻声道："上将请等一下。"

众人离去后，希特勒对古德里安说："我发现你的心脏病又厉害起来了。你应该立刻请4个星期的病假，好好休养。"

古德里安心里微微一惊，便知道是怎么回事了。希姆莱肯定将白天两人的谈话内容报告给了希特勒。但现在似乎还不是离开的时候，因为他的两名副手均已受伤住院了。如果这个时候离开，总参谋部马上就会陷入瘫痪之中。

略一沉思，古德里安回答说："目前我无法离开我的岗位，因为我并没有副手……我现在马上去设法找一个副手，找到了之后，我就请假好了。"

6天后，总参谋部作战处长克利布斯将军（刚伤愈出院）奉命前去觐见希特勒。回到总参谋部后，他对古德里安说："元首不准你去前线视察，并且命令你和布塞将军必须参加明天的午间汇报。"

第二天下午2点，古德里安、布塞等人出现在了总理府的会议室里。希特勒、凯特尔和约德尔等人均在场。结果，古德里安又和希特勒因为前线的指挥问题产生了较为激烈的争论。

突然，希特勒指着凯特尔和古德里安，对众人说："我要求诸位先生们都暂时离开这间房子，除了这位元帅和这位上将以外。"

众人退出后，希特勒盯着古德里安，冷冷地说："古德里安上将，你的健康问题使得你必须请6个星期的病假。"

古德里安马上举起右手，向希特勒行了一个纳粹军礼，回答说："是的，我马上就走！"

说完之后，古德里安便向门口走去。希特勒叫住他，吩咐道："请坐在这里，等会开完了再离开。"

古德里安默默无言地坐回椅子上。外面的人也陆续走进来，重新开始开会。希特勒高谈阔论，慷慨激昂，似乎什么事情也没有发生一样。众人唯唯诺诺，但也有不少人明显是在敷衍他。

草草散会后，希特勒又把凯特尔、约德尔、布格多夫和古德里安叫到书房。他对古德里安说："古德里安上将，请你赶紧设法恢复健康。我想6个星期以后，局势一定会比现在更加紧张。所以我更需要你的帮助。你准备到哪里去养病呢？"

古德里安茫然道："暂时还没有想好。"

凯特尔建议说："里本斯坦温泉不错，上将可以到那里去疗养。"

古德里安苦涩地笑了一下，回答说："那里早已被美军占领了。"

"那么，你看沙赫沙温泉怎么样？"凯特尔元帅马上又做出一副笑脸，"那里很适合休养。"

"谢谢元帅，我会为自己选择一个地方的。"古德里安的语气非常平和，似乎早已料到会有今天，"希望至少在48个小时内不会被敌人追上……"

说完，古德里安举起右手，向希特勒行了一个纳粹军礼，转身离开了。凯特尔默默地陪在他身边，一起朝门外走去。凯特尔说："希望你下次不要再拂逆希特勒的意思了。你知道，这对你，对我们都没有什么好处。"

古德里安笑了笑，径直走向停车场，登上汽车向措森驶去。妻子玛格丽特还没有睡，她一直在等待丈夫平安归来。看到古德里安，她惊慌地说："今天你出去的时间真长得可怕！"

在这个多事的春天，不知道有多少德军军官出门之后再也没有回家。玛格丽塔又怎能不为丈夫的安危着想呢？

古德里安伸出双臂，把妻子揽在怀里，温情地说："是的。不过，这是最后一次了。我已经被免职了。"

玛格丽特小声哭了起来，不知道是喜极而泣，还是因为听到丈夫被免职的消息而伤心。

29日，古德里安将总参谋长之职移交给克利布斯将军，告别亲朋好友，默默地离开了总参谋部。他本来打算带着妻子一起到图林根山地的，但由于盟军的推进速度太快，那里已不安全，遂打消了这一念头。

于是，古德里安便带着妻子，暂居在慕尼黑附近的艾本霍森。这个时候，他的一举一动已在盖世太保的监视之下。由于一位朋友的保护，他才免遭被暗杀的危险。

三
德国法西斯的末日

虽然远离了总参谋部，但古德里安依然通过无线电广播关注着战局的发展。4月20日下午，苏军白俄罗斯第一方面军的第三突击集团军抵达柏林城下。5天后，苏军攻入城中，与德军展开了激烈的巷战。

28日晚，希特勒在地下室里收到消息：朱可夫的部队已经离总理府只有一条街了，可能在30小时以后，即4月30日早晨发起突击。希特勒意识到，他和第三帝国的末日来临了。希特勒作出了他一生中最后的决定——在黎明时与他的情妇爱娃·布劳恩结婚。

结婚仪式非常简单，气氛也非常凄凉。希特勒回顾了传奇性的一生，大大斥责了一番那些背叛的朋友和支持者，最后又凄惨地说："我一直认为婚姻会阻碍我把全部的精力献身于我们的党，影响领导我们的国家称霸世界。现在这一切都不存在了，我的生命也要结束了，我决定与我有过多年真诚友谊，自愿在柏林已遭围困之时来到这里与我同生共死的女人结婚。她自愿作为我的妻子同我一道死去。这就弥补了由于我服务于人民，投身于工作而给我们两人所带来的损失。"

30日早晨，希特勒指定海军元帅邓尼茨作为他的继承人，组建新政府。此时，他已经做好了自杀的准备。希特勒像往常一样，细嚼慢咽地吃了早餐。但与往日不同的是，他吃完早餐后把新婚妻子叫到了身边，与她一道同周围的人道别。凄凄惨惨的告别结束之后，希特勒带着爱娃·布劳恩回到了自己的卧室。

戈培尔、鲍曼等希特勒的铁杆粉丝守在元首的卧室外。下午3点30份，卧室里传来一声枪响。他们等待着第二声枪响，但是却久久没有动静。过了一会，他们轻轻地走进元首的房间，他们看到希特勒的尸体趴在沙发上，还在流血。他朝自己的嘴开了一枪。他的新婚妻子躺在他的身旁，手中还有残留的毒药。

众人把希特勒和爱娃的尸体搬到花园里的一个弹坑中，然后浇上汽油点燃。当火焰升起时，在场的纳粹党徒们纷纷向他们的元首行告别礼。但仪式还没结束，苏军的炮弹又落在了花园里。纳粹们纷纷四散逃命。对此，英国首相丘吉尔曾这样说："希特勒的火葬柴堆，和越来越响的苏联红军炮火的轰鸣，构成了第三帝国的悲惨结局。"

5月1日，邓尼茨组织的新政府派代表跟苏军谈判，要求苏军停战。苏军代表根据斯大林的指令，拒绝了德国的要求，同时声明：德国政府只能无条件投降。山穷水尽的邓尼茨政府无可奈何，终于在次日下午3点停止了一切抵抗。德军柏林城防司令魏德林将军也在此时率残部投降了。

柏林失守以后，驻守在各地的德军见大势已去，纷纷缴械投降了。由于意识形态和地缘的因素，德军宁愿向西方盟军投降，也不向苏军缴械。7日凌晨，在德国总统邓尼茨的授意下，弗雷德堡和约德尔在兰斯签署了无条件投降协议。协议是在艾森豪威尔设在兰斯的盟军总部里签署的。代表盟军在文件上签字的是瓦尔特·比德尔·史密斯将军，以见证人身份代表苏联签字的是伊万·苏斯洛巴罗夫将军，以见证人身份代表法国签字的是弗朗索瓦·赛维兹将军。

德军在投降地点的选定和签字的方式让斯大林十分气恼。苏联在对抗法西斯德国的过程中付出了惨重的代价，功劳也是各战胜国中最大的。德国的这一举动无异于是在贬低苏联红军的威望。于是，以凯特尔为首的德国代表团又于9日零时在柏林和苏军签订了一份更正式的投降协议。至此，第二次世界大战欧洲战场的战事全部结束了。

10日，古德里安上将被美军所俘。战后，他曾长期被关在战犯监狱中，并对德军在第二次世界大战中的失败做了深入而细致的分析。

1948年，古德里安获释。1955年5月14日，德国装甲兵之父古德里安上将因病去世，享年66岁。这位装甲问题专家和闪击战术的创始人之一，终于走完了他传奇般的一生。

凯特尔于柏林签署德军投降条约